Das in kürzester Zeit verprasste Vermögen, der verschwenderischste Gärtner, die größte Sonnenuhr, das teuerste Parfum, der schlimmste Terrorakt, der größte Kunstraub, das erste Kampfgas: die Autoren Cecilia und Allan Klynne präsentieren die unterschiedlichsten Rekorde der Antike.

»Reichlich Stoff, um bei langweiligen Stehpartys als Alleinunterhalter zu glänzen.« *Der Stern*

»Unterhaltsam, informativ und leicht verständlich.« *Rheinischer Merkur*

Cecilia Klynne ist Archäologin und freie Journalistin. Daneben war sie wissenschaftliche Leiterin mehrerer Grabungen und hat unter anderem für das Landesamt für Archäologie in Sachsen gearbeitet.

Allan Klynne ist Archäologe und arbeitet als Wissenschaftlicher Assistent für das Schwedische Archäologische Institut in Rom. Gemeinsam mit seiner Frau Cecilia hat er an der archäologischen Erforschung der Villa Livia bei Prima Porta mitgewirkt.

ALLAN & CECILIA KLYNNE

DIE GRÖSSTE ORGIE
UND ANDERE HÖCHSTLEISTUNGEN DER ANTIKE

777 REKORDE ZUM STAUNEN

Aus dem Schwedischen übersetzt von
Holger Wolandt

Deutscher Taschenbuch Verlag

Ausführliche Informationen über
unsere Autoren und Bücher
finden Sie auf unserer Website
www.dtv.de

Ungekürzte Ausgabe
März 2010
Deutscher Taschenbuch Verlag GmbH & Co. KG,
München
Die Originalausgabe erschien auf Schwedisch unter dem Titel:
Antika rekordboken
(Wahlström & Widstrand, Stockholm, Schweden)
© Allan & Cecilia Klynne 2003
© der deutschsprachigen Ausgabe: 2007 Verlag C. H. Beck oHG, München
Umschlagkonzept: Balk & Brumshagen
Umschlaggestaltung: Irma Schick unter Verwendung des Bildes ›Das Wagenrennen‹ (1882)
von Alexander von Wagner (bridgemanart.com/Manchester Art Gallery, UK)
Gesamtherstellung: Druckerei C. H. Beck, Nördlingen
Gedruckt auf säurefreiem, chlorfrei gebleichtem Papier
Printed in Germany · ISBN 978-3-423-34577-4

INHALT

- 7 Vorwort
- 13 Vorüberlegungen
- 19 Menschen
- 32 Tiere
- 46 Pflanzen
- 52 Himmel und Erde
- 58 Interessante Phänomene
- 60 Katastrophen und Krankheiten
- 66 Bildhauerei
- 72 Malerei
- 76 Literatur und Theater
- 83 Schauspieler und Künstler
- 90 Politik und Öffentlichkeit
- 103 Völker und Sitten
- 111 Dinge und Sammlungen
- 124 Schuld und Sühne
- 135 Bauwerke
- 147 Technische Errungenschaften
- 158 Die Sieben Weltwunder
- 163 Waffen und Krieg
- 184 Geld und Geschäfte

197	Luxus und Eitelkeit
209	Laster und Lust
217	Verrücktheiten und Streiche
224	Heldentaten
236	Sport und Pferderennen
243	Tierhetze und Gladiatorenspiele
253	Essen und Trinken
259	Feste und Triumphe
267	Liebe und Leidenschaften
273	Personenverzeichnis
278	Glossar
281	Quellen
285	Verzeichnis gebräuchlicher Übersetzungen
288	Abbildungsnachweis

VORWORT

Extreme Leistungen und seltsame Erscheinungen haben die Menschheit seit jeher fasziniert. Die griechische und römische Antike bildet in dieser Hinsicht keine Ausnahme. Im Gegenteil: Die klassische Literatur steckt voller Anekdoten und Berichte über seltsame Errungenschaften, von denen einige feste Bestandteile unseres kulturellen Gedächtnisses geworden sind. Gilt dies in prägnanter Weise etwa für die Sieben Weltwunder, so gab es natürlich noch vieles mehr, was einst großartig oder wundersam war.

Verzeichnisse verlorengegangener Schriften geben Aufschluß darüber, daß die Menschen der Antike gerne von Phänomenen hörten oder lasen, die wir heute als Rekorde oder herausragende Begebenheiten bezeichnen würden. Diese konnten freilich ganz unterschiedlichen Bereichen entstammen, und so lassen sich gleichermaßen wundersame Nachrichten aus Ägypten, merkwürdige Tiere oder auch die reichsten Männer der Welt darunter fassen. Ein bekannter Bildhauer soll beispielsweise nicht weniger als fünf Bücher – also fünf Papyrusrollen mit einer Standardlänge von 6 bis 8 Metern – den berühmtesten Meisterwerken der Welt gewidmet haben. Der Feldzug Alexanders des Großen gegen die Perser 334 bis 326 v.Chr. gab den Anstoß für diese besondere Art von «Fachliteratur». Im Laufe weniger Jahre weitete sich damals der Horizont der Griechen bis nach Indien.

Die Schriften, die um all diese seltsamen Höchstleistungen kreisen und die als *Paradoxa* bezeichnet werden, wurden von der aufkommenden modernen Literaturwissenschaft gerne als Resultate einer banalen Sammelleidenschaft abgetan, die schlecht untermauerten ethnographischen und naturwissenschaftlichen Phänomenen gewidmet war. Nun – ganz sicher ist diese Art von Literatur durchaus ein wenig mit dem Regenbogenjournalismus und der Sensationspresse unserer Tage verwandt, wenn wir an Schlagzeilen denken in der Art von: «Frau bekam Kind mit Außerirdischem.» Die entsprechende Literatur der Römer kursierte unter der Bezeichnung *Mirabilia* (Wunderdinge). Sogar der berühmte Staatsmann und Schriftsteller Marcus Tullius Cicero (106 bis 43 v.Chr.) soll ein solches, leider verlorengegangenes Werk zusammengestellt haben. Übrigens faszinierte die antiken Autoren dieser Kompendien ganz besonders, zu welchem Zeitpunkt sich solche Erstaunlichkeiten erstmals ereigneten: Wann zuerst mit Buchstaben geschrieben oder Eisen geschmolzen wurde, wann der erste Künstler einer Statue des Odysseus eine Mütze aufsetzte und dergleichen mehr.

Zwar war die antike Literatur zu diesem Themenkreis bereits zu ihrer Zeit unüberschaubar, doch waren andererseits handgeschriebene antike Bücher zunächst einmal Unikate und ihre Lebensdauer und damit ihre zeitliche Überlieferungsreichweite sehr begrenzt, sofern nicht Kopien in ausreichender Menge angefertigt wurden. Aus diesem Grunde mochten Wißbegierige immer wieder einmal auf große Lücken in Bibliotheken stoßen, was dazu führte, daß recht bald ein Markt für Sammelwerke etwa der Art «Die schönsten Zitate der Welt» entstand. Beliebt waren in diesem Genre auch sogenannte «Tischgespräche», bei denen sich die Tafelnden über alle möglichen Themen unterhielten und sich dabei unter Verweis auf Theaterstücke, Gedichte und Geschichtswerke dem *name-dropping* widmen konnten. Das Vorbild dieser sogenannten Symposion-Literatur war Platons «Gastmahl», das noch in der Antike mehrfach parodiert wurde.

Als wir uns vor ein paar Jahren an die Aufgabe wagten, eine moderne Version der verlorengegangenen Rekordsammlungen der Antike zusammenzustellen, mußten wir natürlich Auswahlkriterien entwikkeln: Wir entschieden uns zeitlich für die klassisch-griechische Periode (ca. 500 bis 323 v.Chr.), die hellenistische Periode (323 bis 31 v.Chr.), die Zeit der römischen Republik (509 bis 27 v.Chr.) sowie für die frühe Kaiserzeit (27 v.Chr. bis 285 n.Chr.). Da wir den Ehrgeiz hatten, eine Sammlung von möglichst glaubwürdigen Rekorden zusammenzustellen, waren wir hinsichtlich früher Legenden sehr vorsichtig. Ausgelassen haben wir deshalb die Spätantike, da in deren Geschichtsschreibung bereits die christlichen Wundererzählungen Eingang gefunden haben. Leser, die mit der antiken Kultur vertraut sind, werden daher aber auch Geschichten von Kandaules, Mucius Scaevola oder Lucretia und anderes aus der Frühzeit vergeblich suchen. Außer Konkurrenz bleiben damit natürlich auch alle Taten von Göttern und Helden der Mythologie. Angaben aus Lyrik, Drama und den wenigen Romanen der Antike wurden ebenfalls nicht berücksichtigt, weil nur schwer zu entscheiden ist, wann sie sich auf ein – zumindest im Bewußtsein der Zeitgenossen – reales Ereignis beziehen. Diesem Buch liegen daher nur Werke zugrunde, die wenigstens *vorgeben*, Fakten und Geschichte zu vermitteln – und selbst das ist natürlich nach unseren Maßstäben alles andere als unproblematisch. So agierten beispielsweise in der «heroischen Vorzeit» unserer Kulturen in der Vorstellung unserer Vorfahren noch Menschen und Götter Seite an Seite, und vieles, was man heute als reine Ammenmärchen abtun würde, galt daher den Menschen der Antike als Tatsachenbericht.

Welche Angaben sind also verläßlich? Bereits die antiken Autoren haben mit diesem Problem gerungen. Der griechische Geograph Strabon (ca. 64 v.Chr. bis ca. 21 n.Chr.) verwendete beispielsweise große Mühe darauf zu entscheiden, was in der Dichtung Homers Tatsache bzw. Fiktion war. Er bezeichnete vieles aus der Feder des Vaters der Geschichtsschreibung, Herodot (ca. 484 bis ca. 424 v.Chr.), als reinen Nonsens. Plinius der Ältere (23/24 bis 79 n.Chr.) erklärte, es gebe kein gesichertes Wissen über Indien, da er alle Angaben widersprüchlich und unglaubwürdig fand. Seneca der Jüngere (zwischen 4 und 1 v.Chr. bis 65 n.Chr.) ereiferte sich gar über Historiker, die ständig verblüffende Ereignisse in ihre Darstellung einflochten, nur damit die Leser das Buch nicht gelangweilt zur Seite legen sollten. Quellenkritik – heute Standard jeder altertumswissenschaftlichen Arbeit – war also in der Antike aus praktischen Gründen oft mangelhaft, dafür aber spielte die mündliche Überlieferung eine wichtige Rolle. Ausdrücke wie «es heißt» oder «einer bekannten Geschichte zufolge» trifft man daher häufig an. Natürlich gab es keine autorisierten Prüfer, die durch die Lande reisten und Rekorde beurteilten. Willkür und Propaganda waren keine Grenzen gesetzt. In seinem Reiseführer durch Griechenland nahm Pausanias (um die Mitte des 2. Jahrhunderts n. Chr.) Abstand davon, die Maße der Zeus-Statue in Olympia, einem der Sieben Weltwunder, anzugeben, da er selbst sie für größer hielt, als die örtlichen Führer es taten. Die geringe Zahl der Rekorde auf dem Gebiet des Sports mag uns Heutige verwundern, doch die Menschen der Antike waren an Hundertstelsekunden nicht interessiert. Wer am schnellsten lief, hatte gewonnen – ein über den konkreten Wettkampf hinausgehender Leistungsvergleich wurde nicht angestrebt; diese Entwicklung ist erst jungen Datums und eng verbunden mit modernen Meßtechniken und neuartigen medialen Verbreitungsmöglichkeiten von Ereignissen. Der moderne Ausdruck «Rekord» soll übrigens im 19. Jahrhundert in England geprägt worden sein; dort gab es die ersten Aufzeichnungen *(records)* von Sportergebnissen.

Wie Pausanias haben wir uns daher die Freiheit genommen, das auszulassen, was ganz offensichtlich unmöglich ist und war – beispielsweise daß es in Indien zwei Meter lange Hummer gegeben haben soll oder Menschen, deren Füße rückwärts zeigten. Omina – also Zeichen mit bestimmten Vorbedeutungen – haben wir ebenfalls nicht berücksichtigt, da diese gleichermaßen phantastisch sind – so wenn sie beispielsweise von Frauen handeln, die Affen oder die verschiedenartigsten Monster zur Welt gebracht haben sollen. Ausgeschieden haben wir auch etwa die Beispiele der Römer für wunderbare Freundschaft oder größte Treue, weil sie für einen modernen Leser leider häufig jeder Pointe entbehren. Hinsichtlich rein archäologisch belegter Rekorde – etwa für «den schwersten Anker» oder Angaben aus Inschriften – waren wir gleichermaßen sehr restriktiv, da dieses Buch sonst aus allen Nähten geplatzt wäre. Wir nehmen also ganz sicher nicht in Anspruch, die gesamte überlieferte, unerhört umfangreiche, antike Literatur gelesen zu haben. Die Auswahl ist subjektiv. Ja, wir haben zu der jeweiligen Höchstleistung auch durchaus nicht immer alle Stellen angegeben, die in den betreffenden Kontext gehören, sondern vor allem die besonders sinnfälligen unter ihnen herausgegriffen. So stellen wir uns dem Tadel, wenn es vielleicht die eine Leserin oder den anderen Leser gibt, die den einleitenden Worten zu dem Werk «Der törichte Büchersammler» des Satirikers Lukian (120 bis ca. 190 n.Chr.) beipflichten mögen:

Wahrhaftig, was du jetzt tust, ist das Gegenteil von dem, was du beabsichtigt hast. Du glaubst, ein richtiger Kulturmensch zu sein, wenn du die schönsten Bücher kaufst, aber damit scheiterst du vollkommen; das einzige, was du damit zum Ausdruck bringst, ist dein Mangel an Bildung.

Unser Plan war – wir bekennen es –, ein unterhaltendes, gleichwohl informatives und relativ leicht verständliches Buch vorzulegen, das die Antike von einer weniger bekannten Seite erschließt. Es soll also nicht die Sicht der antiken Kultur auf das Abwegige und Wundersame mit Hilfe von gelehrten Kommentaren und langen Fußnoten erläutert oder – pädagogisch wertvoll –

die moralische oder politische Bedeutung der Quellentexte für die Zeitgenossen erklärt werden. Die angegebenen Quellenstellen sind der Lesbarkeit des Buches wegen frei und interpretierend übersetzt, so daß unsere Leserinnen und Leser bitte nicht jedes Wort auf die Goldwaage legen sollten. Wir haben ganz einfach nach Art der Antike das Schlimmste, Lustigste, Seltsamste und Obszönste ausgesucht, um es – wenn auch thematisch ein wenig gegliedert – bunt gemischt zu präsentieren. Die in den Text eingestreuten Abbildungen bieten antike Kunstwerke zumeist lediglich in freier, künstlerisch verfremdeter Darstellung; sie haben also keinen dokumentarischen Charakter, sondern dienen vorrangig dazu, eine Anmutung der einstigen Personen, Landschaften, Gebäude und Interieurs zu schaffen.

Wir hoffen, daß Sie ebensoviel Freude an dem Band haben werden wie wir. Vielleicht läßt er sich ja am besten in kleinen Dosen genießen, ungefähr so wie damals, als die römischen Genießer den billigen Landwein mit dem seltenen und begehrten opimianischen Wein versetzten.

Uppsala, April 2003

VORÜBERLEGUNGEN

Es wird auf die Kapitel, nicht selten auch auf Paragraphen und Zeilen der antiken Quellenwerke verwiesen. Dadurch sollte es möglich sein, in den meisten Übersetzungen die richtige Textstelle zu finden. In der deutschen Ausgabe wurden im Anhang gängige deutsche bzw. englische, französische und italienische Übersetzungen angegeben, um das Nachlesen ein wenig zu erleichtern, wenn jemand der originalen Quellensprachen nicht mächtig ist.

Die antiken Maße und Gewichte sind gelegentlich in ihre modernen Entsprechungen Meter, Kilo und Liter umgerechnet, sofern es nicht sinnvoller schien, die ursprünglichen Maße beizubehalten. Eine wörtliche Übersetzung von Begriffen wie etwa *Handbreit* oder *Scheffel* schien nicht immer sinnvoll, da heute kaum jemand mit diesen Maßen vertraut ist. Außerdem stimmen die antiken Maße mit älteren deutschen Entsprechungen nicht überein, so daß die Angaben eher irreführend wären.

Da in der Antike verschiedene Maße gleichzeitig verwendet wurden, ist es oft unmöglich, genau zu sagen, welche der betreffenden Maßeinheiten gemeint ist. Das Gewicht Talent entsprach beispielsweise nach dem verbreiteteren attischen System 26,2 Kilo, jedoch 37,8 Kilo nach dem ursprünglich auf der Insel Aegina verwendeten. Ein römischer Fuß entsprach 29,6 Zentimetern, in Griechenland gab es unterschiedliche Längen: Der attische Fuß stimmte mit dem römischen überein, aber es gab mindestens noch zwei weitere, längere. Deshalb können unsere Angaben unter diesem Gesichtspunkt nie wirklich exakt sein und sind eher näherungsweise zu verstehen.

Was Preise angeht, so haben wir uns jedoch dafür entschieden, den antiken Münzfuß beizubehalten; gelegentlich aber werden – doch auch hier natürlich nur um eine

Relation in der Größenordnung zu modernen Verhältnissen anzudeuten, nicht aber absolute Gegenwerte zu bieten – ungefähre Bezugsgrößen in Euro angegeben. Zu den schwindelnd hohen Summen, die gelegentlich genannt sind, haben die Menschen von heute vermutlich kein Verhältnis, aber die Zeitgenossen werden sie sicher in größtes Erstaunen versetzt haben. Einen stimmigen Wechselkurs zwischen den Währungen der Antike und denen von heute festzulegen wäre aus verschiedenen Gründen ein unlösbares Problem: Das Verhältnis der Münzen untereinander, ihr Gewicht und ihr Anteil an Edelmetallen änderten sich in der Antike dauernd. Der Wert von verschiedenen Metallen unterlag, ihrer Verfügbarkeit entsprechend, ebenfalls ständigen Schwankungen. Der Preis von Waren variierte – wie heute auch – unter anderem je nach Jahreszeit und Ort. Das größte Hindernis für einen sinnvollen Vergleich ist jedoch, daß die Angaben, die wir zu Löhnen oder Einkommensunterschieden haben, es nicht erlauben, etwa eine einheitliche Kaufkraft zu bestimmen. Es gab weder Durchschnittseinkommen noch Mindestlohn – hier nähert

sich ja die Moderne allmählich wieder der Antike an. Trotzdem erschien es uns gelegentlich sinnvoll, eine Art Bezugsrahmen zu modernen Preisangaben zu liefern, um diesen Aspekt nicht ganz unberücksichtigt zu lassen.

Die Periode, die sich am besten für eine – wenn auch hypothetische – Schätzung der Preise eignet, sind jene zweihundert Jahre, die mit der Regierungszeit des Augustus (27 v. Chr. bis 14 n. Chr.) beginnen. Das römische Münzsystem war in dieser Zeit einigermaßen stabil und basierte auf der Goldmünze *aureus*, die 25 Denaren in Silber entsprach. Ein *denarius* entsprach wiederum vier Sesterzen aus Messing. Für den Alltag gab es auch noch kleinere Münzen aus Kupfer. Der Jahreslohn eines Legionärs betrug zur Zeit um Christi Geburt 900 Sesterzen. Hundert Jahre später war er auf 1200 angestiegen. Um etwa 200 n. Chr. wurde er auf 2400 Sesterzen erhöht. Mit welchem modernen Jahreslohn ließe sich das vergleichen? Die Legionäre konnten – zusätzlich zu ihrem Sold – mit einem Bonus in Form regelmäßiger Geschenke rechnen. Eine Einkommenssteuer wurde nicht erhoben. Der Lohn für ein Tagewerk betrug demnach unter Augustus knapp drei Sesterzen. Laut Tacitus brach einmal eine Meuterei aus, als die Legionäre eine Lohnerhöhung auf einen Denar am Tag verlangten. Jesus scheint im übrigen anzudeuten, daß ein angemessener Tageslohn für einen Arbeiter bei der Weinlese einen Denar betragen sollte (Mt 20,2).

Die Unsicherheit hinsichtlich der Höhe der Löhne führt dazu, daß die Kaufkraft so schwer zu bestimmen ist. Leider gibt es über sie nur wenige und weitverstreute Angaben. Nach einer Rechnung auf einem Papyrus aus Ägypten bezahlte ein Soldat im Jahre 81 n.Chr. zwölf Drachmen für ein Paar Schuhe. Diese Summe entsprach etwa vier Tageslöhnen. Die Angaben über das subventionierte und zeitweilig kostenlos verteilte Getreide für die Bevölkerung Roms liefern bessere Anhaltspunkte. Unter Nero waren zwei Denare ein angemessener Preis für ein Modius (8,75 Liter) Weizenmehl, was ungefähr 5,5 Kilo entspricht. Daraus lassen sich sechs große Brotlaibe backen. Den Autoren der Antike zufolge sollen die Preise in Rom jedoch schamlos überhöht gewesen sein. Offenbar waren die Grundnahrungsmittel dort im allgemeinen doppelt so teuer wie im übrigen Italien. Laut einer Inschrift in Pompeji kostete ein Bauernbrot einen halben Sesterz. Die Jünger Jesu schätzten, daß Brot für 5000 Menschen 200 Denare koste (Mk 6,37). Geht man von dem Preis in Pompeji aus, der vermutlich höher war als der in der Provinz, hätte man dafür also 1600 Brote bekommen oder etwa einen Drittel Brotlaib pro Person. Als akzeptable Ration für einen Sklaven galt jeden zweiten Tag ein Laib Brot.

Wollten wir also von einem Durchschnittspreis von 1,50 Euro für einen Laib Brot oder 1,- Euro für ein Kilo Weizenmehl ausgehen und unsere Berechnungen auf die Preise außerhalb Roms stützen, dann kommen wir zu dem Schluß, daß ein Denar um die Mitte des 1.Jahrhunderts n.Chr. etwa 12,- Euro entsprach und ein Sesterz 3,- Euro. Der Legionär in Ägypten würde also für sein Paar Schuhe näherungsweise etwa 36,- Euro bezahlt haben. Ein Glas Landwein in einer Kneipe in Pompeji mag umgerechnet so etwa 2,- Euro gekostet haben, während man für die feineren Weine viel höhere Beträge auf den Tisch legen mußte, wie wir noch sehen werden. Berücksichtigt man die Inflation, die in den ersten beiden Jahrhunderten n.Chr. etwa 1 Prozent pro Jahr betragen hat, wird ein Denar unter Kaiser Augustus etwa 24,– Euro und ein Sesterz ungefähr 6,– Euro entsprechen. Etwa 200 n.Chr. hätten die modernen Gegenwerte für diese Münzen nur noch in etwa 3,20 Euro bzw. 80 Cent betragen. Augustus ließ für die höchsten Klassen Roms neue Vermögensgrenzen festlegen. Die Ritter, die zweithöchste Klasse, besaßen demnach ein Vermögen von mindestens 400 000 Sesterzen, also etwa 2,4 Millionen Euro. Die Männer an der Spitze der Gesellschaft, jene 600 Senatoren also, verfügten über mindestens eine Million Sesterzen, also den Gegenwert von ungefähr 6 Millionen Euro.

Angesichts all der Probleme, antike mit modernen Währungsverhältnisssen zu vergleichen, kann es uns im folgenden also an den entsprechenden Stellen – wie nun dargelegt – immer nur um ganz grob geschätzte Relationen gehen. Bei den Preisangaben in diesem Buch handelt es sich zudem um die aufsehenerregendsten Fälle, welche die Autoren ihren Zeitgenossen mitteilen wollten, um beispielsweise auf die Exzesse der Reichen aufmerksam zu machen. Gab man sich in Rom doch gerne dem Konsumrausch hin – «cash is king» lautete schon damals das Motto. Auch in dieser Hinsicht kommt uns die Antike gelegentlich seltsam bekannt vor.

FÜR UNSEREN SOHN AUGUST

Menschen

DER GRÖSSTE MENSCH

Laut Aulus Gellius gibt der Polyhistor – der vielwissende – Varro das absolute Maximum für die Größe eines Menschen mit sieben Fuß, also 207 Zentimeter an. Plinius d.Ä. aber hat einen noch eindrucksvolleren Rekord zu bieten: Unter Claudius soll in Rom ein Araber namens Gabbara vorgeführt worden sein, der 288,5 Zentimeter groß war. Unter Augustus wurde in Rom ein Paar, das noch 14 Zentimeter größer war, gezeigt: Pusio und Secundilla. Sie erhielten in Sallusts Gärten ein Ehrengrab.

Gellius, NA 3,10,10; Plinius d.Ä., NH 7,74–75

DER KLEINSTE MENSCH

Den kleinsten Menschen, einen jungen römischen Krieger namens Lycius, ließ Augustus in einem der Theater Roms zeigen. Laut Sueton maß er nur knapp 60 Zentimeter und wog gerade einmal 5,6 Kilo. Plinius erkennt diesen Rekord zur selben Zeit jedoch dem Zwerg Conopas zu, der gute 70 Zentimeter groß und der Spielgefährte von Augustus' Enkelin Julia war.

Sueton, Aug. 43,3; Plinius d.Ä., NH 7,5

DIE MEISTEN MEHRLINGE

Die meisten Mehrlinge werden einer Sklavin des Kaisers Augustus zugeschrieben, die mit Fünflingen niederkam. Die unglückliche Mutter starb im Kindbett, die Fünflinge wenige Tage später. Auf Befehl des Kaisers wurde an der Via Laurentia ein Denkmal für die Mutter errichtet, das dieses traurige Ereignis verewigte. Spektakulär ist auch der Bericht über eine Frau von der Peloponnes, die nicht weniger als viermal Fünflinge zur Welt gebracht habe, von denen die meisten sogar überlebt haben sollen.

Gellius, NA 10,2,2; Plinius d.Ä., NH 7,33

FRÜHGEBURTEN

Plinius erwähnt mehrere Kinder, die im siebten Monat der Schwangerschaft zur Welt kamen und nicht nur überlebten, sondern es später auch zu hohen Ämtern im Staat brachten.

Plinius d.Ä., NH 7,39

DIE GESEGNETSTE FAMILIE

Am 11. April 5 n.Chr. ging Gaius Crispinius Hilarus zum Kapitol in Rom, um im Kreise seiner Familie ein Dankopfer darzubringen. Ihn begleiteten seine sechs Söhne und zwei Töchter, seine 35 Enkel und 18 Urenkel.

Plinius d.Ä., NH 7,60

DER MAGERSTE MENSCH

Philitas von Kos soll so dünn gewesen sein, daß er schon beim kleinsten Stoß umfiel. Um nicht von jeder Windbö umgeweht zu werden, trug er deswegen Sandalen mit Bleisohlen. Wenn er jedoch wirklich so schwächlich war, woher nahm er dann die Kraft, mit solchen Gewichten an den Füßen herumzulaufen? Die Geschichte wirke nicht recht überzeugend, meint Aelian und fügt hinzu, daß er selbst nur wiedergebe, was er über diesen Mann gehört habe.

Aelian, VH 9,14

DER DICKSTE MANN

Der dickste Mann der Antike war Dionysios, der Sohn des Tyrannen von Herakleia, der Ende des 4. Jahrhunderts v. Chr. am Schwarzen Meer lebte. Erst als er so dick geworden war, daß er kaum noch Luft bekam, sah Dionysios ein, was für Folgen seine Völlerei hatte. Ärzte wurden herbeigerufen, und als der Patient eingeschlafen war, begannen sie die Behandlung. Sie stießen lange, dünne Nadeln durch die Fettwülste, die gefühllos waren und, so ihre Annahme, gewissermaßen nichts mit dem Mann zu tun hatten, bis sie die Teile des Körpers erreicht hatten, die gesund waren. Als die Nadeln ausreichend weit eingedrungen waren, erwachte der arme Dionysios mit einem Schrei.

Um sein Übergewicht zu verbergen, wenn er Gäste hatte, pflegte er sich hinter einer großen Truhe zu verstecken oder in einer Art Turm, so daß nur sein Kopf zu sehen war. Eine seltsame Art, sich zu bedecken, findet Aelian, der diese Konstruktion mit den Käfigen wilder Tiere vergleicht.

Aelian, VH 9,13, Athenaios, Deipn. 12,549

DER SCHÖNSTE MANN IN ATHEN

Im 5. Jahrhundert v. Chr. lebte in Athen ein ungewöhnlich gutaussehender Jüngling namens Alkibiades, ein intimer Freund des Sokrates. Alkibiades war wegen seiner Schönheit berühmt. Plutarch berichtet 500 Jahre später über ihn, daß er mit jedem Jahr stärker, schöner und anmutiger geworden sei. Sogar sein Lispeln habe charmant gewirkt.

Plutarch, Vit. Alk. 1–4

DAS BESTE SEHVERMÖGEN
Von einem jungen Mann auf Sizilien heißt es, daß er von Lilybaeum aus sehen konnte, wie viele Schiffe von Karthago aus in See stachen. Er irrte sich nie. Man fragt sich, wie ihm das gelingen konnte, betrug doch der Abstand zwischen Lilybaeum und der afrikanischen Küste 140 und nach Karthago gar 210 Kilometer.

Strabon 6,2,1; Plinius d.Ä., NH 7,85; Aelian, VH 11,13

DER BESTE GESCHMACKSSINN
Juvenal bezeugt, daß zu seiner Zeit niemand einen so guten Geschmackssinn hatte wie ein gewisser Montanus. Bereits nach dem ersten Bissen habe dieser gewußt, ob eine Auster aus dem Lucrinischen See in Italien oder aus Rutupiae in Britannien stammte.

Juvenal 4,139–143

DIE LÄNGSTEN FINGERNÄGEL
Die längsten Nägel der Antike soll ein gewisser Isokrates besessen haben, ein aufgeblasener und übergeschnappter Lehrer, den König Demetrios I. von Syrien im Jahre 160 v.Chr. als Geisel nach Rom schicken ließ, weil dieser öffentlich den Mord an einem römischen Beamten verteidigt hatte. Nach seiner Festnahme fiel Isokrates in eine so tiefe Depression, daß er sich weder wusch noch sein Haar oder seine Nägel schnitt. Das struppige und stinkende Wesen, das ein Jahr später dem römischen Senat vorgeführt wurde, bot einen so furchtbaren Anblick dar, daß die meisten Senatoren lieber einem Tier als diesem zerstörten Menschen begegnet wären.

Polybios 32,3

DIE EMPFFINDLICHSTE HAUT
In dem eleganten Sybaris wohnte ein Mann namens Smindyrides, der seine Lebensart so verfeinert hatte, daß er nicht mehr in einem normalen Bett schlafen konnte: Er ruhte auf Rosenblättern. Dennoch pflegte er morgens über Schürfwunden und Blasen zu klagen.

Aelian, VH 9,24

DER STÄRKSTE MENSCH

Athanatos (der «Unsterbliche») zeigte sich auf einer Theaterbühne in einem 163 Kilo schweren Brustpanzer aus Blei. Als Fußbekleidung trug er Kothurne, jene Schuhe mit sehr dicker Sohle, die von den Schauspielern der Antike verwendet wurden.

Vom selben Kaliber war Fufius Salvius, der mit vier 32,5 Kilo schweren Gewichten an Händen und Füßen eine Leiter hochklettern konnte. Als wäre das nicht genug, trug er außerdem noch ein Gewicht von 65 Kilo auf dem Rücken.

Ein Zenturio der Leibgarde von Kaiser Augustus, Vinnius Valens, pflegte Karren voller Weinschläuche anzuheben und sie so lange in der Luft zu halten, bis die Waren abgeladen waren. Er vermochte es auch, Wagen festzuhalten, selbst wenn die Zugtiere von den Kutschern zu voller Leistung angetrieben wurden. Valens ließ seine Heldentaten auf seinem Grabmal in Rom verewigen.

Plinius d.Ä., NH 7,82–83

DER MANN, DER AM LÄNGSTEN REGLOS DASTEHEN KONNTE

König Massinissa von Libyen war bis ins hohe Alter außergewöhnlich stark und ausdauernd. Als ein Beispiel für seine vielen herausragenden Gaben wird seine Fähigkeit genannt, einen ganzen Tag lang stillstehen zu können, ohne sich nur im mindesten zu regen.

Polybios 36,16

DER MANN, DER AM WENIGSTEN LACHTE

Der gleichnamige Großvater des römischen Millionärs und Feldherrn Crassus soll nur ein einziges Mal in seinem Leben gelacht haben. Er erhielt deswegen den Beinamen «Agelastos» – der, «der nicht lacht».

Plinius d.Ä., NH 7,79; Macrobius 2,1,6

DER SCHNELLSTE JUNGE

Im Jahre 59 n.Chr. lief ein ansonsten vollkommen unbekannter Achtjähriger 75 000 Doppelschritte – etwa 112,5 Kilometer – an einem einzigen Nachmittag. Wo sich der Lauf ereignet haben soll, ist nicht überliefert. Plinius vergleicht den Knaben aber mit Tiberius. Dieser soll, lange bevor er Kaiser von Rom wurde, an einem Tag 200 000 Doppelschritte, also rund 300 Kilometer, vom südlich der Alpen gelegenen Ticinum nach Germanien zurückgelegt haben, um seinen Bruder Drusus zu besuchen, als dieser schwer verwundet worden war.

Plinius d.Ä., NH 7,84

DER SCHNELLSTE MANN

Der bekannteste Läufer der Antike war der heute vollkommen vergessene Philippides. Er soll an zwei Tagen die 201 Kilometer von Athen nach Sparta bewältigt haben. Sein Rekord wurde aber umgehend von dem Spartaner Anystis überboten, der angeblich an einem einzigen Tag 238 Kilometer lief – also mehr als 30 Kilometer weiter in der Hälfte der Zeit.

Plinius d.Ä., NH 7,84

DER SELTSAMSTE GROSSE ZEH

Als wunderträchtiger Körperteil wurde der rechte große Zeh des König Pyrrhos berühmt. Wen der König mit diesem berührte, der wurde sofort von Schwermut geheilt. Als Pyrrhos kremiert wurde, erwies es sich als unmöglich, den Zeh zu verbrennen, woraufhin dieser in einem kleinen Behältnis in einem Tempel aufbewahrt wurde.

Plinius d.Ä., NH 7,20; Plutarch, Vit. Pyrrh. 3

VOM BLITZ GETROFFEN UND ÜBERLEBT

Marcia, eine Frau edler Abstammung aus Rom, wurde vom Blitz getroffen, als sie schwanger war. Ihr Kind starb, aber sie selbst überlebte. Mithridates VI. von Pontos wurde noch als Säugling von einem Blitz

1 Kaiser Tiberius (14 bis 37 n. Chr.)

getroffen, der die Tücher, in die er gewickelt war, versengte, aber sonst nur eine Narbe auf seiner Stirn zurückließ. Diese versteckte er später unter einem Haarpony. Als Erwachsener überlebte er ein weiteres Mal einen Blitz, als dieser in das Haus einschlug, in dem er schlief. Er entging dem Tod wiederum nur um Haaresbreite: Die Pfeile, die in einem Köcher über seinem Bett hingen, waren verkohlt.

Plinius d. Ä., NH 2,137

DAS HÜBSCHESTE MODELL

Laïs aus Hykkara auf Sizilien kam 415 v. Chr. nach Korinth und galt als eine der schönsten Kurtisanen aller Zeiten. Der Maler Apelles entdeckte sie eines Tages am großen Brunnen Korinths, als sie Wasser holte. Ihre Brüste waren so hübsch, daß sich der Anblick nicht in Worte fassen ließ. Bald kamen Künstler aus ganz Griechenland angereist, nur um ihren Busen zu malen.
Über alle Maßen schön war auch Phryne, die Apelles Modell stand, als er die Aphrodite Anadyomene – die aus dem Meer auftauchende Göttin der Liebe – malte. Phryne stand auch dem Praxiteles Modell, als dieser seine Aphrodite von Knidos schuf, die berühmteste Statue der Antike.

Athenaios, Deipn. 13,588.590–591

RESISTENZ GEGEN GIFT

Nachdem er fast 30 Jahre lang gegen die Römer Krieg geführt hatte, gab König Mithridates VI. von Pontos schließlich auf und beschloß im Jahre 63 v. Chr., sich das Leben zu nehmen. Das war jedoch leichter gesagt als getan. Seine Töchter, die mit ihm in den Tod gehen wollten, erlagen zwar unverzüglich dem Gift, das der König bereitgestellt hatte, bei ihm selbst zeigte das Gift aber überhaupt keine Wirkung, obwohl er rasch im Zimmer auf und ab ging, damit sich die Substanz schneller im Blut ausbreiten könne.
Diese erstaunliche Resistenz erklärte man damit, daß Mithridates sein ganzes Leben lang gesundheitsschädliche Stoffe eingenommen hatte, um Mordversuchen vorzubeugen. Das hatte ihn offenbar tatsächlich immun gegen das Gift werden lassen. Schließlich ließ er einen keltischen Legionär herbeirufen und befahl diesem, ihm einen tödlichen Hieb mit dem Schwert zu versetzen. Die Szene mit dem erschlagenen König und seinen Töch-

tern wurde auf einem Gemälde verewigt, das zwei Jahre später bei dem Triumphzug des siegreichen Pompejus gezeigt wurde.

Appian, Mith. 111.117

DIE VERSTÄNDNISVOLLSTE FRAU

Livia, die Frau von Kaiser Augustus, besaß einen kolossalen Einfluß auf ihren Mann. Laut Cassius Dio fragten sich viele, wie sie das anstellte. Sie selbst sagte, das sei ganz einfach: Was ihre eigenen Liebschaften anging, verhalte sie sich äußerst unauffällig. In die Affären ihres Mannes mische sie sich nie ein. Im Gegenteil, sie unterstützte ihn sogar darin und hielt ihn dadurch bei Laune. Beispielsweise gefiel es Augustus, junge Mädchen ihrer Jungfernschaft zu berauben. Laut Sueton war Livia dabei behilflich, daß es ihm nie an entsprechenden Anwärterinnen für seine erotischen Abenteuer mangelte.

Sueton, Aug. 71; Cassius Dio 58,2,5

DER BERÜHMTESTE DOPPELGÄNGER

Der berühmteste Doppelgänger der Antike fand sich am Hofe des Seleukidenkönigs Antiochos II. Das machte sich seine Ehefrau Laodike zunutze. Im Jahre 246 v. Chr. ließ sie ihren Mann ermorden und befahl dann seinem Doppelgänger, sich in das Bett des Antiochos zu legen. Der gesamte Hof wurde dann Zeuge, wie der vermeintlich todkranke König keuchend als letzten Willen seiner Frau die Macht im Reich übertrug. Was aus dem Doppelgänger wurde, erzählt die Geschichte nicht, er dürfte jedoch wie Antiochos selbst von Laodike beseitigt worden sein.

Valerius Maximus 9,14 ext. 1; Plinius d. Ä., NH 7,53

DER BESORGTESTE UNTER DEN LEBENDEN

Wenn es stimmt, daß man sich, um so größere Sorgen macht, je mehr man weiß, dann muß Plinius d. Ä., der so viel wußte, zu den besorgtesten Zeitgenossen des Römerreiches gehört haben. Für ihn war der Schlaf ein todesähnlicher Zustand. Dem Schlaf, so sagte er, widmen wir die Hälfte unserer kurzen Zeit auf Erden, die restliche Zeit bestehe aus der Qual darüber, daß der Schlaf sich nicht einfinde. Über die Kindheit wollte sich Plinius nicht äußern, da man in dieser Lebensphase noch keinen Verstand besitze. Im Alter würden Krankheiten alle

Kraft aufzehren. Dazwischen lägen soviel Angst, Sorge und Sehnsucht nach dem Tod, daß man sich fragen müsse, ob nicht ein kurzes Leben und ein rascher Tod das Beste seien, was einem Menschen zuteil werden könne.

Plinius d.Ä., NH 7,167–168

DIE BÖSESTE STIEFMUTTER

Agrippina d.J. war die Stiefmutter von Britannicus, dem Sohn des Kaisers Claudius aus einer früheren Ehe mit Messalina. Britannicus erhielt weder die Erziehung noch die Ehre, die ihm zustanden, so gleichgültig war er seiner Stiefmutter. Sie ließ sogar noch die wenigen Leute ermorden, denen er etwas bedeutete. Seinen Vater durfte der Knabe weder treffen noch sich mit ihm im öffentlichen Leben zeigen. Sie ließ überdies verbreiten, der Junge sei verrückt und zudem Epileptiker. So mußte er wie ein Gefangener in seinem eigenen Haus ausharren. Ihren eigenen Sohn Nero hingegen protegierte Agrippina. Er wurde vom Kaiser als Sohn adoptiert. Später entwickelte er sich zu einem berüchtigten Despoten. Britannicus aber starb im Alter von nur 14 Jahren. Wahrscheinlich hat Nero ihn vergiftet, von Agrippina dazu angestiftet.

Tacitus, Ann. 12, 26, 2; Sueton, Ner. 7,1; Cassius Dio, 61,32,5–6

DER NACHLÄSSIGSTE VATER

Britannicus, jener Sohn von Claudius und Messalina, hatte also mit seinem leiblichen Vater kein Glück. Als sein Vater Agrippina d.J. heiratete, riß der Kontakt zwischen Vater und Sohn ab, obwohl beide im kaiserlichen Palast in Rom wohnten. Gelegentlich begegnete freilich der Kaiser seinem Sohn Britannicus auf einem der Korridore und empfand große Zuneigung für ihn. Nach und nach wurde dem Imperator aber klar, daß seine Frau Britannicus zugunsten von Nero, ihrem leiblichen Sohn, aus dem Weg räumen lassen wollte. Als der Kaiser beschloß, ihre Pläne zu durchkreuzen, und Britannicus seine *toga virilis* verleihen und ihn zum Thronerben ernennen wollte, war es bereits zu spät. Und nicht nur Britannicus wurde – wie wir gesehen haben – aus dem Weg geschafft. Auch sein Vater starb eines unnatürlichen Todes; der Mord wurde vermutlich ebenfalls von Agrippina d.J. in Auftrag gegeben.

Cassius Dio, 61,34,1–2

DER VERKLEMMTESTE UND DER ABSTINENTESTE

Der Boxer Kleitomachos wandte immer seinen Blick ab, wenn er Hunde bei der Paarung sah. Wenn bei einem Fest die Rede auf Liebe und Obszönitäten kam, erhob er sich und ging.
Der Kitharaspieler Amoibeas schlief nie mit seiner Frau, obwohl sie sehr schön war. An anderer Stelle heißt es jedoch, daß er lediglich vor Auftritten der Liebe entsagt habe.

Aelian, NA 6,1

DIE MUTIGSTEN MÄDCHEN

Als die Römer im Jahre 212 v. Chr. während des zweiten Kriegs gegen Karthago (218–201) Syrakus einnahmen, ließen sie alle Personen hinrichten, die zur Führungselite gehörten, gleichgültig ob sie Rom oder Karthago gegenüber loyal gewesen waren. Die Enkelin von König Hieron II., Harmonia, war nur ein kleines Mädchen, und ihre Amme versuchte, ihren Schützling dadurch vor den hereinstürmenden Soldaten zu retten, daß sie diesen statt dessen ein Sklavenmädchen übergab. Dieses Mädchen ließ sich ohne zu klagen töten. Harmonia bekam daraufhin ein so schlechtes Gewissen, daß sie selbst die Soldaten zurückrief, die sie daraufhin ebenfalls erschlugen.

Valerius Maximus 3,2 ext. 9

DER LEHRER, DEM AM MEISTEN NACH DEM LEBEN GETRACHTET WURDE

Seneca war der Lehrer des jungen Nero. Als Nero Kaiser wurde, hörte Seneca mit dem Unterrichten auf und widmete sich der Politik. Um 55 n. Chr. blieb dem ehemaligen Lehrer dann allerdings keine Zeit mehr für seine offiziellen Ämter. Er hatte alle Hände voll damit zu tun, um für sein Überleben zu kämpfen. Nero verfiel nämlich immer mehr dem Wahnsinn, und zehn Jahre später wurde Seneca von seinem einstigen Schüler dazu verurteilt, sich das Leben zu nehmen. Er schnitt sich, von den Häschern des Kaisers in die Enge getrieben, die Pulsadern auf.

Cassius Dio 61,7,5

DER UNGLÜCKLICHSTE KAISER

Kaum zu glauben, daß Kaiser Augustus der unglücklichste Kaiser gewesen sein soll, den die Welt je gekannt hat. Aber Plinius d. Ä. richtete den Blick auf die Kehrseite all seiner Siege. Wem macht es schon Spaß, sich nach der Flucht aus Philippi drei Tage lang mit Wassersucht in einem Sumpf zu verstecken? Und wie sollte er den Sieg bei Actium noch übertreffen? Es kann auch nicht sonderlich erfreulich gewesen sein, ständig die Meutereien der Soldaten niederzuschlagen und gegen geheimnisvolle Krankheiten und Attentate um das Überleben zu kämpfen. Außerdem mußte Augustus über den Tod seiner Adoptivkinder hinwegkommen und sich über die Unterstellung seiner Zeitgenossen ärgern, er selbst sei für deren Tod verantwortlich. Ganz zu schweigen von der Schande, die ihm seine Tochter durch ihren Ehebruch bereitete, und der Trauer darüber, sie verbannen zu müssen. Als sei das nicht genug, fehlte oft das Geld für die Löhne der Soldaten.

Er hatte auch vielfach gegen die Folgen von Pest und Hungersnöten im Volk zu kämpfen. Und die Schande erst, die ihm die fürchterliche Niederlage des Feldherrn Varus im Teutoburger Wald (9 n. Chr.) einbrachte! Überdies hatte seine Frau Livia nichts Besseres zu tun, als mit Tiberius, ihrem Sohn und Augustus' Stiefsohn, Ränke zu schmieden.

2 *Kaiser Augustus (27 v. Chr. bis 14 n. Chr.) Portraitstatute aus der Villa der Livia in Prima Porta, Vatikan, Museo Chiaramonti*

So gesehen, hatte Augustus wohl wirklich nicht viel Freude im Leben.

Plinius d.Ä., NH 7,147–150; Sueton, Aug. 65

MENSCHEN

DER GLÜCKLICHSTE ALTE

Im Unterschied zu Kaiser Augustus muß der Alte Aglaos von Psophis sehr glücklich gewesen sein. Er besaß nur ein kleines Stück Land im hintersten Winkel der griechischen Landschaft Arkadien mit einem kleinen Hof darauf, den er nie verließ. Mit seinem geringen Besitz und so geringen Bedürfnissen konnte ihn gewiß kein großes Unglück ereilen.

Plinius d.Ä., NH 7,151

DER GESÜNDESTE ALTE

Laut Plinius d.Ä. war das Älterwerden keine Freude. Schließlich wurden die meisten Menschen im Alter nur gebrechlich und verloren dann auch noch ihre Zähne, so daß sie auch am Essen keine Freude mehr hatten. Diese Jahre zählte man nur unergründlicherweise zum Leben, obwohl sie doch eigentlich mehr an ein Warten auf den Tod erinnerten.
Es gab aber Ausnahmen – den Musiker Xenophilos etwa. Er wurde ohne körperliche Leiden 105 Jahre alt. Der Redner Isokrates war ebenfalls für seine eiserne Gesundheit berühmt. Er unterrichtete noch im Alter von 98 Jahren, was auch einer der Gründe ist, warum er mit einer Statue vor dem Tempel des Olympischen Zeus in Athen geehrt wurde.

Plinius d.Ä., NH 7,168–169; Pausanias 1,18,8

DIE ÄLTESTEN MENSCHEN

In der Antike gab es etliche Menschen, die gleich mehrere hundert Jahre alt wurden. Es muß jedoch gesagt werden, daß es normalen Menschen nicht leicht gefallen sein kann, ihr eigenes Alter nachzurechnen, da die Jahre oft nach den Königen oder Beamten benannt wurden, die gerade an der Macht waren. Es war also nicht einfach, Lebensjahre und Lebensspanne richtig zu berechnen. Wer könnte zum Beispiel aus dem Stegreif sagen, wie alt jemand ist, der im dritten Jahr der Präsidentschaft von Gustav Heinemann zur Welt gekommen ist?
Laut Plinius zählten einige Menschen die einzelnen Jahreszeiten als Jahre, so daß sie deswegen auf eine unglaublich hohe Zahl von Lebensjahren kamen. Er bietet jedoch vergleichsweise gesicherte Angaben einer Volkszählung aus den 70er Jahren n.Chr. Ein

MENSCHEN 30

gewisser Marcus Aponius und eine gewisse Tertulla aus Rimini gaben damals an, 140 resp. 137 Jahre alt zu sein. In der Region, die dem heutigen Reggio Emilia entspricht, wurden vier 140jährige gezählt und ebenso viele 137- und 135jährige, um nur die Ältesten zu nennen. Durchaus realistischer erscheint nun die Angabe, die Plinius zu dem Redner Gorgias macht: Jener sei 108 Jahre alt geworden.

Plinius d.Ä., NH 7,156, 162–164

DIE ÄLTESTE EHEFRAU

Die älteste Frau in Rom war Clodia, die 115 Jahre alt wurde. Sie war die Witwe von Ophilius und hatte 15 Kindern das Leben geschenkt. Eine weitere alte Dame war Terentia, die Frau Ciceros: Sie wurde 103 Jahre alt.

Plinius d.Ä., NH 7,158; Valerius Maximus 8,13,6

DIE ÄLTESTE SCHAUSPIELERIN

Die Pantomimin Galeria Copiola war bereits 104 Jahre alt, als sie im Jahre 9 n. Chr. noch einmal auf die Bühne gerufen wurde. Sie sollte bei einem Fest zur Feier anläßlich der Gesundung des Kaisers Augustus nach einer Zeit der Krankheit auftreten. Galeria hatte 91 Jahre

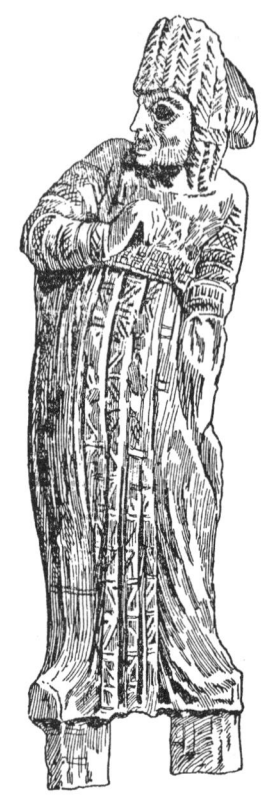

3 Tonfigur eines Schauspielers mit Maske einer weiblichen Rolle in der Tragödie; Darstellung mit Kothurn (hohem Bühnenschuh)

zuvor zum ersten Mal auf der Bühne gestanden.

Plinius d.Ä., NH 7,158

DER ÄLTESTE VATER

Männer seien ungefähr bis zum Alter von 70 Jahren zeugungsfähig, Frauen bis 50, meinte Aristoteles.

31 MENSCHEN

Vierhundert Jahre später wußte Plinius d. Ä. zu berichten, daß es für Männer aus dem Volke ganz normal sei, noch mit 75 Kinder zu zeugen. Der älteste Vater unter den Patriziern, d. h. unter den Männern des römischen Adels, war der ehemalige Zensor Cato. Er bekam mit der Tochter eines Klienten einen Sohn, nachdem er bereits die Achtzig überschritten hatte. Der älteste Vater war vermutlich König Massinissa von Libyen, dessen jüngster Sohn gerade vier war, als er selbst im Alter von 90 Jahren starb.

Aristoteles, HA 5,545b 28–31; Polybios, 36,16; Plinius d. Ä., NH 7,61–62

DER ÄLTESTE BOTANIKER

Antonius Castor baute noch mit über 100 Jahren Pflanzen in seinem botanischen Garten an. Laut Plinius d. Ä. war er eine Autorität auf dem Gebiet der Botanik im ersten Jahrhundert n. Chr. Trotz seines hohen Alters war er vollkommen gesund. An seinem Gedächtnis war ebenfalls nichts auszusetzen.

Plinius d. Ä., NH 25,9

DER VOLLKOMMENSTE HERMAPHRODIT

Ende des 2. Jahrhunderts v. Chr. kam in Epidauros ein Mädchen zur Welt, das den Namen Kallo erhielt. Aber etwas stimmte nicht: Ihr Geschlechtsorgan hatte keine Öffnung. Als sie erwachsen war, heiratete Kallo einen Mann und lebte mit ihm zwei Jahre lang zusammen. Aus der Not heraus begrenzte sich ihr geschlechtlicher Umgang jedoch auf «unnatürliche Umarmungen», wie der Geschichtsschreiber Diodor von Sizilien (Diodorus Siculus) es vornehm formuliert.

Eines Tages bekam Kallo fürchterliche Schmerzen im Unterleib, und ein Arzt wurde gerufen. Er machte einen Einschnitt, um das Übel zu heilen, und da fielen ihm plötzlich die Geschlechtsteile eines Mannes entgegen, Hoden und ein Penis ohne Harnröhre. Durch einen Katheter aus Silber ersetzte der Arzt die Harnröhre. Kallo änderte nun ihren Namen in Kallon. Der Arzt verlangte daraufhin das doppelte Honorar: Er hatte schließlich aus einer kranken Frau einen gesunden Mann gemacht.

Diodor 32,11

TIERE

DER ÄLTESTE FISCH

Der freigelassene Sklave Vidius Pollio war berüchtigt für seine Grausamkeit den eigenen Sklaven gegenüber. Als Strafe wurden sie in Wasserbecken geworfen, in denen sich Muränen über sie hermachten. Die Fische wurden hingegen gepäppelt, und lange nach dem Tod ihres Besitzers ließ sich feststellen, daß eine der Muränen das beachtliche Alter von 60 Jahren erreicht hatte.

Plinius d.Ä., NH 9,167

DIE ÄLTESTE FLIEGE

Aristoteles berichtet, es sei eine Fliege beobachtet worden, die sechs oder sieben Jahre gelebt habe. Athenaios aber fragt: «Wie will man so etwas eigentlich beweisen?»

Athenaios, Deipn. 8,353

DIE GRÖSSTEN SPINNEN UND SKORPIONE

Nirgends auf der Welt gab es so große Spinnen und Skorpione wie im heutigen Algerien, wenn wir Strabon glauben wollen, auch wenn er leider keine Maße nennt. Die Bevölkerung war jedenfalls gezwungen, zum Schutz dicke Lederkleidung zu tragen und die Beine der Betten mit Knoblauch zu präparieren, um das Viehzeug fernzuhalten. Trotzdem wurde wegen des ganzen Ungeziefers kaum jemand älter als 40 Jahre.

Strabon 16,4,12; 17,3,11

DER GRÖSSTE TINTENFISCH

Im Jahre 150 v.Chr. soll die Küste östlich von Gibraltar von einem außergewöhnlichen Monster heimgesucht worden sein. Es handelte sich um einen riesigen Tintenfisch, der die Gewohnheit hatte, sich nachts auf den Strand und in die Becken vor Carteia zu werfen, wo er im Schutz der Dunkelheit ungestört gesalzenen Fisch verspeiste. Die verzweifelten Fischhändler zimmerten daraufhin einen hohen Zaun, um das Tier an seinen Raubzügen zu hindern. Der

Tintenfisch ließ sich aber nicht aufhalten, sondern stieg über einen Baum ein. Schließlich gelang es, die Bestie mit Hunden zu umzingeln, als sie nach einem erfolgreichen Raubzug auf dem Weg zurück ins offene Meer war. Ein fürchterlicher Gestank ging von dem Ungeheuer aus, dessen Tentakel wie Keulen über die entsetzten Hunde hinwegtanzten, ehe man es mit Hilfe von dreizinkigen Harpunen töten konnte. Der Kadaver wurde dem römischen Heerführer Lucullus vorgeführt, dessen Sekretär alle Angaben genau notierte: Der Kopf des Tintenfisches war so groß, daß er 15 Amphoren Platz geboten hätte – d. h. er maß ungefähr 390 Liter –, und die fast neun Meter langen Fangarme konnte ein erwachsener Mann kaum umfassen. Die größten Saugnäpfe entsprachen Schalen mit einem Fassungsvermögen von gut zehn Litern. Die bewahrten Teile des Kadavers wogen noch rund 330 Kilo.

Plinius d. Ä., NH 9,92–93

DIE GRÖSSTEN SCHNECKEN

Die größten Schnecken kamen angeblich aus Afrika. Ihre Gehäuse hatten ein Fassungsvermögen von 6,5 Litern.

Varro, Rust. 3,14,4

4 Göttin Venus und Eroten in einer von Delphinen getragenen Muschel

DER LÜSTERNSTE FISCH

Der Fisch des Mittelmeers, der sich am leichtesten fangen ließ, war die Meeräsche. Meeräschen taten alles, um sich ihren Weibchen zu nähern. Es galt also, zunächst ein stattliches Weibchen zu fangen. Laut Aelian hatte es keinen Sinn, es mit einem zu mageren Exemplar zu versuchen. Keine Meeräsche würde Interesse für ein solches Weibchen aufbringen. Vornweg ging ein Fischer, der das Meeräschenweibchen an einer Leine aus Espartogras, die er durch ihre Lippen gezogen hatte, hinter sich herzog. Es dauerte nicht lange, und es wimmelte nur so von Männchen im Wasser. Die waren laut Aelian jetzt ganz außer sich und wollten dem Weibchen so nahe wie möglich kommen. Da warf der zweite Fischer sein Netz aus. Oftmals hatte er Glück und erwischte den ganzen Schwarm beim ersten Wurf.

Aelian, NA 1,12

DER MUTIGSTE SCHWERTFISCH

Der starke und schöne Schwertfisch wurde in der Antike sehr bewundert. Es heißt, daß große Exemplare auch Schiffe angegriffen hätten. Ein Beispiel für solchen vermeintlichen Angriffsmut wird aus Bithynien berichtet: Ein Schiff war zur Ausbesserung des Rumpfes an Land gezogen worden. Dabei stellte man fest, daß sich solch ein riesiger Fisch mit seinem Schwert zwischen den Planken verkeilt hatte. Nur noch sein Kopf war vorhanden. Aelian vermutete, daß der Körper des Fisches durch die Geschwindigkeit des fahrenden Schiffes abgerissen worden sei. Wahrscheinlich aber hatte sich der Fisch nach seiner Attacke nicht mehr aus dem Holz befreien können, war verendet und von anderen Fischen gefressen worden.

Aelian, NA 14,23

DAS GEFÄHRLICHSTE MEERESTIER

Aelian schreibt, daß zu seiner Zeit ein gefürchtetes Ungeheuer das Meer unsicher machte, über das allerdings nicht sonderlich viele Angaben existierten. Der Beschreibung nach könnte es sich um einen Zahnwal gehandelt haben. Diese waren dafür bekannt, daß sie nicht nur Menschen fraßen, sondern auch Schiffe zum Kentern brachten. Mit ihrem riesigen Körper konnten sie große Wellen erzeugen. Die Bewohner Korsikas erzählten von einem Schiffbrüchigen, der sich auf einem Felsen in Sicherheit glaubte, als ein Zahnwal ihn entdeckte. Der Wal schlug mit seiner Schwanzflosse so kräftig aufs Wasser, daß der Ärmste von seinem Felsen herabgespült wurde, mitten in den Schlund des hungrigen Monsters hinein.

Aelian, NA 15,2

DER LÄNGSTE BANDWURM

Es heißt, eine Frau, die einen Tempel in der Argolis aufgesucht habe, hätte einen riesigen Bandwurm im Bauch gehabt. Sie legte sich zur

Untersuchung hin. Einer der Tempeldiener zerrte den Bandwurm mit bloßen Händen heraus – aber leider gelang es ihm dann nicht mehr, den Kopf der Frau in seine ursprüngliche Stellung zu setzen. Solches kam bei vergleichbaren medizinischen Anwendungen wohl recht häufig vor.

Aelian, NA 9,33

DIE ZAHMSTEN AALE

Die zahmsten Aale waren in Arethusa in der heutigen Türkei zu besichtigen, wo sie bei einem Heiligtum lebten. Sie trugen Silber- und Goldschmuck und ließen sich mit Resten der Opfertiere sowie mit Schimmelkäse füttern.

Athenaios, Deipn. 8,331

DIE LÄNGSTE SCHLANGE AUS INDIEN

Gelegentlich wurden dem römischen Kaiser Schlangen aus Indien geschickt. Augustus und Claudius gehörten zu denen, die sich solcher Reptilien erfreuen durften. Die längste Schlange, die je in Rom gesehen wurde, war laut Sueton gute 22 Meter lang. Hier stellt sich aber die Frage, ob sich bei der Abschrift eines Manuskripts ein Fehler eingeschlichen hat oder ob

es sich bei dem Tier um eine ausgestopfte Fälschung handelte.

Sueton, Aug. 43

5 Schlangenhaupt der Gorgone Medusa, das der griechische Held Perseus der Sage nach dem Monstrum abgeschlagen hat

DIE LÄNGSTE SCHLANGE, DIE AUF RÖMISCHEM REICHSGEBIET LEBTE

In Phrygien gab es Schlangen, die 17 Meter lang wurden. Im Sommer sah man sie laut Aelian an den Flußufern. Sie konnten sich halb vom Boden erheben. So standen sie da, lockten Vögel an und verschlangen sie ganz. Die Römer glaubten, daß die Vögel vom Geruch, der dem Maul der Schlange entströmte, angezogen wurden.

Aelian, NA 2,21

TIERE 36

6 Der trojanische Priester Laokoon und seine Söhne werden von Schlangen erwürgt (Laokoongruppe, die heute in den Vatikanischen Museen steht; Rekonstruktion jüngeren Datums).

DAS ZAHMSTE KROKODIL

Das zahmste Krokodil der Antike war in Arsinoë in Ägypten zu Hause, wo Krokodile seit Menschengedenken als heilige Tiere verehrt wurden. Die Priester wählten ein besonderes Exemplar aus und verwöhnten es in einem eigenen See. Etwa um 20 v.Chr. hieß dieses Tier Suchus, und alle Reisenden, die des Weges kamen, fütterten es mit Wein und Fleisch. Strabon wurde selbst Zeuge, wie die Priester dem Krokodil den Rachen öffneten und gegrilltes Fleisch und Kuchen sowie eine Mischung aus Wein und Honig hineinschoben. Es fragt sich, ob dies Suchus schmeckte, denn er verschwand sofort auf die andere Seite des Sees. Jetzt mußte die Gesellschaft ihm dorthin folgen, damit der nächste Priester seine Großzügigkeit beweisen konnte.

Strabon 17,1,38

DER SELTSAMSTE KAMPF ZWISCHEN TIEREN

Ende der 50er Jahre n.Chr. fand in Ägypten angeblich ein seltsamer Kampf statt, bei dem der römische Statthalter persönlich Zeuge war. Delphine waren den Nil hinaufgeschwommen und hatten einen Kampf mit einem Rudel Krokodile begonnen. Indem sie unter ihnen hinwegschwammen, sollen sie mit ihren Rückenflossen die Bäuche der Krokodile aufgeschlitzt haben. Schließlich seien die Krokodile aus dieser Seeschlacht geflohen. Die Gefährlichen, so kommentiert Seneca diesen Kampf, seien von den Gutartigen besiegt worden.

Seneca d.J., QNat. 4 A 2,13–14

DAS SCHNELLSTE TIER

Das schnellste Tier, auch verglichen mit den Landtieren, ist der Delphin.

Plinius d.Ä., NH 9,20

DER TREUESTE DELPHIN

Zur Zeit der Regierung von Kaiser Augustus wohnte ein Junge namens Hyacinthus in Baiae, einem kleinen Badeort unterhalb des Vesuvs. Ein Delphin, der sich in den Lucrinischen See ganz in der Nähe verirrt hatte, schloß Freundschaft mit dem Jungen, der ihn auf dem Weg zur Schule in Puteoli auf der anderen Seite der Bucht mit seinem Pausenbrot fütterte. Bald kam der Delphin immer angeschwommen, wenn ihn der Junge mit seinem Kosenamen «Stupsnase» rief. Er trug das Kind auf seinem Rücken über die Bucht zur Schule.

Das ging so mehrere Jahre lang, bis der Junge eines Tages krank wurde und starb. Noch lange kehrte der Delphin regelmäßig zu ihrem Treffpunkt zurück, bis er offenbar aus Trauer über den Tod des Jungen ebenfalls starb. Plinius räumt ein, daß er sich geschämt hätte, eine solche Geschichte zu erzählen, wenn sie nicht durch verschiedene Autoren verbürgt wäre.

Plinius d.Ä., NH 9,25–27; Gellius, NA 6,8

DAS FRUCHTBARSTE LANDTIER

Verglichen mit anderen Tieren besäßen Mäuse die größte Fortpflanzungsfähigkeit, und zwar sowohl was die Zahl ihrer Nachkommen als auch die Geschwindigkeit, mit der sie sich fortpflanzen könnten, angehe, schreibt Aristoteles. Eine schwangere Maus sei einmal in einem Tongefäß mit Hirse eingeschlossen worden. Als man dieses kurze Zeit später wieder geöffnet habe, seien 120 Mäuse daraus hervorgekommen.

Aristoteles, HA 6,580b10–14

DER ÄLTESTE HUND

Um 200 n.Chr. berichtet Aelian von einem Hund, der 14 Jahre alt wurde. 500 Jahre zuvor schrieb Aristoteles, daß die ältesten Hündinnen 15 oder sogar 20 Jahre alt werden konnten. Das beweise auch, daß sich Homer nicht geirrt habe, als er schrieb, der Hund des Odysseus sei im Alter von 20 Jahren gestorben.

Aelian, NA 4,40; Aristoteles, HA 6,574b30–575a2

TIERE 38

DER HUND, DER AM WEITESTEN SCHWAMM

Als die Perser 480 v. Chr. in Griechenland einmarschierten, verließen die meisten Athener die Stadt, um auf der Insel Salamis Schutz zu suchen. Das Orakel von Delphi hatte schließlich erklärt, nur eine Mauer aus Holz könne sie vor der Übermacht der Perser schützen, und man nahm an, damit sei die große Flotte der Athener gemeint. In der Eile des Aufbruchs scheint man jedoch die Tiere vergessen zu haben. Der Hund von Perikles' Vater Xanthippos sei so anhänglich gewesen, daß er den Schiffen bis nach Salamis hinterhergeschwommen sei. Am Strand der Insel angelangt, sei er – völlig entkräftet – gestorben. Die Strecke vom Hafen von Athen bis zur Insel beträgt gute zehn Kilometer.

Aelian, NA 12,35; Plutarch, Vit. Them. 10

DER TREUESTE HUND

Im Jahre 28 n. Chr. stürzte sich ein Hund aus Treue zu seinem Herrn in den Tiber. Sabinus, sein Herr, einer der berühmtesten Männer Roms dieser Zeit, war im Kerker ermordet worden, während sein Hund draußen gesessen und auf ihn gewartet hatte. Der Hund lief daraufhin zur Gemonischen Treppe – einem schrecklichen Ort am Rande des Kapitols, an dem die Leichen der Hingerichteten hinabgeworfen wurden – um zu sehen, wie die Soldaten seinen Herrn in die Tiefe warfen. Als die Leiche des Sabinus schließlich im Fluß landete, sprang der Hund hinterher und folgte seinem Herrn in den Tod.

Cassius Dio 58,1,3

DER STANDHAFTESTE WACHHUND

Im Jahre 68 n. Chr. gab es in Rom einen unerhört treuen Hund. Dieser wich seinem Herrn, dem Kaiser Galba, der ermordet auf dem Forum Romanum lag, nicht von der Seite. Aelian erzählt, die Soldaten hätten erst den Hund töten müssen, ehe sie dem ermordeten Kaiser das Haupt als Trophäe abschlagen konnten.

Aelian, NA 7,10

DER TAG, AN DEM DIE MEISTEN HUNDE ERSCHLAGEN WURDEN

Als Kaiser Aurelian im Jahre 272 n. Chr. den Aufstand von Königin Zenobia in Palmyra niederschlagen wollte, wurde er durch die unerwartete Belagerung der Stadt Tyana in Kappadokien aufgehalten. Außer sich vor Wut rief der Kaiser, daß er keinen Hund in der Stadt am Leben lassen werde. Als die Einwohner Tyanas schließlich kapitulierten, hatte sich jedoch der Zorn des Kaisers gelegt. Mit Rücksicht auf einen bekannten Philosophen, der einmal in Tyana gewohnt hatte, verbot er gar jegliches Plündern. Die Legionäre erinnerten ihn daraufhin an seine Worte, worauf er erwidert haben soll: «Dann tötet eben alle Hunde.» Merkwürdigerweise, berichtet der Chronist, nahmen die Soldaten den Scherz wörtlich und führten den Befehl mit großem Eifer aus.

H.A., Aurel. 23

DAS SELTSAMSTE PFERD

Caesar besaß ein Pferd, dessen Vorderhufe den Füßen eines Menschen ähnelten, da sie Zehen hatten. Das ließ sich durch einen Blick auf das Standbild des Pferdes überprüfen, das Caesar vor seinem Venustempel in Rom errichten ließ.

Plinius d.Ä., NH 8,155

DAS ÄLTESTE PFERD

Laut Aristoteles werden Pferde normalerweise 35 bis 40 Jahre alt. In einem bezeugten Fall, schreibt er, habe ein Pferd aber das beachtliche Alter von 75 Jahren erreicht.

Aristoteles, HA 5,545b15–18

DER ÄLTESTE ZUCHTHENGST

Der älteste Zuchthengst, ebenfalls laut Aristoteles, deckte Stuten noch im Alter von 40 Jahren. Die Stallknechte waren jedoch gezwungen, seine Vorderbeine anzuheben und ihn dann während des Aktes zu stützen.

Aristoteles, HA 6,576b25–27

DAS AM MEISTEN GELIEBTE PFERD

Wenn Incitatus, das Rennpferd Caligulas, einen Sieg errungen hatte, lud der Kaiser das Tier zum Essen ein. Es wurde vergoldetes Getreide gereicht und Wasser aus goldenen Kelchen. Während eines besonders gelungenen Gelages rief Caligula sein Pferd gar zum Konsul aus. Das Tier führte zwischen den Rennen in einem Stall aus Marmor ein sehr angenehmes Leben. Die Box war aus Elfenbein, und die Pferdedecken waren mit Purpur gefärbt. Als sei das nicht genug, besaß das Pferd noch ein Haus mit Möbeln und Sklaven, in dem es Gäste empfangen konnte.

Sueton, Calig. 55; Cassius Dio 59,14,7

DAS SCHÖNSTE PFERD, DAS AM MEISTEN UNGLÜCK BRACHTE

Mitte des ersten Jahrhunderts v.Chr. besaß Gnaeus Seius ein Pferd, das größer und stärker war als alle anderen. Seine Mähne war dicht und glänzend und sein Fell von ungewöhnlicher purpurroter Färbung. Dieses Pferd brachte seinen Besitzern jedoch Unglück. Nachdem Seius von Marcus Antonius ermordet worden war, kaufte der Konsul Cornelius Dolabella das Pferd für 100 000 Sesterzen. Er fiel jedoch bald darauf im Krieg gegen Syrien, und sein Gegner Gaius Cassius bemächtigte sich des Pferdes. Dieser Cassius wurde seinerseits von Antonius getötet, in dessen Besitz das Pferd dann überging. Antonius starb ebenfalls wenig später, als er sich 30 v.Chr. das Leben nahm, nachdem er die Schlacht bei Actium im Jahre 31 v.Chr. verloren hatte. Über Leute, die besonders vom Pech verfolgt waren, sagte man damals deswegen: «Der Mann besitzt wohl Seius' Pferd!»

Gellius, NA 3,9

DAS HÖFLICHSTE PFERD

Nachdem Kaiser Trajan eine Stadt eingenommen hatte, kamen die Besiegten mit Geschenken, darunter ein Pferd, das sich verbeugen konnte. Das Tier legte sich ganz einfach mit dem Kopf zwischen die Beine der Person, die es begrüßte, auf den Bauch.

Cassius Dio 68,18,2

DIE ELEFANTEN MIT DEN BESTEN TISCHMANIEREN

Aelian referiert einen fast unglaublichen Vorfall in einem Zirkus in Rom. Dort sollen die Elefanten an gedeckten Tischen gespeist haben. Die Liegen waren mit den feinsten Stoffen bezogen. Man hatte große Kelche aus Silber und Gold mit Wasser bereitgestellt. Tische aus kostbarem Zitronenbaumholz und Elfenbein (!) bogen sich unter enormen Mengen von Braten und Brot. Neben Elefantenbullen in Männerkleidung waren die Elefantenkühe in Frauengewändern bei Tisch zugegen. Auf ein Signal hin begannen die Paare, einander mit ihren Rüsseln zu bedienen. Die Tiere bewahrten eine stolze Haltung und ließen mit keiner Miene erkennen, wie hungrig sie waren. Sie nahmen immer nur kleine Portionen, genau wie es die römische Etikette vorschrieb. Wenn die Elefanten etwas trinken wollten, servierte man ihnen Wasser aus den funkelnden Kelchen. Sie tranken recht ordentlich, konnten es dann aber nicht bleiben lassen, sich gegenseitig mit etwas Wasser zu bespritzen.

Aelian, NA 2,11

DIE GRÖSSTE ANZAHL VON ELEFANTEN IN DEN ALPEN

Als der karthagische General Hannibal auf dem Landweg gegen die Römer zog (218 v.Chr.), führte er in seinem Heer über 37 afrikanische Elefanten mit sich. Cassius Dio berichtet, daß nur ein einziger Elefant die Alpenüberquerung überlebt habe. Alle anderen seien an der Kälte oder an Verletzungen, die sie sich zuzogen, verendet.

Polybios III 60,5; Cassius Dio 14,23

DIE «ELEFANTENÄHNLICHSTEN» PLASTIKEN

Im Krieg zwischen den Römern und Makedonen um 170 v.Chr. hatten die makedonischen Pferde besondere Angst vor den Kriegselefanten der Römer. Um die Pferde an den Anblick dieser Tiere zu gewöhnen, ließ König Perseus Plastiken anfertigen, die wie Elefanten aussahen. Diese wurden mit einer widerwärtig stinkenden Tinktur eingerieben. Außerdem fand man einen Weg, sie fürchterliche Geräusche ausstoßen zu lassen. Auf diese Art gewöhnten sich die Pferde schließlich an die Elefanten, so daß sie ihnen in der Schlacht furchtlos begegneten.

Cassius Dio 20,22

EIN SEILTANZENDER ELEFANT

Im Jahr 59 n.Chr. trat bei den Feierlichkeiten zum Tod von Neros

7 Kriegselefant mit turmartigem Sattelaufbau, der Soldaten barg

Mutter ein Elefant auf, der auf einem Seil tanzte.

Cassius Dio 61,17,2

DER RABE, DER AM MEISTEN GELIEBT WURDE

Unter der Regierung des Kaisers Tiberius schlüpfte in einem Nest oben auf dem Tempel des Castor und des Pollux auf dem Forum Romanum ein Rabe und flog zu dem Stand eines Schusters in der Nähe. Dort zog er ein und lernte im Laufe der Zeit sprechen. Bald begann er zur Rednertribüne vor dem Senat zu fliegen. Dort krächzte er einen Gruß an den Kaiser und seine Söhne und begrüßte auch das römische Volk. Anschließend flog er zurück zu seinem Schuster. So ging es tagein tagaus mehrere Jahre. Eines Tages erschlug der Nachbar und Konkurrent des Schusters den Raben, da der Rabe auf die Sandalen, die er feilbot, geschissen hatte. Der Mord brachte die Römer so sehr auf, daß der Missetäter aus der Stadt vertrieben und später gelyncht wurde. Eine große Menschenmenge aber geleitete den Vogel zur letzten Ruhe. Angeführt wurde die Prozession von Flötenspielern und Kranzträgern, zwei Äthiopier trugen die kleine Bahre auf ihren Schultern, ihnen folgte der lange Zug der Trauernden. Bei den Grabdenkmälern an der Via Appia wurde ein großer Scheiterhaufen aufgeschichtet, und dort nahmen die Bevölkerung Abschied von ihrem kleinen Liebling.

Plinius d.Ä., NH 10,121–122

DIE TIEFE TRAUER EINES ADLERS

Als König Pyrrhos starb, trauerte sein Adler so sehr, daß er aufhörte zu fressen und bald darauf verschied.

Aelian, NA 2,40

DER HÄRTESTE SCHÄDEL

Das Tier mit dem härtesten Schädel ist der grüne indische Papagei mit dem roten Halsband, bekundet Plinius. Wahrscheinlich meint er einen Sittich. Um ihm das Sprechen beizubringen, mußte man ihm deswegen – sicher keine nachahmenswerte Methode – mit einem Eisenstäbchen auf den Kopf klopfen, sonst hätte er überhaupt nichts gespürt.

Plinius d.Ä., NH 10,117

DER SELTENSTE VOGEL DER WELT

Der Vogel Phönix soll in Arabien gelebt haben. Ihn zu sehen, ist vermutlich der Traum jedes Ornithologen. Er war groß wie ein Adler, besaß ein purpurnes Federkleid mit goldenem Gefieder um den Hals und blaue Schwanzfedern mit roten Punkten. Dieser Vogel soll 500, 540 oder auch 1641 Jahre alt geworden sein, was an sich schon ein Rekord zu nennen wäre. Nach seinem Tod aber entstand aus seinen sterblichen Resten erst eine Larve, die sich dann in ein Küken verwandelte, aus dem schließlich bald ein neuer Phönix entstand. Mit den sterblichen Resten seines Vorgängers flog dann der neu herangewachsene Phönix nach Heliopolis in Ägypten, um sie dort zu begraben. Im Jahre 34 oder 36 n. Chr. soll ein solcher Vogel nach Ägypten geflogen und dort eingefangen worden sein. Er wurde bei den Feierlichkeiten zum 800. Jubiläum der Stadt Rom 47 n. Chr. gezeigt. Jeder habe gewußt, fügt Plinius hinzu, daß es sich dabei um einen Betrug handelte. Der strenge Tacitus hingegen erklärt, daß man Alter und alles andere zwar anzweifeln, den Vogel aber zweifellos in Ägypten beobachten könne. Ob der Vogel, den man in Rom vorführte, lebendig oder ausgestopft war, erfahren wir nicht.

Plinius d.Ä., NH 10,3–5; Tacitus, Ann. 6,28

DIE SPRACHBEGABTESTEN VÖGEL

Die jungen Prinzen und Halbbrüder Britannicus und Nero besaßen einen Star und mehrere Nachtigallen, denen sie sowohl Latein als auch Griechisch beibrachten, versichert Plinius, der alles mit eigenen Augen mitangesehen haben will. Die Vögel seien ungewöhnlich gelehrig gewesen und hätten jeden Tag neue Sentenzen geäußert, und zwar in immer längeren Sätzen.

Plinius d.Ä., NH 10,120

DIE SELTSAMSTEN MEERES-UNGEHEUER

Tritonen gehörten laut der klassischen Mythologie zum Gefolge des Meergottes Neptun. Sie waren halb Mensch und halb Fisch und verursachten, wenn sie in ihre Muscheltrompeten bliesen, einen Sturm auf dem Meer. Der Reiseschriftsteller Pausanias bezeugt, daß er mit eigenen Augen einen Triton in Rom gesehen habe. Dieser habe grünes Haar, einen von winzigen Fischschuppen, die denen eines Raubfischs ähnlich waren, bedeckten Körper gehabt, eine Nase wie ein Mensch, einen sehr großen Mund und Zähne wie ein Raubtier. Seine Augen hätten blau geschimmert, und unter den Ohren hätten sich Kiemen befunden. Hände und Finger hätten an Muscheln erinnert, sein Unterkörper an den Leib eines Delphins. Da Pausanias anschließend andere merkwürdige Geschöpfe wie Nashörner und Elche beschreibt, ist es wahrscheinlich, daß er wirklich ein Geschöpf gesehen hat, das einem Triton glich. Vielleicht handelte es sich ja um ein Walroß, einen See-Elefanten oder ein anderes Geschöpf, das an der Atlantikküste gefangen worden war, falls man den «Triton» – ähnlich einem Wolpertinger – nicht betrügerisch aus mehreren Tieren zusammengesetzt hatte.

Pausanias 9,21,1

DIE TIERE, DIE SICH AM LIEBSTEN PAAREN

Tierbesitzer und Hirten achteten darauf, daß sich ihre Esel, Ziegen und Pferde vermehrten. Laut Aelian rieben die Hirtenjungen die Hintern der Tiere unter anderem mit Kochsalz ein. Das erhöhte angeblich den Geschlechtstrieb des Viehs. Andere Hirten schmierten die Hinterteile ihrer Tiere mit Pfeffer und Honig ein. Man konnte auch das Kochsalz mit Brennesseln mischen. Aelian erklärt, daß dieses ständige Einschmieren die Fortpflanzungsorgane der Weibchen so anregte, daß diese sich unentwegt paaren wollten.

Aelian, NA 9,48

8 Der mythische Meergreis Nereus auf einem Seepferd (nach einem athenischen Vasenbild des späten 6. Jahrhunderts v. Chr.)

DIE GELEHRIGSTEN AFFEN

Als die griechischen Ptolemäer in Ägypten herrschten, soll es dort Paviane gegeben haben, die Buchstaben unterscheiden konnten. Die Römer scheinen sich für solche Experimente nicht interessiert zu haben, aber Plinius d. Ä. berichtete immerhin von Affen, die Würfelspiele spielen konnten.

Aelian, NA 6,10

ERSTAUNLICHE MISSGEBURTEN IM TIERREICH

In Paphlagonien gab es ein Rebhuhn mit zwei Herzen. Die Hasen in Bisaltia hatten doppelte Lebern. Ein Rothirsch in einer unbekannten Gegend besaß vier Nieren. In Ägypten wurde ein Kranich mit zwei Köpfen gesichtet. Auf Zypern hat man einen Rehbock mit vier Geweihen gesehen. Und die sicherste Quelle über Mißgeburten erwähnt einen Ochsen in Alexandria mit fünf Beinen.

Aelian, NA 11,40

DER TREUESTE LÖWE

Seneca wunderte sich über das ungewöhnliche Verhalten eines Löwen. Er hatte mit eigenen Augen gesehen, wie ein Löwe seinen Dompteur schützte, als dieser von anderen Löwen angegriffen wurde.

Seneca d. J., Ben. 2,19,1

PFLANZEN

DIE GRÖSSTE BLUME

Mit ihrem 135 Zentimeter langen Stengel war die Madonnenlilie, *Lilium candidum*, die größte Blume, von der Plinius gehört hatte. Da die Blüte eigentlich viel zu schwer für den Stengel war, machte die Pflanze immer einen gebeugten Eindruck. Die Lilie war leuchtend weiß, mit einer geriffelten Außenseite. Der Kelch war recht eng und erweiterte sich nach oben hin. Auf seinem Boden standen safrangelbe Staubgefäße und Stempel. Aus dieser Lilie wurden sowohl Salben als auch Parfümöle hergestellt. Die Duftstoffe gewann man aus der Blütenkrone und den Staubgefäßen. Für die Salben fanden sämtliche Blütenblätter Verwendung.

Plinius d.Ä., NH 21,22–23

DIE WICHTIGSTE FRUCHT

Für die wichtigste Frucht der Geschichte hält Plinius die Feige. Dafür liefert er folgende Erklärung: Cato d.Ä. hatte lange vergebens versucht, den römischen Senat von der Notwendigkeit zu überzeugen, Karthago ein für allemal zu vernichten. Mitte des 2. Jahrhunderts v.Chr. hielt er schließlich bei einer Versammlung eine Feige hoch und fragte seine Kollegen, wann diese Frucht ihrer Meinung nach gepflückt worden sei. Alle waren sich einig, daß die Feige frisch sein müsse. Daraufhin erklärte Cato, sie

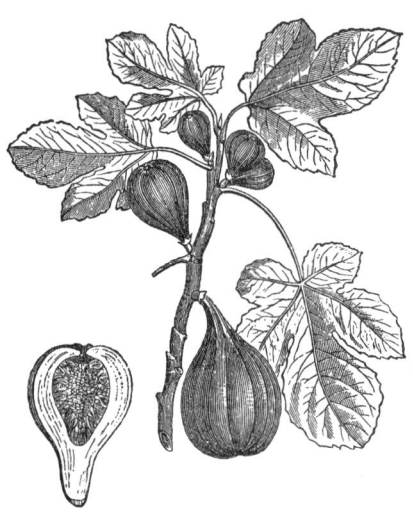

9 Eine der beliebtesten Früchte der klassischen Antike war die Feige.

47 PFLANZEN

sei nur zwei Tage zuvor in Karthago gepflückt worden. So nahe war also der Feind! Eilig beschloß man jetzt, Karthago erneut den Krieg zu erklären, was zum Untergang der Stadt führte (146 v. Chr.). Plinius hält es für unvergleichlich, wie das Schicksal einer so mächtigen Stadt von einer einzigen kleinen Frucht besiegelt wurde.

Plinius d. Ä., NH 15,74–76; Plutarch, Vit. Cato 27,1

DIE BEGEHRTESTE PFLANZE

In der Gegend der griechischen Stadt Kyrene im heutigen Libyen wuchs die begehrteste Pflanze der Antike, Silphion. Auf ihr beruhte der Wohlstand der Stadt, und sie ist auf den Münzen Kyrenes abgebildet. Der Saft, der sich aus der Pflanze pressen ließ und den die Römer *laser* nannten, war in der Medizin so begehrt, daß er mit Silber aufgewogen wurde. Um die Zeit von Christi Geburt hätten plündernde Wüstenvölker sich darauf spezialisiert, die Wurzeln der Pflanze zu zerstören, weiß der zu dieser Zeit lebende Strabon zu berichten. Zwei Generationen später war das kleine Stengelchen, das man Kaiser Nero als Geschenk schickte, bereits eine Rarität. Plinius' Erklärung dafür, warum die Pflanze ausgerottet worden sei, ist prosaisch. Es sei für die Kyrener lukrativer gewesen, ihre Ziegen in der Gegend weiden zu lassen. Die Ziegen hätten immer niesen müssen, wenn sie von der Pflanze fraßen, die Schafe hingegen seien eingeschlafen. Der letzte, der größere Mengen Silphion besaß, war Iulius Caesar. Im Jahre 49 v. Chr. konnte er der römischen Staatskasse 490 Kilo davon einverleiben. Trotz beharrlicher

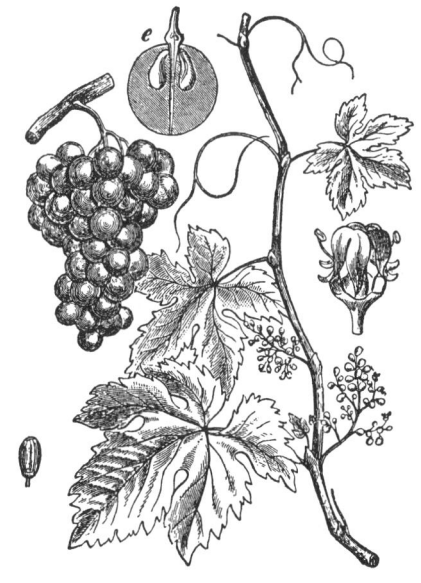

10 Das vielleicht schönste Erbe der klassischen Antike ist der Weinbau.

Versuche ist es weder Philologen noch Botanikern bis heute gelungen, das geheimnisvolle Gewächs zu identifizieren.

Strabon 17,3,22; Plinius d.Ä., NH 19,38–40

DIE GRÖSSTE WEINTRAUBE

Die größten Trauben gab es in Nordafrika, wo man die Reben bereits am Boden stutzte. Diese Methode führte dazu, daß die Trauben häufig die Größe von Säuglingen erreichten.

Plinius d.Ä., NH 14,14

DIE GRÖSSTEN SCHOTEN

In Ägypten wuchsen Bohnen, die so groß waren, daß sich die Schoten als Schalen und Trinkbecher verwenden ließen. Es gebe sie an allen Marktständen Alexandrias, wo man sie als Gefäße zur Aufbewahrung nutze, berichtet Strabon.

Strabon 17,1,15

DAS BESTE GETREIDE

Nichts sei ertragreicher als Weizen, schreibt Plinius in seiner Betrachtung verschiedener Getreidearten, besonders wenn er auf dem richtigen Boden angebaut werde. In Byzacium in Nordafrika liefere ein Liter Saatgut einen Ertrag von 150 Litern. Der dortige Statthalter habe Augustus einmal einen Umschlag mit 400 Körnern geschickt, die aus einem einzigen Samenkorn gezogen worden seien. Diese Tatsache lasse sich im Dankschreiben des Augustus nachlesen, bezeugt Plinius.

Plinius d.Ä., NH 18,94

DER FRUCHTBARSTE BODEN

Dem Geographen Strabon zufolge war das Erdreich in Kampanien von ganz außergewöhnlicher Beschaffenheit. Auf den süditalischen Äckern konnte man in einem Jahr zweimal Weizen, Hirse und Gemüse ernten. In der Gegend des heutigen Algerien erhielt man gar das Saatgut 240fach zurück. Die Stiele des Getreides waren fingerdick und wurden zwei Meter hoch. In Babylon war es allerdings noch extremer. Im Land zwischen Euphrat und Tigris brachte im 5. Jahrhundert v. Chr. das Saatgut bis zu 300fachen Ernteertrag.

Herodot 1,193; Strabon 5,4,3; 17,3,11

DAS SCHLECHTESTE LEINEN

Das schlechteste Leinen der Antike wuchs in der Nähe von Emporium in Spanien. Es war fast unbrauchbar und galt eher als eine Abart des Schilfs. Das Endprodukt wurde als recht haben sollte, dann war der Baum zu seiner Zeit bereits über 800 Jahre alt.

Plinius d.Ä., NH 16,235–237

DAS STÄRKSTE HOLZ

Aus unerfindlichen Gründen galt das Holz der Palme als das widerstandsfähigste und stärkste aller Hölzer. Nach verbreiteter Meinung brach ein Balken aus Palmenholz nie, wenn er belastet wurde, sondern bog sich statt dessen nach oben. Deswegen war der Palmwedel auch das Symbol des Sieges.

Plinius d.Ä., NH 16,223; Gellius, NA 3,6

DER GIFTIGSTE BAUM

Die düstere und unheilverheißende Eibe ist laut Plinius der giftigste Baum überhaupt. In Arkadien wuchs eine besonders gefährliche Sorte. Leute, die in der Nähe dieser Eiben ein Picknick abgehalten oder ausgeruht hatten, seien anschließend tot aufgefunden worden. Aus diesem Grunde hießen todbringende Gifte *taxica* – denn die Eibe heißt lateinisch *taxus*, und durch Verschmelzung mit dem griechischen Wort für Giftpfeil, *toxon*, wurde daraus *toxisch*.

Plinius d.Ä., NH 16,50–51

DER BAUM, DER AM MEISTEN GELIEBT WURDE

Als der Perserkönig Xerxes sich einmal auf der Durchreise in Lydien befand, sah er eine große und ansehnliche Platane, an die er sein Herz verlor. Der König verbrachte eine ganze Nacht bei dem Baum und ließ ihn mit Halsketten schmücken. Als das Heer am folgenden Tag weiterzog, ließ Xerxes einen Mann zurück, der über die Platane wachen sollte, als sei sie eine Frau, wie Aelian berichtet. Was hat dem Baum jedoch der ganze Schmuck genützt, fragt er sich? Nichts, denn dieses ganze Gold habe die natürliche Schönheit seiner Äste und Blätter nicht steigern können. Immerhin verdanken wir dieser Geschichte aber eine der schönsten Arien der Barockmusik; sie wurde von Georg Friedrich Händel komponiert, und ihr Titel lautet: *Ombra mai fù*; sie stammt aus der Oper *Xerxes*.

Aelian, VH 2,14

DIE SCHÖNSTE PINIE

Die schönste Pinie der Antike wuchs in der Nähe des Flusses Granikos östlich des Bosporus. Laut Strabon soll König Attalos I. von Pergamon in eigener Person eine junkarisches Leinen bezeichnet, nach dem lateinischen Wort für Schilf, *iuncus*. Über verschiedene Umwege, so über das Slangwort der Seeleute für schadhafte Taue und Seile, soll diese Bezeichnung in dem englischen «junk» (Müll) überlebt haben.

Strabon 3,4,9

DER HÖCHSTE BAUM

Der längste Stamm, der in Rom gezeigt wurde, war der einer Lärche, die Kaiser Tiberius beim Bau einer Arena für Seeschlachten ausstellen ließ. Er war aus den Alpen herangeschafft worden und war 36 Meter lang und auf der gesamten Länge zwei Fuß dick. Das lasse darauf schließen, daß der einstige Baum unglaublich hoch gewesen sein müsse, schreibt Plinius.

Plinius d.Ä., NH 16,200

DER GRÖSSTE BAUMDURCHMESSER

Auf seiner Liste berühmter Platanen führt Plinius ein riesiges Exemplar auf, auf das man in Lykien gestoßen sei. Dieser hohle, alte Baum habe fast an ein Haus erinnert mit einer Grundfläche von 23 Metern, die der Baum insgesamt deckte. Der Statthalter der Provinz habe einmal ein Bankett für 18 Gäste dort abgehalten, und diese hätten sich auf Ruhebetten aus dem Laub des Baumes bequem ausstrecken können. Der Statthalter selbst hatte die ganze Nacht im Baum verbracht. Anschließend wußte er zu berichten, das Geräusch des Regens in der Baumkrone sei schöner gewesen als das Trommeln von Regen auf Alabasterfenster oder auf einer vergoldeten Kassettendecke.

Plinius d.Ä., NH 12,9

DER ÄLTESTE BAUM

In Rom gab es mehrere uralte Bäume, deren Alter freilich ungesichert war. Beispielsweise glaubte man, daß ein gewisser «Haarbaum», an dem die Vestalinnen – Priesterinnen der Göttin Vesta – ihr Haar aufhängten, mindestens 500 Jahre alt war. Am ältesten war jedoch vermutlich eine Steineiche, die auf dem Vatikanhügel wuchs. Sie soll älter gewesen sein als die Stadt Rom selbst. An ihrem Stamm war eine Bronzetafel mit etruskischen Buchstaben angebracht, was darauf hindeuten könnte, daß bereits die Etrusker den Baum für besonders alt gehalten haben. Falls Plinius

51 PFLANZEN

Abhandlung über dieses seltsame Gewächs verfaßt haben. Der Stamm soll an der Wurzel einen Umfang von sieben Metern gehabt haben, aber das Merkwürdigste war, daß sich der Stamm in 20 Meter Höhe dreifach teilte, um dann wieder zu einem einzigen Stamm zusammenzuwachsen. Die Gesamthöhe der «schönen Pinie» wurde auf 68 Meter geschätzt. Der Baum hätte in der 50 Jahre später entstandenen Liste der Rekorde von Plinius d.Ä. vorkommen müssen, aber dieser scheint die Berichte des Griechen Strabon nicht gelesen zu haben.

Strabon 13,1,44

11 Die Pinie ist ein charakteristischer Baum der Mittelmeerländer; seine Bestandteile fanden in der Heilkunst, aber auch als Räuchermittel Verwendung.

DER GRÖSSTE WALD DER WELT

Das größte und entsetzlichste Waldgebiet, das die Römer kannten, war ein riesiger Eichenwald in Germanien, den man den Herkynischen Wald nannte. Man glaubte, daß er sich bis zum Schwarzen Meer erstrecke. Plinius, der selbst bei der Reiterei in Germanien gedient hatte, erzählt, daß die Wurzeln der Eichen so ineinander verwachsen gewesen seien, daß sie große Tore gebildet hätten. Ganze Schwadronen hätten durch diese hindurchreiten können. Caesar zufolge brauchte ein Mann mit leichtem Gepäck neun Tage, um den Wald in seiner Breite zu durchqueren. Um ihn seiner Länge nach zu durchwandern, hätte man mehr als sechzig Tagesmärsche auf sich nehmen müssen. Niemand aber hat sich diesen Mühen unterzogen. In dem Wald lebten Auerochsen, Tiere, die man bis dahin nicht gekannt hatte. Die jungen Männer Germaniens machten sich einen Spaß daraus, sie in Fallen zu locken. Diese nicht ungefährliche Übung diente der Abhärtung und trainierte das Jagdgeschick der Jugend.

Caesar, BGall. 6,25–28; Plinius d.Ä., NH 16,6

HIMMEL UND ERDE

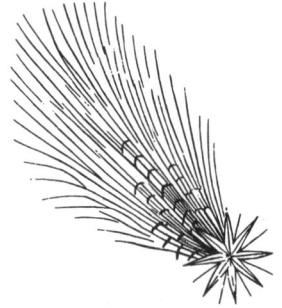

12 Erschienen Schweifsterne (Kometen) in der Antike am Himmel, so galten sie meist als unheilverkündende Zeichen – der Stern von Bethlehem, der den drei Weisen aus dem Morgenland den Geburtsort des Erlösers anzeigte, war eine rühmliche Ausnahme.

DER GRÖSSTE KOMET

Der größte Komet der Antike soll kurz vor dem Jahr 146 v.Chr. am Himmel erschienen sein, als die Römer gerade im Begriff waren, den Widerstand der griechischen Staaten endgültig zu brechen. Anfangs wirkte er genauso groß wie die Sonne. Er war flammend rot und vertrieb das Dunkel der Nacht, schrumpfte dann aber allmählich zusammen und erlosch.

Seneca d.J., QNat. 7,15,1

DER KOMET MIT DEM EIN-DRUCKSVOLLSTEN SCHWEIF

Im Jahre 76 n.Chr. erschien ein Komet am Himmel, von dem Plinius berichtet, daß an seiner Spitze ein langes Haar zu sehen und er darüber hinaus durchgehend blutrot gewesen sei.

Plinius d.Ä., NH 2,89

DER SELTSAMSTE KOMET

Im Jahre 346 v.Chr. erschien ein Komet, der laut Plinius die Form einer Ziege hatte. Er schreibt, der Komet sei zottelig gewesen. Plinius hatte ihn natürlich nicht selbst gesehen, aber die Schweif- oder Haarsterne, wie sie auch genannt werden, ändern wohl ihr Aussehen, je nachdem wo sie sich in der Umlaufbahn befinden.

Plinius d.Ä., NH 2,90

DER BEUNRUHIGENDSTE METEOR

Während der 107. Olympiade im Jahre 349 v.Chr. war ein schrecklicher Meteor am Himmel zu sehen. Er fiel, von einer Wolke aus Blut und Feuer umgeben, zur Erde.

Plinius d.Ä., NH 2,97

DER KÄLTESTE WIND

Plinius hielt den Nordwind für den kältesten Wind, zugleich aber auch für den gesündesten.

Plinius d.Ä., NH 2,126

DER GRÖSSTE BERGKRISTALL

Er wurde im Jupitertempel auf dem Kapitol ausgestellt, wog etwa 50 Kilo und war ein Geschenk von Kaiser Augustus' Ehefrau Livia.

Plinius d.Ä., NH 37,27

DIE GRÖSSTE VERSTEINERUNG

Bei einem Erdbeben auf Kreta stürzte einmal ein Berg ein. Dabei kam ein Riese, der 20,4 Meter groß war, zum Vorschein. Man glaubte, es könne sich um den Jäger Orion handeln, der der Sage nach die Plejaden am Himmel gejagt haben und selbst zu einem Sternbild geworden sein soll.

Plinius d.Ä., NH 7,73

DER GRÖSSTE ZAHN

Bei einem starken Erdbeben in Kleinasien zur Zeit des Kaisers Tiberius erschienen seltsame Riesen in den Erdspalten. Eine Delegation aus der Gegend reiste nach Rom und überreichte dem Kaiser einen über 30 Zentimeter langen Zahn und fragte, ob man ihm die Gebeine ebenfalls zum Geschenk machen solle. Tiberius beauftragte daraufhin einen Geometer damit, anhand des Zahnes auszurechnen, wie groß das gesamte Skelett gewesen sein könnte. Schließlich zeigte man dem Kaiser einen maßstabgetreuen Schädel. Tiberius, der einen Frevel vermeiden und die Toten nicht stören wollte, erklärte, das genüge ihm. Den Zahn ließ er an den Fundplatz zurückschicken.

Phlegon, Mir. 14

DER GRÖSSTE BERNSTEIN

Der größte und schwerste Bernstein, der je nach Rom gebracht wurde, wog etwa vier Kilo. Der Lieferant der Kostbarkeit war ein römischer Krieger, der Handel mit den Germanen trieb und dazu bis an die südlichen Ufer der Ostsee reiste. Unter Neros Regierung gelang es ihm, einen so großen Posten Bernstein nach Rom zu bringen, daß sogar die Käfige und die Kaiserloge im Amphitheater mit diesem fossilen Harz dekoriert werden konnten.

Plinius d.Ä., NH 37,45

DIE GRÖSSTE ANZAHL PERLEN EINER MUSCHEL

Plinius tut kund, daß nie mehr als vier oder fünf Perlen in einer Muschel gefunden worden seien. Aber um 200 n.Chr. sollen etwa 20 in ein und derselben Muschel gelegen haben. Die Molluske, die diese Rekordzahl an Perlen produziert hatte, kam aus dem Roten Meer.

Plinius d.Ä., NH 9,116; Aelian, NA 10,13

DER WESTLICHSTE PUNKT DER WELT

Der westlichste Punkt der antiken Welt waren die Kanaren oder «Hundeinseln» (nach lateinisch *canis*, Hund). Dort will man nämlich ungewöhnlich große Hunde gesichtet haben. Etwa um Christi Geburt wurden zwei dieser Bestien dem König Juba II. von Mauretanien gezeigt, der in seiner Jugend in Rom dafür bekannt war, merkwürdige Dinge zu sammeln.

Plinius d.Ä., NH 6,205

13 Dieses Bild entspricht in etwa dem, das sich der Vater der Geschichtsschreibung, der Grieche Herodot von Halikarnassos (5. Jahrhundert v. Chr.), vom Erdkreis machte.

DER NÖRDLICHSTE PUNKT DER WELT

Der Wissenshorizont der römischen Geographen erstreckte sich bis zu den Shetlandinseln. Einige meinten jedoch, eine sechstägige Seereise von Britannien aus in nordöstlicher Richtung läge ein Land namens Thule. Das Land soll der Grieche Pytheas von Massalia im 4. Jahrhundert v. Chr. bereist haben. Vermutlich handelte es sich um Nordwestnorwegen. Aber nur wenige glaubten ihm, was er von seiner Reise berichtete. Von Plinius erfahren wir immerhin, daß es in diesen Regionen im Sommer nie Nacht werde und im Winter nie Tag. Eine Tagesreise entfernt davon beginne ein Ozean, der immer gefroren sei. Irgendwo in diesen nördlichen Randbezirken der Welt liege auch die berühmteste Insel der Germanen, Scatinavia, die von Gestalten bevölkert werde, die man Hillevionen nenne.

Plinius d. Ä., NH 4,96.104

DER SÜDLICHSTE PUNKT, DEN EIN RÖMISCHES HEER JE ERREICHTE

Im Jahre 24 v. Chr. erhielt der Statthalter von Ägypten den Befehl, den Versuch zu unternehmen, das «Glückliche Arabien» zu erreichen, aus dem so viel kostbarer Weihrauch und so viele Perlen nach Rom ausgeführt wurden. An der Spitze von 10 000 Mann brach dieser Aelius Gallus von der Aqababucht zur arabischen Halbinsel auf. Das Heer kämpfte sich über Dünen hinweg, und es gelang ihm, mehrere Städte einzunehmen. Nachdem sie jedoch sechs Monate lang zwischen den Oasen hin und her geirrt waren, sahen die Römer ein, daß die örtlichen Führer sie betrogen hatten, und gaben auf. Der mühsame Rückzug endete damit, daß sie über das Rote Meer nach Ägypten übersetzten. Es gilt als gesichert, daß Gallus den heutigen Jemen erreichte. Welche Städte er genau eingenommen hat, ist jedoch nicht überliefert.

Strabon 16,4,22–24; Plinius d. Ä., NH 6,160–162; Cassius Dio 53,29,3–8

DER ÖSTLICHSTE PUNKT, DEN EIN RÖMISCHES HEER ERREICHTE

Im Sommer 116 n. Chr. konnten sich die römischen Legionäre die Füße im Persischen Golf abkühlen. Unter Führung des Kaisers Trajan hatte man die Truppen des Partherreichs besiegt und war zwischen die Flüsse Euphrat und Tigris vorgerückt. Als der Kaiser die Handelsschiffe sah, die gerade nach Indien auslaufen wollten, wünschte er sich, wieder jung zu sein, denn dann hätte er vielleicht mit Alexander dem Großen wetteifern können. Kurz darauf starb Trajan. Sein Nachfolger wurde Hadrian. Die neueroberten Gebiete gab er zwei Jahre später auf, und der Euphrat bildete wieder die östliche Grenze des Imperiums.

Cassius Dio 68,29

DIE GRÖSSTE GEMESSENE LANDVERÄNDERUNG

Daß Euphrat und Tigris viele Sedimente mitführten und sich deshalb die Uferlinien ständig änderten, war bereits in der Antike bekannt: Alexander der Große hatte die Stadt Charax etwa zwei Kilometer vom Persischen Golf entfernt gegründet. Vierhundert Jahre später lag sie fast 180 Kilometer von der Küste entfernt.

Plinius d.Ä., NH 6,139–140

DIE GRÖSSTE GEMESSENE STRECKE ZU LANDE

Diese 12 680 Kilometer reichten von Indien bis zu den Säulen des Herakles, wie man die Meerenge von Gibraltar damals bezeichnete. Gemessen hatte man die Strecke von der östlichen Mündung des Ganges in das Östliche Meer (die Bengalische Bucht), durch Indien und Persien nach Syrien und von dort, laut Plinius, auf dem kürzesten Weg über Zypern, Rhodos, Sizilien und Sardinien nach Gades (heute Cádiz).

Plinius d.Ä., NH 2,243

DIE GRÖSSTE GEMESSENE TIEFE IM WASSER

Die größte in der Antike gemessene Tiefe betrug 2850 Meter. Ungewöhnlicherweise unterrichtet uns Plinius nicht, wie gemessen wurde.

Plinius d.Ä., NH 2,224

DAS AM LEICHTESTEN BRENNBARE MATERIAL

Besagter Stoff trat in der Gegend von Babylon, also im heutigen Irak, an die Erdoberfläche: Die zähflüssige Variante nannte man *Asphaltos*, die dünnere, flüssigere *Naphtha*. Letzteres brenne so heftig, daß es nicht einmal mit Wasser zu löschen sei, berichtet Strabon. Plinius hielt den Stoff für allzu leicht entflammbar, als daß er überhaupt hätte transportiert und als Brennmaterial verwendet werden können. Ein

14 Römische Idylle – inspiriert von einem Wandgemälde des frühen 1. Jahrhunderts n. Chr.

Freudenfeuer wurde aber damit entfacht: Nachdem Alexander der Große Babylon erobert hatte, ließen die Bewohner der Stadt auf den Straßen bis zum Hauptquartier des Königs Naphtha ausgießen. Am Abend entzündeten sie es dann, um den unbesiegbaren Makedonen zu feiern.

<small>Strabon 16,1,15; Plinius d.Ä., NH 35,179; Plutarch, Vit. Alex. 35,1–4</small>

DAS BESTE LAND DER WELT

Das beste Land der Welt war laut Plinius d.Ä. natürlich Italien. Es lag genau in der Mitte zwischen Osten und Westen, garantierte ein gesundes und stabiles Klima und verfügte über sichere Häfen und angenehme Winde. Das Land war reich an Wasser, Gesundheit spendenden Wäldern, ungefährlichen wilden Tieren, fruchtbaren Ackerböden und guten Weideflächen. Was in Italien wuchs und geerntet wurde, übertraf einfach alles an Qualität und Geschmack: Getreide, Wein, Oliven und Leinen. Auch Vieh und Pferde waren unübertroffen, die besten ihrer Art. Die Vorkommen an Gold, Silber, Kupfer und Eisen waren ebenfalls die reichsten der Welt. Auf den zweiten Platz kam, wenn man von Indien einmal absah, Spanien, gefolgt von Gallien auf Platz drei.

<small>Plinius d.Ä., NH 37,201–203</small>

INTERESSANTE PHÄNOMENE

DAS KÄLTESTE WASSER

Das kälteste Wasser führte der Fluß Gortynios auf der Peloponnes. Laut Pausanias war der Fluß kälter als die Donau, der Rhein und alle anderen Flüsse, die im Winter zufroren.

Pausanias 8,28,2

DER TRÄGSTE FLUSS

Der Fluß Arar floß geradezu unmerklich zwischen dem Reich der Häduer und der Sequaner im heutigen Burgund in die Rhône. Das Wasser bewegte sich so langsam, daß Caesar nicht auszumachen vermochte, in welche Richtung es floß.

Caesar, BGall. 1,12,1

DAS ZÄHFLÜSSIGSTE WASSER

Das dickflüssigste Wasser der Welt war in der Nähe von Hieropolis in Phrygien zu finden. Es besaß die phantastische Eigenschaft, sich zu verdicken und zu Stein zu werden. Leitete man das Wasser in Gräben, konnte man zusammenhängende Mauern aus dieser Masse herausgraben.

Strabon 13,4,14

DER GEFÄHRLICHSTE ORT DER WELT

Ganz in der Nähe dieses zähflüssigen Wassers bei Hieropolis befand sich eine Öffnung in der Erde, die den Namen Plutonium trug. Alle Lebewesen, die den Zaun überwanden, der das Loch umgab, starben auf der Stelle an den giftigen Dämpfen. Das schreibt zumindest Strabon: Er habe das persönlich ausprobiert, indem er einige Spatzen über den Zaun warf, die sofort tot zur Erde fielen. Als einzige gegen diese Dämpfe immun waren die Eunuchen, die im benachbarten Tempel dienten. Sie allein konnten an den Rand der Öffnung treten, ohne daß ihnen etwas zustieß. Strabon meint, daß ihre Immunität gegen die Dämpfe entweder auf göttlicher Kraft beruhte oder darauf, daß sie den Atem anhielten, wenn sie sich der Quelle näherten.

Strabon 13,4,14

DER STINKENDSTE FLUSS

Plinius d. J. berichtete in einem Brief an Kaiser Trajan von der wunderbaren kleinen Stadt Amastris, die eine schöne Straße besitze. An der Esplanade entlang fließe etwas, das als Fluß bezeichnet werde, wobei es sich jedoch um einen widerlich stinkenden Abwasserkanal handele. Diese Kloake müsse abgedeckt werden, und falls der Imperator kein Geld habe, dann werde er selbst, Plinius, Geld für dieses wichtige Projekt aufbringen.

Plinius d.J., Epistulae 10,98

DIE SCHLIMMSTEN ÜBERSCHWEMMUNGEN DES TIBER

Im Jahre 12 n. Chr. trat der Tiber über seine Ufer. Die Feierlichkeiten, die am 1. August zu Ehren des Gottes Mars stattfanden, mußten auf dem Forum Augustum statt im Circus Maximus abgehalten werden, da dieser überflutet war. Im Jahre 36 war es wieder soweit. Damals stand der größte Teil von Rom unter Wasser. Man konnte sich nur noch mit Booten fortbewegen. Gleichzeitig aber standen große Teile des Aventin und ein Viertel in der Nähe des Circus in Flammen.

Cassius Dio 56,27,4; 58,26,5

DIE QUELLE MIT DEM SCHLECHTESTEN RUF

Die Salmakisquelle in der Stadt Halikarnassos war dafür berüchtigt, daß jeder, der ihr wohlschmeckendes Wasser trank, unweigerlich von Geschlechtskrankheiten befallen wurde. Aber laut Vitruv war daran nicht das Wasser schuld, sondern der Lebenswandel der Menschen. Früher hatten Karer und Leleger dort gewohnt. Diese Barbaren hatten sich, als die Griechen die Gegend kolonisierten, in den Bergen versteckt. Als ein geschäftstüchtiger Grieche neben der Quelle einen Laden eröffnete, der florierte, kehrten die Barbaren wieder, was dazu führte, daß sie mit den Griechen in Kontakt kamen. Vitruv meint, daß sie deren verweichlichten Sitten annahmen, was ihnen auch die venerischen Krankheiten eingetragen habe.

Vitruv, Arch. X 2.8.12

KATASTROPHEN UND KRANKHEITEN

DIE SCHLIMMSTE KATASTROPHE AUF DEM MEER

Die schlimmste Seekatastrophe scheint sich im Jahre 255 v.Chr. während des ersten Punischen Krieges ereignet zu haben. Die Römer waren damals noch keine guten Schiffsherren. Als sie sich mit einer Flotte von Italien auf den Weg nach Sizilien gemacht hatten, brach ein fürchterlicher Sturm aus. 340 Kriegsschiffe und etwa 300 Lastschiffe, die auch die Pferde der Reiterei transportierten, sanken.

Diodor 23,18,1

DAS SCHLIMMSTE ERDBEBEN

Im Jahre 17 n.Chr. wurden in einer einzigen Nacht zwölf berühmte Städte in der Provinz Asien, in der heutigen Westtürkei, zerstört. Kaiser Tiberius stiftete zwölf Millionen Sesterzen und versprach den Einwohnern der Region fünf Jahre Steuerfreiheit. Der römische

15 Havarie eines antiken Kriegsschiffes

KATASTROPHEN UND KRANKHEITEN

Senat schickte damals einen ehemaligen Prätor, um die Katastrophenhilfe zu organisieren. Absurderweise war dabei von besonderer Wichtigkeit, daß es sich bei dem Mann nicht um einen Konsul handeln durfte, denn ein ehemaliger Konsul war in der Gegend bereits Statthalter und hätte einem Gesandten gleichen Ranges seinen Auftrag neiden können.

Tacitus, Ann. 2,47

DAS JAHR MIT DEN MEISTEN ERDBEBEN

Im Jahre 217 v.Chr., als Hannibal nach Italien einmarschierte, wurden 57 Erdbeben aus dem ganzen Land gemeldet. Rom selbst jedoch blieb verschont.

Plinius d.Ä., NH 2,200

DER SCHLIMMSTE ERDRUTSCH

Im Jahre 373 v.Chr. glitt die Stadt Helike an der Nordküste der Peloponnes ins Meer und verschwand. Obwohl die Stadt etwa 2 Kilometer von der Küste entfernt im Landesinnern lag, wurde sie vollkommen von den Wellen verschlungen. Zweitausend Katastrophenhelfer wurden aus den nahegelegenen Städten geschickt, aber selbst dieser großen Zahl gelang es nicht, alle angespülten Toten zu bergen und zu bestatten. Es herrschte gemeinhin die Auffassung, Poseidon habe die Bewohner der Stadt für ihren Hochmut bestraft. Jahre später verfing sich übrigens ein Fischernetz im offenen Meer, ausgerechnet in der berühmten Poseidonstatue der Stadt.

Strabon 8,7,2

DIE SCHLIMMSTEN HEIMSUCHUNGEN

In der antiken Literatur herrscht kein Mangel an seltsamen Berichten über Lebewesen, beispielsweise Frösche, die es gelegentlich vom Himmel regnete. Zu den glaubwürdigeren Heimsuchungen, die

16 Ausbruch des Vesuv 79 n. Chr.

KATASTROPHEN UND KRANKHEITEN

Plinius erwähnt, gehören die Kaninchen, die durch ihre Bauten eine ganze Stadt in Spanien zum Einsturz brachten. Die Insel Gyaros auf den griechischen Kykladen mußte nach einer Mäuseinvasion aufgegeben werden. Ein keltischer Stamm war nach einer Heimsuchung durch Frösche gezwungen, sein Siedlungsgebiet zu verlassen. Auf Mallorca verursachten Kaninchen des öfteren eine Hungersnot, da sie sich unglaublich schnell vermehrten und über die Felder herfielen. Die Bewohner der Insel baten Kaiser Augustus daher, das Militär gegen die Kaninchen

17 Plinius der Ältere wurde etwa 23 n. Chr. geboren; er starb beim Ausbruch des Vesuvs, der unter anderem die Städte Pompeji und Herculaneum verwüstete, am 24. August 79 in Stabiae.

einzusetzen. Laut Athenaios hatten sich die Hasen auf Astypalaia Mitte des 3. Jahrhunderts v. Chr. zu einer solchen Plage entwickelt, daß die Bewohner der Insel mit ihren Hunden loszogen, um sie endgültig auszurotten. Nach Ende der Jagd wurden 6000 tote Hasen gezählt.

<small>Plinius d.Ä., NH 8,104, 218; Athenaios, Deipn. 9,400</small>

DER SCHLIMMSTE VULKANAUSBRUCH

Im Jahre 79 n. Chr. brach der Vesuv aus. Schlacke und Asche vernichteten Städte und Menschenleben. Herculaneum und Pompeji wurden vollständig unter Asche und Bimsstein begraben. Plinius d.J. befand sich zusammen mit seiner Mutter und seinem Onkel, dem berühmten Wissenschaftler Plinius d.Ä., in Misenum. Von dort aus beobachteten sie den Vulkanausbruch. Plinius d.Ä. fuhr dann auf einem schnellen Kriegsschiff an den Vulkan heran. Er wollte laut seinem Neffen die Naturerscheinung aus nächster Nähe betrachten. Asche fiel auf das Schiff, und es wurde immer heißer. Glühende Schlacke fiel vom Himmel. An Land waren verzweifelte Menschen auf der Flucht. Die Erde bebte. Die

63 KATASTROPHEN UND KRANKHEITEN

Flüchtenden hatten sich Kissen auf die Köpfe gebunden, um sich vor herabfallendem Geröll zu schützen. Sie eilten zum Meer, das inzwischen in riesigen Wogen ans Ufer brandete.
Drei Tage später fand man Plinius unter den Toten – vermutlich war er giftigen Gasen erlegen oder an dem dichten Rauch erstickt. Sein Neffe Plinius d.J. erhielt Berichte über seinen Onkel und schrieb darüber einen Brief an Tacitus. Aus diesem Brief geht auch hervor, daß Plinius d.J. sich der Tatsache bewußt war, Zeuge eines welthistorischen Ereignisses geworden zu sein.

Plinius d.J., Ep. 6,16

DER SCHLIMMSTE STADTBRAND
Der schlimmste Stadtbrand in der Geschichte Roms begann am 19. Juli 64 n.Chr. und währte volle fünf Tage. Zwei Drittel der Hauptstadt des Reiches lagen danach in Schutt und Asche. Der Brand hatte in den Verkaufsständen beim Circus Maximus begonnen und sich dann rasch infolge der dichten Bebauung entlang der verwinkelten Straßen ausgebreitet. Von überall her waren Entsetzensschreie und Wehklagen der Menschen zu hören, die versuchten, aus der brennenden Stadt zu flüchten. Wem es gelungen war, dem Inferno zu entrinnen, der brach entkräftet auf den Wiesen vor der Stadt zusammen. All ihre Habe hatten die Menschen verloren. Das Schlimmste aber war, daß niemand wagte, den Brand zu bekämpfen, denn das Löschen wurde unter Strafandrohung verboten. Soldaten und Nachtwächter, die das Feuer eigentlich hätten löschen müssen, fachten vielmehr die Brände an. Kaiser Nero, der sich gerade an der Küste aufhielt, eilte nach Rom, als er hörte, daß sich die Flammen seinem Palast näherten. Zwar ließ er Lebensmittel an die Bevölkerung austeilen, dennoch kam laut Tacitus das Gerücht auf, er habe sich auf seine private Bühne gestellt und vom Untergang Trojas gesungen. Etwa hundert Jahre später schreibt Cassius Dio, Nero habe singend auf dem Dach seines Palastes gestanden. Nach dem Feuer konnten Neros Architekten einen verbesserten Stadtplan ausarbeiten sowie einen neuen Palast bauen, der sich über das gesamte Zentrum der Stadt erstreckte.

Tacitus, Ann. 15,38–41;
Cassius Dio 62,16–18

DER GIFTIGSTE SEE IN GERMANIEN

Um 15 n.Chr. gab es einen Binnensee in Germanien, der so giftig war, daß Soldaten, die zwei Jahre zuvor dort ihr Lager aufgeschlagen und Wasser aus dem See getrunken hatten, von Lähmung befallen wurden und starben. Wie der See hieß, ist nicht bekannt, er soll jedoch in der Nähe des Rheins gelegen haben. Besonders heimtückisch war natürlich, daß das Wasser erst nach so langer Zeit seine tödliche Wirkung entfaltete.

Plinius d.Ä., NH 25,20

DER HÖCHSTE WASSERSTAND DES NILS

Cassius Dio berichtet, daß Kaiser Vespasian um 70 n.Chr. gehört habe, der Nil sei einen Palmmeter höher gestiegen als sonst. Das sei bisher erst einmal gemessen worden.

Cassius Dio 65,8,1

DIE GRÖSSTE TROCKENHEIT IN ÄGYPTEN

In den Jahren 42 und 41 v.Chr. trat der Nil in zwei aufeinanderfolgenden Jahre nicht wie sonst immer über seine Ufer. Da folglich der fruchtbare Nilschlamm auf den Äckern fehlte, löste dies eine Hungersnot aus. Man hielt dies für ein sicheres Omen, daß Kleopatra bald ihre Macht verlieren würde.

Seneca d.J., QNat. 4 A 2,16

DIE ZUFRIEDENSTEN STÄDTER

Die Stadt Salpia in Apulien wurde in einem Sumpf gegründet, als Diomedes der Sage nach aus dem Trojanischen Krieg zurückkehrte. Der Sumpf stank, und die Luft war unerträglich. Jahrelang litten die Bewohner von Salpia. Schließlich hielten sie es nicht mehr aus und beklagten sich bei einem gewissen Marcus Hostilius, der im übrigen inzwischen vollkommen in Vergessenheit geraten ist. Dieser aber verlegte damals die Stadt 4000 Doppelschritte, fast 6 Kilometer, weit in Richtung Meer. Dort ließ er eine Stadtmauer errichten, parzellierte das Land und verkaufte die Parzellen für einen Sesterz das Stück an die hochzufriedenen Bürger. Er sorgte sogar für einen Hafen, indem er einen nahegelegenen See zum Meer hin öffnen ließ.

Vitruv, Arch. 1,4,12

65 KATASTROPHEN UND KRANKHEITEN

DIE SCHMERZHAFTESTE KRANKHEIT

Laut Plinius waren Beschwerden infolge von Steinen im Harnleiter die schmerzhafteste Krankheit, dicht gefolgt von Magenbeschwerden und Kopfschmerzen. Dies waren Leiden, die gelegentlich die Betroffenen sogar in den Selbstmord treiben konnten.

Plinius d.Ä., NH 25,23

DER GRÖSSTE BEVÖLKERUNGSRÜCKGANG

Als Caesar nach dem Bürgerkrieg nach Rom zurückkehrte, ließ er in der Stadt eine Volkszählung durchführen. Statt der ehemals 320 000 lebten nur noch 150 000 Einwohner in der Stadt. Mehr als die Hälfte der Römer hatte ihr Leben im Krieg verloren.

Plutarch, Vit. Caes. 55

DIE TÖDLICHSTE SEUCHE IN ROM

Im Jahre 189 n.Chr. starben täglich 2000 Menschen an einer unbekannten Seuche. Als wäre das nicht schrecklich genug gewesen, trieben laut Cassius Dio zur selben Zeit außerhalb von Rom Räuberbanden ihr Unwesen, die Leute mit vergifteten Pfeilen umbrachten.

Cassius Dio 73,14,4

DIE NEUESTE KRANKHEIT – DAMALS

Plinius beschreibt ein neues Gebrechen in Rom – eine Art Ausschlag, der im Gesicht begann und sich von dort bis auf die Hände ausdehnte. Er war weder schmerzhaft noch tödlich, aber so entstellend, daß die Befallenen den Tod vorzogen. Im fortgeschrittenen Stadium bedeckte die schuppende Hautkrankheit Hals, Brust und Hände. Nur feinere Herren wurden von diesem Leiden befallen, das sich vermutlich durch die höfliche Sitte des Küßchengebens verbreitete. Plinius nimmt an, ein Soldat habe die Krankheit aus Kleinasien in die Hauptstadt eingeschleppt.

Plinius d.Ä., NH 26,1–3

BILDHAUEREI

DIE BERÜHMTESTE PLASTIK

Als die wichtigste Skulptur der Antike galt die nackte Aphrodite des Praxiteles. Der Künstler fertigte Mitte des 4. Jahrhunderts v. Chr.

18 Die Aphrodite des Praxiteles, römische Kopie (sog. Venus Colonna); Vatikanische Museen, Inv. Nr. 812

zwei Statuen der Göttin an. Eine zeigte die bekleidete, die andere die nackte Aphrodite. Die erste kaufte die Stadt Kos, die zweite die Stadt Knidos. Bald machten Reisende große Umwege, um die nackte Göttin zu sehen. Die Statue stand in einem eigens für sie errichteten Heiligtum, in dem man sie von allen Seiten betrachten konnte. Ein Kunstliebhaber soll sich so in die Skulptur verliebt haben, daß er gar im Dunkel der Nacht versuchte, sie zu umarmen. Laut Plinius soll ein Fleck auf der Statue den nächtlichen Vorfall verraten haben.

Plinius d. Ä., NH 7,127; 36,20–21

DIE AM MEISTEN VERACHTETE PLASTIK

Auf seiner Liste der phantastischen Kunstschätze, die nach Rom gebracht worden sind, führt Plinius auch eine Statue auf, die ganz und gar anrüchig gewesen sei und Melkart von Karthago dargestellt habe, dem die Karthager jedes Jahr Menschenopfer dargebracht hatten. Die Statue stand ohne Sockel am Eingang der Säulenhalle der Nationen, die Kaiser Augustus für die Götter der von den Römern besiegten Völker hatte errichten lassen.

Plinius d.Ä., NH 36,39

DIE SCHWERSTE STATUE AUS REINEM GOLD

Laut Herodot war in Delphi ein goldener Löwe zu sehen, ein Geschenk des sagenhaft reichen Königs Kroisos von Lydien. Diese Skulptur soll rund 260 Kilo gewogen haben.

Herodot 1,50

DER WIRKLICHKEITSGETREUSTE BRONZEHUND

Im Jahre 69 n. Chr. konnte man eine kleine Bronzeplastik im Junotempel auf dem Kapitol bestaunen. Dargestellt war ein Hund, der seine Wunden leckt. Das Tier war so naturgetreu abgebildet, daß die Betrachter glauben konnten, einen echten Hund vor Augen zu haben. Das Kunstwerk war von unschätzbarem Wert, so daß man den Beschluß faßte, die Tempelwächter müßten gegebenenfalls das Verschwinden des Bronzehundes mit ihrem Leben bezahlen.

Plinius d.Ä., NH 34,38

DIE KLEINSTE SKULPTUR

Die kleinsten Skulpturen der Antike hatten Myrmekides und Kallikrates gefertigt. Von Myrmekides stammte ein Vierspänner aus Marmor, der so winzig war, daß er unter dem Flügel einer Fliege Platz fand, sowie ein Schiff, das man unter dem Flügel einer Biene unterbringen konnte. Kallikrates fertigte Ameisen, die mit dem bloßen Auge kaum mehr zu sehen waren.

Plinius d.Ä., NH 7,58; Aelian, VH 1,17

DIE SELTSAMSTE SKULPTUR

In Theben in Ägypten standen und stehen die beiden Memnonkolosse. Sie gehen auf Amenophis III. zurück. Bei Sonnenaufgang ließ einer von ihnen einen Laut wie einen Bogenstrich, das Zupfen auf der Saite einer Leier oder auch einen Knall vernehmen, schreibt Pausanias. Strabon hat das Geräusch ebenfalls vernommen, hegte jedoch den Verdacht, daß jemand aus der andächtigen Versammlung in der Morgendämmerung den seltsamen Ton verursacht hätte. Kaiser

Septimius Severus ließ die uralte Statue um 200 n.Chr. restaurieren, worauf sie für immer verstummte. Das Phänomen hat man dadurch erklärt, daß sich in der Morgendämmerung Luft im Stein erwärmte und durch die Ritzen wie durch ein Blasinstrument gepreßt wurde.

Strabon 17,1,46; Pausanias 1,42,3

DER GRÖSSTE KOLOSS

Ein gewisser Zenodoros soll in Gallien eine enorme Statue des Merkur konstruiert haben, die größer gewesen sein soll als der Koloß von Rhodos. Das Projekt kostete vierzig Millionen Sesterzen, und die Arbeiten bis zur Fertigstellung dauerten zehn Jahre. Genaueres über diese Statue ist aber nicht bekannt. Man weiß nur, daß Kaiser Nero Zenodoros nach Rom rief und ihn damit beauftragte, eine Bronzestatue des Sonnengottes in dieser Größe zu gießen. Die Höhe des Kolosses wird von verschiedenen Autoren mit zwischen 30 und 35 Metern angegeben. Als er fertiggestellt war, wußte niemand

19 Die Memnon-Kolosse aus der Zeit des ägyptischen Pharaos Amenophis III. (1388 bis 1351 v. Chr.)

zu sagen, ob er die Gesichtszüge des Sonnengottes oder Neros trug. Im Jahre 120 n.Chr. ließ Kaiser Hadrian die Statue näher beim Flavischen Amphitheater, dem später sogenannten Colosseum, aufstellen, da sie bei der Errichtung eines neuen Tempels im Weg war. Die Entfernung betrug zwar nur etwa hundert Meter, aber es waren 24 Elefanten für den Transport erforderlich. Kaiser Commodus soll veranlaßt haben, daß die Statue einen Kopf erhielt, der seine eigenen Züge trug. Bei einem Erdbeben im 5.Jahrhundert n.Chr. soll der Koloß eingestürzt sein.

Plinius d.Ä., NH 34,45–47; Sueton, Ner. 31,1; Cassius Dio 66,15,1; H.A., Comm. 17,9–11

DIE WIRKLICHKEITSGETREUSTE SKULPTUR EINES PFERDES

Im Tempelbezirk von Olympia stand die Bronzestatue einer Stute, die laut Pausanias weder sonderlich groß noch sonderlich schön war. Doch soll die Plastik magische Kräfte besessen haben, denn Hengste, die in ihre Nähe kamen, gerieten vollkommen außer sich. Sie rissen sich von ihren Stallburschen los und galoppierten auf die Statue zu, um die Stute zu besteigen. Dabei rutschten sie mit ihren Hufen vom Metall ab. Nur mit Peitschenhieben konnte man sie von ihrer teilnahmslosen Partnerin trennen.

Pausanias 5,27,2–3; Aelian, NH 14,18

DIE EHRENVOLLSTE SKULPTUR

Der Künstler Amphikrates erhielt im Athen des 6.Jahrhunderts v.Chr. den Befehl, eine Löwenskulptur ohne Zunge zu modellieren. Die Athener wollten mit ihr die Hetäre Leaina («Löwin») ehren. Hippias, Tyrann von Athen, hatte sie nach der Ermordung seines Bruders Hipparch zu Tode foltern lassen, als er in Erfahrung bringen wollte, wer ihnen nach dem Leben trachtete. Um auch unter Folter nichts zu sagen, hatte sich Leaina die Zunge abgebissen. Die Athener hatten lange darüber nachgedacht, wie sie ihr Andenken ehren könnten, ohne eine Hetäre in Person auszuzeichnen. Schließlich war man auf die findige Idee gekommen, sie als Löwin ohne Zunge darzustellen.

Plinius d.Ä., NH 34,72

BILDHAUEREI 70

DIE SKULPTUR, DIE AM WEITESTEN TRANSPORTIERT WURDE

Die Skulpturengruppe der Tyrannenmörder Harmodios und Aristogeiton war im Jahre 480 v.Chr. von König Xerxes I. aus Athen weggeschleppt worden. Die Perser brachten ihre Beute nach Susa im heutigen Iran. 150 Jahre später konnte Alexander der Große nach der Eroberung des Perserreichs die Statuengruppe an die Athener zurücksenden. Das Kunstwerk hatte danach eine Reise von etwa 5000 Kilometer Luftlinie hinter sich; heute steht die einzige noch erhaltene antike Kopie im Archäologischen Museum von Neapel.

Arrian, Anab. 3,16,7–8

DAS HÖCHSTGELEGENE AUGE EINER SKULPTUR

Nach Kaiser Hadrians Tod errichtete man in Rom zu seinem Andenken sein Standbild auf einem vierspännigen Wagen. Es war so riesig, daß selbst der größte Mann, den man finden konnte, mit den Pferden nicht auf Augenhöhe war. Da aber zudem der Sockel so gigantisch war, glaubte, wer unten auf der Straße davor vorbeiging, Hadrian und die gesamte Skulptur selbst seien eher klein.

Cassius Dio 69. Fragm.

DIE ALTERSSCHWÄCHSTE SKULPTUR

Plinius d.J. kaufte eine Statue, die einen verlebten Alten mit all seinen Gebrechen, eingesunkenen Wangen, hohem Haaransatz, magerem, sehnigem Hals, hängender Brust und eingefallenem Bauch darstellte. Dieses Kunstwerk war aus einer alten, kostbaren Kupferlegierung. Plinius d.J. war so angetan von dieser ausdrucksstarken Skulptur eines alten Mannes, daß er sie in seinem privaten Jupiterschrein aufstellen ließ, den er oft aufsuchte.

Plinius d.J., Ep. 3,6

DIE ÄLTESTE BRONZESTATUE

Im 2.Jahrhundert n.Chr. stand in Sparta eine Zeusstatue, die sich mit nichts vergleichen ließ, was Pausanias bis dahin gesehen hatte. Deswegen hielt er sie für die älteste Statue der Welt. Sie war nicht aus Bronze gegossen, sondern aus gebogenem, gehämmertem und vernietetem Blech. In Sparta glaubte man, daß sie aus der Zeit des sagenhaften Künstlers Daedalus

stammte, also gut und gerne
1500 Jahre alt sein mochte.

Pausanias 3,17,5–6

DIE BERÜHMTESTE STATUE EINES SPORTLERS

Der vielfache Sieger der Olympischen Spiele, Theagenes von Thasos, war durch eine Bronzestatue geehrt worden. Einer seiner Gegner peitschte sie jede Nacht aus, übertrieb es jedoch einmal, und die Statue fiel um und erschlug ihn. Seine Söhne ließen die Statue daraufhin des Mordes anklagen. Man beschloß, das strenge Gesetz des alten Atheners Drakon zur Anwendung zu bringen, demzufolge jedes Objekt, das einen Menschen getötet hatte, aus den Mauern des Stadtstaates verbannt werden mußte. Deswegen warf man die Statue ins Meer. Als es später in Thasos zur Mißernte kam, ließ das Orakel von Delphi erklären, daß allen, die ins Exil geschickt worden seien, gestattet werden müsse, zurückzukehren. Die Lage besserte sich jedoch nicht, bis es ein paar Fischern gelang, die Statue des Theagenes mit ihrem Netz zu bergen und wieder an ihrem ursprünglichen Platz aufzustellen.

Pausanias 6,11,6–8

MALEREI

DAS BERÜHMTESTE GEMÄLDE

Laut Plinius d.Ä. war die aus dem Meer auftauchende Aphrodite des Malers Apelles das schönste Gemälde, das je gemalt worden war. Zwar sei das Bild nicht ebenso vollkommen wie der Lobgesang auf die Aphrodite, aber das Kunstwerk sei trotzdem eine Augenweide. Traurigerweise wurde aber der untere Teil des Gemäldes zerstört, und niemand hat ihn ersetzen können. Zur Zeit Neros wurde dann das gesamte Gemälde von Fäulnis zerfressen.

Plinius d.Ä., NH 35,91

DAS NATURGETREUESTE GEMÄLDE VON STOFF

Das treueste nach der Natur gemalte Bild der Antike schuf Parrhasios bei einem Wettstreit mit seinem Kollegen Zeuxis. Letzterer hatte in einem Theater ein Gemälde von so wirklichkeitsgetreuen Weintrauben ausgestellt,

20 Römische Wandmalerei: Stilleben aus Pompeji; Aprikosen und ein Glasgefäß mit Wasser (Neapel, Archäologisches Nationalmuseum)

daß vorbeifliegende Vögel ständig an ihnen herumpickten. Zeuxis scheint dieser Erfolg zu Kopf gestiegen zu sein. Parrhasios malte daher einen Vorhang, den er seinem Kollegen zeigen ließ. Dieser war so naturgetreu, daß Zeuxis sich fragte, was für ein Gemälde sich wohl hinter dem Vorhang verberge. Als er seinen Irrtum erkannte, gab er zu, daß Parrhasios der begabtere von ihnen beiden sei, weil er selbst einen Künstler überlisten könne, während es ihm selbst nur gelänge, Vögel zu täuschen.

Plinius d. Ä., NH 35,65

DAS AM MEISTEN MISSVERSTANDENE GEMÄLDE

In einem Heiligtum auf Rhodos hing ein Gemälde des Malers Protogenes, das sehr berühmt war. Dargestellt war ein Satyr, der sich gegen eine Säule lehnt, auf der ein Rebhuhn sitzt. Dieses Rebhuhn hatte es den Betrachtern angetan, um den Satyrn kümmerte sich indes niemand. Bald gehörten die Rebhuhnzüchter zu den größten Bewunderern des Gemäldes: Wenn deren Vögel das Gemälde erblickten, begannen sie sofort zu pfeifen. Als Protogenes bemerkte, daß sich niemand für den Satyrn, die Zentralfigur des Gemäldes, interessierte, geriet er außer sich und übermalte das Rebhuhn.

Von Demetrios Poliorketes wurde Protogenes jedoch größere Anerkennung zuteil: Bei der Belagerung von Rhodos im Jahre 304 v. Chr. unterließ er es, gegen jenen Abschnitt der Stadtmauer feuerwerfende Katapulte zu richten, hinter dem sich die Gemälde des berühmten Malers befanden.

Strabon 14,2,5; Plinius d. Ä., NH 7,126

DAS GEFÜHLVOLLSTE GEMÄLDE

Plinius d. Ä. berichtet von einem Gemälde des Aristeides, das eine Stadt nach ihrer Eroberung zeigte. Ein Säugling war darauf zu sehen, der auf die Brust seiner sterbenden Mutter zukrabbelte. Es handelte sich um die erste künstlerische Darstellung dieser Art. Alexander der Große war von dem Gefühl des Mitleids, das dieses Bild erregte, so ergriffen, daß er das Gemälde in sein Haus in Pella bringen ließ.

Plinius d. Ä., NH 35,98

DAS GEMÄLDE, DAS AM SCHNELLSTEN DURCH BLITZSCHLAG IN FLAMMEN AUFGING

Nero ließ ein 120 Fuß, d.h. etwa 35 Meter hohes Porträt seiner selbst malen. Kurz nachdem es mit viel Mühe endlich in den Maianischen Gärten aufgestellt worden war, schlug der Blitz in das Gemälde ein, das rasch in Flammen aufging.

Plinius d.Ä., NH 35,51

DIE SCHLECHTESTEN GEMÄLDE

Als die Malerei noch in den Kinderschuhen steckte, wurden die Tiere so unbeholfen dargestellt, daß die Künstler sie mit Kommentaren wie «das hier ist ein Ochse» oder «das hier ist ein Pferd» versehen mußten.

Aelian, VH 10,10

DIE ÜBELSTE KARIKATUR DER ANTIKE

Der bedeutendste Dichter der Antike war natürlich Homer. Alle anderen Poeten mußten sich mit Krümeln von seiner reichen Tafel zufriedengeben, wie es so schön heißt. In wüster Überspitzung dieser Metapher soll doch ein gewisser Maler namens Galaton gewagt haben, den Dichterfürsten im Kreise seiner Kollegen zu karikieren, wie ihm gerade übel wurde und er sich übergeben mußte. Die anderen Dichter saßen andächtig dabei und schöpften gar das Erbrochene aus. Über die Reaktion auf diesen Kunstskandal schweigt die Quelle.

Aelian, VH 13,22

DAS MODERNISTISCHSTE GEMÄLDE

Einmal begab sich der Maler Apelles nach Rhodos, um seinen Kollegen Protogenes zu besuchen. Bei seinem Eintreffen war jedoch niemand zu Hause. Daraufhin malte er einen sehr feinen Strich auf eine große Leinwand in dem leeren Atelier. Als Protogenes nach Hause kam und den Strich bemerkte, war ihm klar, wer ihn besucht hatte. Mit seinem dünnsten Pinsel malte er einen noch dünneren Strich neben den ersten. Kurz darauf kehrte Apelles zurück und malte einen, noch feineren dritten Strich zwischen die beiden anderen. Die beiden Konkurrenten beschlossen, das Gemälde für die Nachwelt aufzubewahren. Bald galt es als das bedeutendste Kunstwerk überhaupt, weil es die große Kunstfertigkeit der beiden Maler ebenso schlicht wie eindrucksvoll dokumentierte. Es wurde etwa 250 Jahre später bei einem Brand im Hause Iulius Caesars in Rom zerstört.

Plinius d. Ä., NH 35,81–83

DAS OBSZÖNSTE GEMÄLDE

Kaiser Tiberius erbte ein Gemälde des Malers Parrhasios mit einer ungewöhnlich realistischen Szene aus der Mythologie, das die Jägerin Atalanta zeigte, wie sie den Königssohn Meleager mit dem Mund befriedigte. Das Testament sah vor, daß der Kaiser anstelle des Gemäldes eine sehr große Geldsumme erhalten würde, falls er an dem Bild Anstoß nähme und es zurückweisen würde. Tiberius war jedoch vollkommen begeistert und ließ es in seinem Schlafzimmer anbringen.

Sueton, Tib. 44,2

LITERATUR UND THEATER

DAS ERSTE SKANDALBLATT

«*Acta diurna*» (in etwa: *Die Ereignisse des Tages*) war Roms erste Zeitung. Sie wurde von Caesar im Jahre 59 v.Chr. gegründet, um die Beschlüsse des Senats und der Volksversammlung bekanntzumachen. Das Interesse an diesen Veröffentlichungen war groß. Über Geburten, Todesfälle, Hochzeiten und Beerdigungen, Scheidungen, kleinere Diebstähle und Gladiatorenspiele sowie Omina verschiedenster Art wurde darin berichtet. Cicero freute sich auf jede Ausgabe, besonders als er im Exil war, wie er in seinen frühen Briefen aus der Verbannung schreibt.
Einige Jahre später wollte er von den «*Acta diurna*» nichts mehr wissen. Da hatte sich das Nachrichtenorgan in ein Skandalblatt verwandelt. Seneca höhnte, der

21 Auf seinem Landsitz in Tusculum (idealsiertes Bild) erfuhr Cicero von seiner Verbannung; von dort floh er nach Makedonien.

Inhalt könne noch hundert Jahre später den Frauen als Leitfaden für eine Scheidung dienen. Die gesamte Auflage wurde von Hand auf Papyrus geschrieben und laut Tacitus nicht nur in der Hauptstadt genauestens gelesen, sondern auch von den Soldaten in der Provinz.

Cicero, Att. 6,2; Cicero Fam. 8,1; Sueton, Iul. 20,1; Seneca d.J., Ben. 3,16; Tacitus, Ann. 3,3. 13,31;

DIE ERSTE ZENSUR

Laut Sueton verbot Kaiser Augustus die täglichen Berichte von den Verhandlungen des Senats; damit waren sie der Allgemeinheit nicht mehr zugänglich.

Sueton, Aug. 36

DER HÖCHSTE PREIS FÜR ALTE NOTIZBÜCHER

Plinius d.J. schreibt in einem Brief, daß ein Spekulant die Notizbücher, die sein Onkel Plinius d.Ä. bei der Niederschrift der *Naturalis Historia* verwendet hatte, kaufen wollte. Er bot dafür 400 000 Sesterzen – heute weit über 1 Million Euro. Plinius ließ sich auf das Geschäft jedoch nicht ein.

Plinius d.J., Ep. 3,5

DIE WICHTIGSTEN BÜCHER, DIE IM KRIEG ERBEUTET WURDEN

Plutarch berichtet, daß Sulla aus dem Osten eine ganze Bibliothek als Kriegsbeute heimgebracht habe, unter anderem mit den gesammelten Werken von Aristoteles und Theophrast, die zu dieser Zeit in Rom so gut wie unbekannt waren. In Rom gab der Grammatiker Tyrannion diese Werke dann heraus. Andronikos von Rhodos fertigte Abschriften an und sorgte so dafür, daß sie der Nachwelt erhalten blieben.

Plutarch, Vit. Sull. 26

EINE KAISERLICHE AUFLAGE

Da die Buchdruckerkunst in der Antike unbekannt war, wurden alle Bücher von Hand abgeschrieben. Kaiser Tacitus, der vorgab, mit dem berühmten Historiker desselben Namens verwandt zu sein, legte Wert darauf, daß dessen Werke nicht in Vergessenheit gerieten. Im Jahre 276 n.Chr. befahl er deshalb, daß jährlich zehn neue Abschriften angefertigt und an die Bibliotheken verteilt werden sollten.

H.A., Tac. 10,3

DER HÖCHSTE PREIS FÜR EIN BUCH

Aus der Antike ist nur wenig über die Preise von Büchern – besser: von Buchrollen – überliefert, aber niemand wird wohl so viel bezahlt haben wie Aristoteles, als er die wenigen Werke des Philosophen Speusippos für seine Bibliothek erwarb. Der Kaufpreis betrug drei Talente, also etwa 77 kg Silber oder 72 000 Denare, wie Aulus Gellius 400 Jahre später schreibt. Derselbe Autor berichtet von einem Exemplar des zweiten Gesangs aus Vergils *Aeneis*, den einer seiner Freunde für 20 Goldmünzen bei einem Buchhändler gekauft habe. Der hohe Preis war durchaus berechtigt: Das Buch soll Vergil selbst gehört haben. Möglicherweise handelte es sich gar um sein Originalmanuskript.

Gellius, NA 2,3,5; 3,17,3

DIE GRÖSSTE PRIVATE BIBLIOTHEK

Der ungemein reiche römische Kaiser Gordian I. hatte es zu einer Bibliothek mit 62 000 Buchrollen gebracht. Sein Erbe, der gleichfalls Gordian hieß, war überglücklich, da ihn dies bei seinen Zeitgenossen berühmt machte. Das trug sich um 230 n. Chr. zu.

H.A., Gord. 18,2–3

DER ERSTE LEKTOR

Als am Abend des 31. Dezember 45 v. Chr. Gaius Caninius Rebilus für nur wenige Stunden als Ersatzkonsul einspringen mußte, da der Konsul dieses Jahres, Quintus Fabius Maximus, so kurz vor Ende seiner Amtszeit verschieden war, versprach er einem naiven und im übrigen talentlosen jungen Adligen, daß er für ihn alle Reden redigieren dürfe, die er als Konsul halte, sie vervielfältigt würden. Der junge Mann war begeistert, doch als er am nächsten Morgen feststellte, daß seine Karriere bereits beendet war, ehe sie begonnen hatte, verfiel er dem Wahnsinn und verließ Italien. Seine Spuren verlieren sich im nördlichen Voralpenraum.

Cicero, Fam. 7,30,1; Plinius d.Ä., NH 7,181 ; Anonymus, Alc. 13, 13

DER MISSGLÜCKTESTE VERSUCH, EIN MONOPOL ZU ERRICHTEN

Als im 2. Jahrhundert v. Chr. Ptolemaios V. in Ägypten und Eumenes II. in Kleinasien darum wetteiferten, die größte Bibliothek der Welt zu schaffen, verbot man jeglichen Export von Papyrus aus Ägypten. Aber Not machte schon damals erfinderisch. In Pergamon – daher der Name des Beschreibstoffs – begann man daraufhin mit der Herstellung von Pergament, fertigte also Buchseiten aus Tierhaut, die so allmählich den Papyrus ablösten.

Plinius d.Ä., NH 13,70

DIE GRÖSSTE BIBLIOTHEK

König Ptolemaios II. von Ägypten ließ ein Haus bauen, in dem die meisten Werke der damals bekannten Welt Platz fanden: die berühmte Bibliothek von Alexandria. Sie sollte der Forschung dienen. Es genügte dem König jedoch nicht, darin die schier unermeßliche Zahl gelehrter Werke aufzubewahren. Er veranstaltete Wettbewerbe, um junge Forscher und Schriftsteller zu fördern. Bevor die Bibliothek während Iulius Caesars Abenteuern in der Stadt, wie manche berichten, in Flammen aufging, soll sie 700 000 Buchrollen umfaßt haben.

Vitruv, Arch. 7 Praef. 4; Gellius NA 7,17,3.

DIE HÖCHSTE STRAFE FÜR EIN BEEINDRUCKENDES STÜCK

Niemals war wohl ein Dramatiker so enttäuscht wie der Athener Phrynichos, als seine Tragödie «Die Einnahme Milets» (durch Dareios im Jahre 492 v.Chr.) uraufgeführt wurde. Das Stück handelte von der Zerstörung der Stadt durch die Perser zwei Jahre zuvor und bewegte das Publikum so sehr, daß es in Tränen ausbrach. Statt aber den Dichter zu ehren, faßte man in demokratischer Weise den Beschluß, Phrynchios dafür zu bestrafen, daß er die Griechen an ihr schreckliches Unglück erinnert hatte. Die Geldbuße betrug 1000 Drachmen, was mindestens ebenso vielen Tagelöhnen eines einfachen Arbeiters entsprach.

Strabon 14,1,7

GRIECHENLANDS LUSTIGSTES SCHAUSPIEL

Hegemon von Thasos war ein erfolgreicher Autor von Komödien, genauer gesagt, handelte es sich um Parodien. Leider sind von ihm keine Werke erhalten geblieben. Als sein Stück «Der Kampf der Giganten» im Jahre 413 v.Chr. in Athen aufgeführt wurde, erreichte die Nachricht von der katastrophalen Niederlage der athenischen Flotte in Sizilien, die zwei Jahre zuvor dorthin aufgebrochen war, die Stadt. Obwohl alle im Publikum

LITERATUR UND THEATER 80

22 Der Perserkönig Dareios (2. Hälfte des 6. Jahrhunderts bis Anfang des 5. Jahrhunderts v. Chr.) lauscht einem Botenbericht. Unteritalisches Vasenbild (sog. Dareios-Krater), spätes 4. Jahrhundert v. Chr.; Neapel, Archäologisches Nationalmuseum, Inv. Nr. 3253

einen oder mehrere Verwandte hatten, die an der gescheiterten Flottenexpedition teilgenommen hatten, blieben alle sitzen und bogen sich vor Lachen. Die Aufführung wurde nicht abgebrochen.

Athenaios, Deipn. 9,407

DAS GEFÄHRLICHSTE THEATERSTÜCK

Als der Schauspieler Pylades um die Zeit von Christi Geburt den rasenden Herkules spielte, wurde es im Theater richtig gefährlich. Pylades identifizierte sich so sehr mit seiner Rolle, daß er begann, Pfeile ins Publikum zu schießen.

Kaiser Augustus, der sich unter den Zuschauern befand, blieb jedoch gelassen.

Macrobius 2,7,16–17

DIE BESTE GEDÄCHTNISLEISTUNG

Ptolemaios II. veranstaltete in seiner Bibliothek in Alexandria einen Dichterwettstreit. Sechs Schiedsrichter hatte er schon, doch suchte er noch einen siebten. Da hörte der König von einem gewissen Aristophanes, einem Mann, der alle Bücher las, die in der Bibliothek eingingen. Aristophanes übernahm die Rolle des Richters und hoffte auf Neuerwerbungen. Ein Dichter nach dem anderen trug seine Verse vor. Das Publikum jubelte, Aristophanes seufzte. Und er versetzte die gesamte Gesellschaft dadurch in Erstaunen, daß er für den Dichter stimmte, der den wenigsten Beifall erhalten hatte. Ptolemaios war bestürzt. Aristophanes behauptete, alle Werke bis auf dies eine seien Plagiate gewesen. Er konnte auch die Vorlagen, die die Betrüger verwendet hatten, aus der riesigen Büchersammlung vorlegen. Die Versediebe wurden verbannt und Aristophanes zum Vorsteher der Bibliothek ernannt.

Vitruv, Arch. 7 Praef. 5–7

DAS KLEINSTE MANUSKRIPT

Die Nachricht über das kleinste Manuskript der Antike stammt von keinem Geringeren als Cicero, der eine Abschrift von Homers *Ilias* in einer Nußschale gesehen haben will.

Plinius d.Ä., NH 7,85

DER SKANDALÖSESTE BÜHNENAUFTRITT IN ROM

Einer der größten Theaterskandale der Antike ereignete sich um 160 v.Chr. in Rom. Der römische General Lucius Anicius wollte seinen Sieg über verschiedene kleine Königtümer auf dem Balkan feiern. Um seinen Landsleuten zu imponieren, ließ er die berühmtesten Schauspieler, Tänzer und Musiker Griechenlands kommen und auf einer Bühne auftreten, die in großer Eile im Circus Maximus zusammengezimmert worden war.

Während der Vorstellung erklärte der mürrische Impresario, er sei mit dem Auftritt nicht zufrieden. Das erstaunte Ensemble verstand nicht, was nicht in Ordnung war, schließlich hatten sie ihre Aufführung so perfekt wie irgendwie möglich ausgeführt. Man erklärte ihnen daraufhin, sie müßten irgendeine Art von Kampf zur Aufführung bringen.

Die Schauspieler sahen ein, daß sie dem Befehl, den ihr Auftraggeber mit Waffengewalt unterstrich, gehorchen mußten. Die Flötenspieler spielten eine wilde Melodie, und die verschiedenen Chöre gingen mit geballten Fäusten aufeinander los. Sofort begann das Publikum,

23 Das Bild – inspiriert von Darstellungen römischer Bildkunst – zeigt einen Liktor; Liktoren waren Diener hoher Beamten in Rom. Sie führten als Zeichen der Amtsgewalt ihres Vorgesetzten ein Rutenbündel mit sich, in dem eine Axt steckte.

LITERATUR UND THEATER 82

Hurra zu rufen und zu applaudieren. Als der Kampf richtig in Gang gekommen war, sprangen plötzlich vier Gladiatoren und einige Hornbläser in die Orchestra, um sich an der Schlägerei zu beteiligen. Der Tumult war so unbeschreiblich, daß Polybios auf die Schilderung der Einzelheiten mit der Begründung verzichtet, die Leser würden ihm ja doch nicht glauben.

Polybios 30,22

DIE FOLGENSCHWERSTE LITERATURKRITIK

Zoilos besuchte im 3. Jahrhundert v. Chr. die Bibliothek von Alexandria. Er trug seine Gedichte vor und kritisierte dabei Homer. (Homer gilt als der bedeutendste Dichter der griechischen Antike. Wir wissen wenig über ihn – ja, selbst daß er wirklich gelebt habe, wird gelegentlich bestritten. Vermutlich stammen die ihm zugeschriebenen Verse von verschiedenen Dichtern, deren Werke – *Ilias* und *Odyssee* – unter dem Namen Homers in die Literaturgeschichte Eingang fanden. Die Entstehungszeit dieser Epen liegt im 8. und 7. Jahrhundert v. Chr.) Der Herrscher wurde darüber wütend. Er konnte es nicht fassen, daß Zoilos einen derart berühmten und geschätzten Dichter, der selbst so viele Jahre nach seinem Tod noch begeistert gelesen wurde, so niedermachte. Zoilos erhielt nie eine Antwort auf seine Kritik. Irgendwann aber wurde Zoilos zahlungsunfähig und bat den König um Unterhalt. Da hielt Ptolemaios ihm vor, daß er durchaus in der Lage sein sollte, sich selbst zu unterhalten, schließlich hätte jener Dichter, über den er so vernichtend geurteilt habe, noch lange nach seinem Tod Tausende von Menschen unterhalten. Zoilos wurde hingerichtet – wie, ist nicht überliefert, aber es war eine Strafe, die für einen Vatermörder oder *Homeromastix*, eine Geißel Homers, angemessen war.

Vitruv, Arch. 7 Praef. 8–9

SCHAUSPIELER UND KÜNSTLER

DER ZERSTREUTESTE FORSCHER
Im Jahre 212 v.Chr. versuchte der Mathematiker Archimedes, ein geometrisches Problem zu lösen, und merkte dabei fast nicht, daß die Römer die Stadt stürmten. Als ein Soldat auf ihn zustürmte, rief Archimedes ihm zu, er solle nicht auf die Kreise treten, die er als Skizze in den Sand gezeichnet habe. Der erzürnte Soldat versetzte dem Mathematiker daraufhin einen tödlichen Schwerthieb. Als der römische General davon hörte, wurde er so wütend, daß er den Soldaten hinrichten ließ – schließlich hatte der hochberühmte Archimedes viel Sinnreiches geschaffen.

Plutarch, Vit. Marc. 17; Cassius Dio 15

DIE SCHLIMMSTE FOLGE ZU TIEFEN NACHDENKENS FÜR EINEN DICHTER
An einem Tag im Jahre 456 v.Chr. saß Aischylos, einer der bedeutendsten Dramatiker Griechenlands, tief in Gedanken versunken auf einer felsigen Anhöhe in Gela auf Sizilien und bemerkte wohl nicht den Adler, der über seinem Kopf kreiste. Nun haben Adler die Angewohnheit, aus größerer Höhe Schildkröten auf Felsen fallen zu lassen; laut Aelian war das für Raubvögel die einzige Methode, den Panzer dieser Tiere zu knacken und an ihr Fleisch zu kommen. Mochte der Adler den haarlosen Schädel des Dichters für einen Felsen gehalten oder einfach nur zufällig dort seine Beute fallen lassen haben – jedenfalls stürzte wie ein todbringendes Geschoß die Schildkröte dem Aischylos auf den Kopf und zertrümmerte ihm den Schädel.

Aelian, NA 7,16

DER KRITISCHSTE BETRACHTER
Im 4. Jahrhundert v.Chr. lebte der Maler Apelles in Griechenland. Er war sehr schüchtern. Dennoch stellte er seine Werke aus, damit die

SCHAUSPIELER UND KÜNSTLER 84

Leute sie betrachten konnten. Er selbst versteckte sich hinter den Gemälden, um die Kommentare der Betrachter zu belauschen. Eines Tages sah sich ein Schuhmacher eines der Gemälde besonders genau an und monierte, daß an einer Sandale ein Riemen fehle. Apelles nahm sich das zu Herzen und korrigierte den Fehler. Am Tag darauf kehrte der Schuhmacher zurück und entdeckte diesmal einen Fehler am Bein der Figur. Das wurde Apelles zuviel. Er sah hinter dem Gemälde hervor und meinte, der Schuster solle es lieber unterlassen, Dinge zu kommentieren, die oberhalb der Schuhsohle lägen. Daher stammt der Ausdruck «Schuster bleib bei deinem Leisten».

Plinius d.Ä., NH 35,84–85

24 Eros, geschaffen im 4. Jahrhundert v. Chr. vom athenischen Bildhauer Praxiteles; sog. Eros von Centocelle; Rom, Vatikanische Museen

DER GENIALSTE KÜNSTLER

Dabei handelt es sich ebenfalls um Apelles. Er überzog seine Gemälde mit besonders feinem *atramentum*, das diese erstrahlen ließ und die grellsten Farben dämpfte.

Plinius d.Ä., NH 35,97

DAS BESTE WERK NACH MEINUNG DES KÜNSTLERS

Viele Menschen hatten Praxiteles vergebens darum gebeten preiszugeben, welches Werk er selbst für sein bestes halte. Schließlich gelang das jedoch seiner Geliebten Phryne mit einer List: Sie schickte einen Sklaven zu Praxiteles mit der Nachricht, sein Atelier stehe in Flammen, es ließen sich jedoch noch einige Werke retten. Praxiteles lief los und rief, wenn sein *Satyr* und sein *Eros* verlorengingen, dann sei die Arbeit seines ganzen Lebens vergeblich gewesen.

Pausanias 1,20,1–2

DAS BESTE WERK NACH MEINUNG EINES PFERDES

Apelles hatte ein Gemälde von Alexander dem Großen auf dessen Streitroß Bukephalos angefertigt, das den makedonischen König jedoch nicht weiter beeindruckte. Als dessen Pferd das Gemälde zu sehen bekam, wieherte es jedoch angesichts der naturgetreuen Darstellung laut, worauf sich Apelles zu der Bemerkung hinreißen ließ, das Pferd habe ein besseres Urteilsvermögen als der König.

Aelian, VH 2,3

DER ÜBEREIFRIGSTE KÜNSTLER

Unter den Künstlern, die ihr Leben für ihre Kunst aufs Spiel setzten, gab es einen Mann namens Pasiteles, der zu Anfang des ersten Jahrhunderts v. Chr. wirkte. Einmal begab er sich zum Hafen von Rom, um wohl für ein neues Werk zu studieren, wie ein Löwe eigentlich in Wirklichkeit aussehe. Da brach plötzlich ein Panther aus seinem Käfig aus. Das habe diesen übereifrigen Künstler in nicht geringe Gefahr gebracht, meint Plinius, und das ist sicher noch eine Untertreibung.

Plinius d. Ä., NH 36,40

DER VERRÜCKTESTE BRONZEGIESSER

Apollodoros war Anfang des 4. Jahrhunderts v. Chr. als Bronzegießer so pedantisch, daß er jede Statue wieder zerschlug, die nicht vollkommen war. An seinen Arbeiten war jedoch nie etwas auszusetzen, aber seine Leidenschaft für die Kunst war so groß, daß er

25 Die wichtigsten Kulturbringer der Antike waren die neun Musen. Von links nach rechts: Kalliope (Muse der erzählenden Dichtkunst), Klio (Geschichte), Erato (Gesang und Tanz), Melpomene (Tragödie), Euterpe (Flötenmusik), Thalia (Komödie und Unterhaltung), Terpsichore (Lyra), Urania (Sternkunde) und Polyhymnia (Tanz, Pantomime, Geometrie). Der Sarkophag, auf dem die Musen abgebildet sind, befindet sich heute im British Museum in London.

nie zufrieden war. Sein Kollege Silanion hielt ihn für vollkommen verrückt und schuf eine Statue von ihm. Die Skulptur ähnelte laut Plinius d.Ä. keinem Menschen, sondern war eine Personifikation der Wut.

Plinius d.Ä., NH 34,81–82

DIE GRÖSSTE ANZAHL UMGESIEDELTER KÜNSTLER

Im 4.Jahrhundert v.Chr. ließ Alexander der Große 3000 Künstler von Griechenland nach Ekbatana, eine Stadt südwestlich des Kaspischen Meeres, umsiedeln. Sie sollten im Theater auftreten und bei Festspielen mitwirken.

Plutarch, Vit. Alex. 72,1

DER HUNGRIGSTE KÜNSTLER

Statt seine Sinne von leckerem Essen abstumpfen zu lassen, ernährte sich Protogenes, ein im 4.Jahrhundert v.Chr. in Athen tätiger Maler, von eingeweichten Lupinensamen. In einem Tempel Roms hing *Ialysos*, ein Gemälde, das entstand, während sich der Künstler von Lupinensamen ernährte.

Plinius d.Ä., NH 35,102

26 Gemalter römischer Wandschmuck im Stil des 1. Jahrhunderts n. Chr.

DER LIEDERLICHSTE MALER

Die Zahl der Frauen, mit denen der Maler Arellius sein Bett geteilt hatte, konnten die Römer anhand der Zahl der Göttinnen auf seinen Gemälden ausrechnen, denn laut Plinius ließ der Maler seine Geliebten Modell für die Gottheiten sitzen.

Plinius d.Ä., NH 35,119

DER PEDANTISCHSTE KÜNSTLER

Kallimachos war nie zufrieden mit sich und seinen Kunstwerken. Er lebte im 4. Jahrhundert v. Chr. in Athen und war so genau, daß man kein Gefallen an seinen einfach zu perfekten Arbeiten empfinden konnte. Daher wurde er auch *Katatexitechnos*, der «übertrieben Genaue», genannt.

Plinius d.Ä., NH 34,92

DER REALISTISCHSTE MALER DER ANTIKE

Der Künstler, der die ungewöhnlichsten Motive wählte, war laut Plinius ein gewisser Peiraïkos, dessen Geschick mit dem Pinsel zu Unrecht von seiner Motivwahl verdeckt wurde. Er malte nämlich Alltagsszenen: Barbierstuben, Schusterwerkstätten, Esel und ähnliches. In diesem Genre erlangte er jedoch so hohe Vollendung, daß er seine Gemälde zu höheren Preisen als Künstler mit würdevolleren Motiven verkaufen konnte. Seine Motivwahl trug Peiraïkos den Spitznamen *Rhyparographos*, Abfall-Maler, ein.

Plinius d.Ä., NH 35,112

DER BESTBEZAHLTE SCHAUSPIELER

Laberius hieß ein beliebter Schauspieler, den Iulius Caesar einmal für 500 000 Sesterzen – nach heutigen Maßstäben eine Millionengage – engagierte. Dieser trat dann allerdings mit einem so vernichtenden Monolog über den Zustand im Staate und die Korruption der Macht auf, daß er sich die Gunst Caesars verscherzte.

Macrobius 2,7,2–5

DER BORNIERTESTE ARCHITEKT

Die Dekorateure hatten dem Architekten Vitruv zufolge einen fürchterlichen Geschmack. Ihre überladenen Stukkaturen seien einfach schauderhaft: überall Fratzen, Schilfrohr und Kandelaber. Die Vorstellung, daß diese schwere Tempel tragen sollten, sei einfach lächerlich. Überall wanden sich die Stiele von Blumen, als hätten diese dort Wurzeln geschlagen. Ganz zu schweigen von allen unnatürlichen Halbwesen, Tieren mit Menschenköpfen oder Menschen mit Tierköpfen. Nein! Kein Mensch wolle so etwas an seinen Wänden.

Vitruv, Arch. 7,5,3–4

DER UNGLAUBWÜRDIGSTE KÜNSTLER

Vor 2000 Jahren bediente sich Vitruv des Künstlers Apaturios von Alabanda als Beispiel für wirklich schlechte Kunst. Auf seinen Gemälden im Haus der Volksversammlung in Tralleis seien Zentauren zu sehen, auf deren Schultern ganze Architrave ruhten. Das sei nicht nur statisch unmöglich, sondern überdies seien Zentauren auch nur Wesen aus der Mythologie.

Auch der Mathematiker Licymnios ließ sich über die Unglaubwürdigkeit dieser Kunstwerke aus, in denen Anwälte als Statuen im Gymnasion aufmarschierten, während Diskuswerfer und Ballspieler das Forum bevölkerten. Was solle man bei diesem Anblick glauben? Ob man sich bei der Nachwelt lächerlich machen wolle? Es blieb Apaturios nichts anderes übrig, als sein Gemälde entsprechend zu verändern.

Vitruv, Arch. 7,5,5–7

DER CLEVERSTE MALER

Zeuxis von Heraklea schuf ein Gemälde der schönen Helena, das ungewöhnlich gut gelang und den Künstler reich machte. Er erlaubte es dem Publikum nämlich nicht, das Gemälde zu betrachten, wann immer es ihm beliebte, sondern er verlangte Eintrittsgeld dafür. Das erboste die Öffentlichkeit, und das Gemälde erhielt bald den despektierlichen Namen «Die Hetäre Helena», weil sich ja auch die Freudenmädchen – Hetären – bezahlen ließen, wenn man sich an ihnen erfreuen wollte.

Aelian, VH 4,12

DER BESTBEZAHLTE DICHTER

Es wird berichtet, daß Augustus auf dem Weg von seiner Residenz auf dem Palatin täglich von einem ärmlich gekleideten griechischen Dichter bedrängt wurde, der ihm um geringen Lohn seine neuesten Gedichte vorlesen wollte. Der Kaiser war das bald leid. Eines Tages trug der Kaiser dem Dichter daher seinerseits ein selbstgeschriebenes Gedicht vor. Dieser geriet

89 SCHAUSPIELER UND KÜNSTLER

vollkommen außer sich und rühmte umständlich das Talent des Kaisers. Dann suchte er in den Taschen seiner Lumpen nach ein paar Münzen und versicherte, er würde besser zahlen, wenn ihm das nur möglich sei. Da lachte alles, und der Kaiser befahl, dem Dichter 100000 Sesterzen – auch heute sicher ein sechsstelliger Euro-Gegenwert – auszuhändigen.

Macrobius 2,4,31

DER SCHLECHTESTE GESCHMACK

Kaiser Nero hielt sich selbst für einen großen Künstler. Eines Tages ließ er eine Skulptur, die Alexander den Großen als Kind zeigte, vergolden. Das hielten seine Zeitgenossen nicht nur für den Ausdruck von extrem schlechtem Geschmack, sondern sie fanden auch, daß das den künstlerischen Wert der Plastik zerstöre. Deswegen wurde das Gold nach Neros Tod wieder von dem Bildnis entfernt.

Plinius d.Ä., NH 34,63

DIE GRÖSSTE ANZAHL VON KASTRIERTEN MUSIKLEHRERN IN ROM

Im Jahre 200 n.Chr., zur Zeit des Kaisers Severus, ließ der Prätorianerpräfekt Gaius Fulvius Plautianus hundert römische Bürger von guter Abstammung kastrieren. Dies tat er nicht zuletzt deshalb, damit seine Tochter Plautilla zwar Musikunterricht, aber keine Musiklehrer bekommen sollte, die ihr vielleicht mehr als nur Flötentöne beibrächten.

Cassius Dio 76,14,4–5

POLITIK UND ÖFFENTLICHKEIT

DER BESTE GRIECHISCHE RHETOR

Im 4. Jahrhundert v. Chr. lauschten die Leute lieber verderbten Seeleuten und anderen ungebildeten Kerlen, als auf den Politiker Demosthenes, einen der besten Redner der Antike, zu hören. Deswegen nahm dieser einige Unterrichtsstunden bei dem Schauspieler Satyros und ließ sich ein unterirdisches Zimmer bauen, in dem er, ohne gestört zu werden, seine Stimme trainieren konnte.

Plutarch, Vit. Dem. 7–11

DER BESTE RÖMISCHE ORATOR

Plinius d.J. zufolge war Cicero der Römer, der vor Christi Geburt lebte und am längsten und geschliffensten reden konnte. Caesar meinte sogar, Cicero sei das größte Genie unter den Römern. Cicero selbst bezeichnete sich vorzugsweise als Philosophen. Das klang vornehmer. Er meinte, er habe die Gabe der Rede nur dazu benutzt, seine politische Karriere zu fördern. Die politische Karriere dieses letzten großen Republikaners endete allerdings mit seiner Ermordung.

Plinius d. Ä., NH 7,117; Plinius d.J., Ep. 1,20; Plutarch, Vit. Cic. 32

27 Marcus Tullius Cicero (106 bis 43 v. Chr.), Jurist, Politiker und bedeutendster Redner der römischen Geschichte – hier nach einem Bildnis in den Vatikanischen Museen, Museo Chiaramonti, Inv. Nr. XI 12

DER ÄNGSTLICHSTE TYRANN

Dionysios I. von Syrakus war allen und allem in seiner Umgebung gegenüber extrem mißtrauisch. Um seinen Hals nicht dem Rasiermesser des Barbiers auszusetzen, ging er unrasiert, und wenn er es doch einmal nötig befand, seine Haare zu stutzen, so ließ er es von seinen Töchtern nur mit glimmenden Nußschalen trimmen.

Diodor 20,63,3

DIE KÜRZESTEN DIPLOMATISCHEN VERHANDLUNGEN

Die kürzeste und am selbstbewußtesten geführte diplomatische Verhandlung der Antike fand im Jahre 168 v.Chr. in Ägypten statt, nachdem Antiochos IV. von Syrien das Land besetzt hatte. Als er schon glaubte, der Sieg sei zum Greifen nahe, traf der Gesandte der neuen Großmacht Rom, Gaius Popilius Laenas, ein. Antiochos wollte ihm seine Hand zum Gruß reichen, aber der Gesandte übergab ihm ein Schriftstück, in dem der römische Senat den sofortigen Rückzug der syrischen Truppen forderte. Der König las es und meinte, er müsse darüber erst nachdenken. Da nahm der Gesandte einen Stock und zog um Antiochos herum einen Kreis in den Sand. Er erklärte, daß der König erst heraustreten dürfe, wenn er geantwortet habe. Der syrische Regent war so baff, daß er auf die Bedingungen der Römer einging und Ägypten räumte.

Polybios 29,27; Diodor 31,2; Valerius Maximus 6,4,3

DER ÄNGSTLICHSTE KAISER

Kaiser Augustus war krankhaft ängstlich. Als der Römer Pinarius sich bei einer seiner Reden Notizen machte, wurde der Imperator so mißtrauisch, daß er ihn sogleich unter dem Vorwurf, er habe spioniert, töten ließ.

Sueton, Aug. 27,3

DER FEURIGSTE REDNER

Im Jahre 133 v.Chr. brach ein großer und erfolgreicher Sklavenaufstand auf Sizilien aus, und die Römer verloren beinahe die Kontrolle über die Insel. Der Anführer der Aufständischen, Eunous, war ein verschlagener Mann aus Syrien mit der seltsamen Gabe, sich so in Rage reden zu können, daß er buchstäblich Feuer spuckte und Funken sprühte. Die Erklärung war folgende: Er hatte sich eine Nußschale in den Mund gesteckt, in der sich ein glühendes Stück Kohle befand. Blies er durch deren Löcher, sprühten Funken hervor, und manchmal entstand sogar eine kleine Flamme.

Diodor 35,2,5–7

DIE FOLGENREICHSTEN ZAHNSCHMERZEN

Agathokles hatte als Tyrann von Syrakus viele Grausamkeiten verübt und sich sehr viele Feinde geschaffen. Diese bereiteten ihm einen grausamen Tod. Da Agathokles die Gewohnheit hatte, sich nach dem Essen die Zähne zu reinigen, beschlossen die Verschwörer, einen Zahnstocher mit Gift zu präparieren. Mit diesem fuhrwerkte der Tyrann sorgfältig und eifrig in seinem Mund herum. Anfänglich empfand er nur einen bohrenden Schmerz. Nach einigen Tagen war dieser Schmerz nicht mehr auszuhalten. Sein gesamtes Zahnfleisch war von Wundbrand befallen. Auf dem Totenbett befahl Agathokles, alle Verschwörer hinzurichten. Die aber nahmen die Sache in ihre eigenen Hände und sorgten dafür, daß der Kranke auf einen prachtvollen Scheiterhaufen gelegt wurde. Da Agathokles so starke Schmerzen im Mund hatte, konnte er nicht protestieren. So wurde er bei lebendigem Leibe verbrannt.

Diodor 21,16,4–5

DIE GRÖSSTE ANZAHL VON KONSULN IN EINEM JAHR

Wenn Kaiser Commodus Orgien feierte, mußte sich sein Getreuer, der freigelassene Sklave Cleander, um die Staatsgeschäfte kümmern. Dieser vernachlässigte seine Pflichten, war bestechlich und beförderte alle möglichen Leute in hohe Ämter, wenn sie ihn nur gut dafür bezahlten. Im Jahre 189 n. Chr. gab es deswegen nicht weniger als 25 Konsuln in Folge.

H.A., Comm. 6,6–10

DIE KÜRZESTE ZEIT ALS KONSUL

Am Abend des 31. Dezember 45 v. Chr. mußte Gaius Caninius Rebilus wenige Stunden lang als Ersatzkonsul einspringen, da der Konsul dieses Jahres, Quintus Fabius Maximus, so kurz vor Ende seiner Amtszeit verschieden war. Cicero machte sich über Rebilus' Einsatz lustig, indem er sagte, dieser sei so streng gegenüber sich selbst gewesen, daß es ihm in seiner

93 POLITIK UND ÖFFENTLICHKEIT

Amtszeit unmöglich gewesen sei zu frühstücken, zu Abend zu essen oder zu schlafen. Dieser Kurzzeitrekord wurde später aber noch von Augustus übertroffen. An einem Neujahrstag war er nur zwei Stunden lang Konsul. Er saß aber vor dem Tempel des kapitolinischen Jupiter, dachte nach und ernannte schließlich einen anderen zum Konsul.

Cicero, Fam. 7,30,1; Sueton, Aug. 26,3; Plinius d.Ä., NH 7,181

DIE INKOMPETENTESTE GESANDTSCHAFT

Im Jahre 150 v.Chr. waren die Könige Prusias und Attalos in Kleinasien in Streit geraten. Die Römer schickten eine Gesandtschaft los, um die Sache beizulegen. Obwohl die Angelegenheit so wichtig war, waren es, jedenfalls laut Polybios, ausgerechnet die am wenigsten geeigneten Männer, die für diesen Auftrag ausgesucht wurden. Marcus Licinius hatte Gicht und konnte sich fast nicht aufrecht halten, Aulus Mancinius war ein Dachziegel auf den Kopf gefallen, so daß er nicht klar denken konnte, und Lucius Malleolus galt als der dümmste Mann in Rom.

Polybios 36,14

DER MANN, DER AM HÄUFIGSTEN VERKLAGT WURDE

Die unverblümte Art Catos d.Ä. sowie seine kompromißlos konservative Haltung verärgerten einige seiner Zeitgenossen. Niemand, schreibt Plinius, sei so oft verklagt worden wie Cato. Man habe ihn jedoch in allen Fällen freigesprochen. In nicht weniger als 44 Fällen verteidigte er sich selbst vor Gericht.

Plinius d.Ä., NH 7,100

DAS AM MEISTEN VERACHTETE ENTWICKLUNGSLAND

Im Herbst des Jahres 54 v.Chr. erfuhr Cicero, Caesar wolle Britannien erobern. Cicero konnte nicht verstehen, was Rom mit dieser Insel wollte, auf der es nicht einmal Silber gebe. Bestenfalls könne man von dort Sklaven importieren, doch seien unter diesen weder Schriftsteller noch Musiker zu erwarten.

Cicero, Att. 4,17 (16), 7

DER SCHLIMMSTE TERRORAKT

Im Jahre 88 v.Chr. kam es in der römischen Provinz Asien, der heutigen Westtürkei, zum schlimmsten Terrorakt der Antike. Die Römer, insbesondere ihre Steuereintreiber, hatten sich bei der Bevölkerung unbeliebt gemacht. Das machte sich König Mithridates VI. von Pontos zunutze, um einen Aufruhr anzuzetteln. Er ließ einflußreichen Personen, von denen er annahm, daß sie seine Sache unterstützen würden, heimlich eine Mitteilung zukommen, in der er sie, ihre Familien und Sklaven dazu aufforderte, die Nachricht zu verbreiten und 30 Tage nach dem Datum der Mitteilung zur Tat zu schreiten. Allen Sklaven, die ihre römischen Herren erschlugen, wurde Amnestie zugesichert. An dem vorgesehenen Tage wurden alle Römer ohne Vorwarnung angegriffen, und niemand kam ihnen zur Hilfe.

Appian beschreibt herzzerreißende Szenen: Römische Frauen und Kinder hatten sich in die Tempel geflüchtet und klammerten sich an den Götterstatuen fest. Dort wurden sie entweder von Pfeilen getroffen oder mit Knüppeln erschlagen. Am Ende des Tages hatten 80 000 Menschen ihr Leben verloren. Das war der Auftakt einer Reihe von Feldzügen, bei denen Sulla, Lucullus und Pompejus schließlich Mithridates besiegten und außerdem fast ganz Kleinasien dem Römerreich einverleibten.

Appian, Mith. 22–23

DIE UNGENIESSBARSTE GEFÄNGNISKOST

Im Jahre 33 n.Chr. war Drusus, der Bruder des Caligula, dem Hungertod nahe und so verzweifelt, daß er versuchte, die Füllung seiner Matratze zu essen. Der Kaiser Tiberius persönlich hatte ihn, des Hochverrats angeklagt, in den Kerker unter seinem Palast werfen lassen.

Sueton, Tib. 54

DIE MEISTDISKUTIERTE FRAGE IM SENAT

Plinius d.Ä. schreibt, daß die Frage, die im römischen Senat zu den meisten Gesetzeserlassen führte, nichts mit Erbschaftsdingen oder der hohen Politik zu tun gehabt habe, sondern mit Igelbälgen. Diese waren besonders weich und deswegen zum Füttern von

28 Mithridates IV., König von Pontos, 132 bis 63. v. Chr. – freie Umzeichnung des überlieferten Münzbildnisses

Kleidern gut geeignet. Das scheint die Fälscher auf den Plan gerufen zu haben, was zu ständigen Klagen aus den Provinzen führte.

Plinius d.Ä., NH 8,135

DER SCHLIMMSTE TOD

Unter den schrecklichsten Arten, seine Tage zu beschließen, sticht der Tod von Acilius Aviola als besonders tragisch hervor. Nachdem er einige Zeit scheintot dagelegen hatte, erwachte er auf seinem eigenen Scheiterhaufen. Verzweifelt rief er um Hilfe, aber die Flammen schlugen zu hoch, als daß man ihn hätte retten können.

Plinius d.Ä., NH 7,173

DIE MISSGLÜCKTESTE EINÄSCHERUNG

Als Marcus Lepidus nach seinem unglücklichen, durch die Trauer über die Scheidung seiner Ehe verursachten Tod verbrannt werden sollte, wurde der Leichnam durch die Kraft der Flammen aus dem Feuer geschleudert. Man sah sich gezwungen, die nackte Leiche auf einem schlichten Reisigfeuer neben dem imponierenden Scheiterhaufen zu verbrennen.

Plinius d.Ä., NH 7,186

95 POLITIK UND ÖFFENTLICHKEIT

DER ÜBERZEUGENDSTE PHILOSOPHIELEHRER

In Alexandria war zu Beginn des 3. Jahrhunderts v. Chr. der Kyniker Hegesias tätig. Seine wichtigste Botschaft lautete, daß man den Mühen des Lebens ausweichen solle, da man ohnehin nicht glücklich werden könne. Hegesias' Ausführungen waren so überzeugend, daß einige Zuhörer im Anschluß an seine Vorträge Selbstmord begingen. Aus diesem Grund verbot ihm König Ptolemaios, weiterhin zu unterrichten.

Cicero, Tusc. 1,83

DER AM WENIGSTEN BEGRABENE KAISER

Im Jahre 222 n. Chr. wurde die Leiche von Kaiser Heliogabal in den Tiber geworfen. Es hatte Gerüchte gegeben, er habe versucht, seinen Vetter Alexander Severus zu ermorden. Die Prätorianergarde hatte den Kaiser daraufhin in der Latrine, in der er sich versteckt hatte, aufgespürt und auf der Stelle getötet. Dann waren die Prätorianer mit der Leiche durch die Straßen Roms gezogen und hatten sie durch die Kloaken geschleift, um sie zu schänden. Schließlich warfen die Soldaten die Leiche in den Tiber, und als sie wieder an die Oberfläche kam, beschwerten die Gardisten sie mit Gewichten.

H.A., Heliog. 17,1–8

DER EINZIGE DAMENBESUCH IM SENAT

Um 220 n.Chr. nahm der Kaiser Heliogabal seine Großmutter Julia Maesa mit in den Senat. Das war das erste und das letzte Mal, daß eine Frau den Senat besuchte. Der Senat verabscheute den Kaiser bereits, und daß er seine Großmutter mitbrachte, machte die Sache nicht besser. Die Senatoren

29 Kaiser Heliogabal (Elagabal), 218 bis 212 n. Chr. – nach einem Bildnis im Museo Capitolino, Inv. Nr. 470, das hypothetisch als Portrait des Elagabal identifiziert wurde

mochten die alte Dame genausowenig wie ihren Enkel.

H.A., Heliog. 12,3

DIE SCHLECHTESTE AUSREDE

Plinius d.J. wollte von seinem Freund lieber die Wahrheit hören, daß dieser ihm lange nicht geschrieben habe, weil er keine Lust dazu hatte, statt sich schlechte Ausreden anzuhören wie etwa die, er sei nicht in Rom oder sehr beschäftigt gewesen oder – noch schlimmer – er habe sich nicht wohl gefühlt.

Plinius d.J., Ep. 2,2

DER BESTBEWACHTE ARBEITSPLATZ

Virak, der kostbare Weihrauch aus Arabien, wurde in besonderen Werkstätten in Alexandria veredelt. Hier hätten die Verantwortlichen vor nichts zurückgeschreckt, um ihre Arbeiter zu überwachen, schreibt Plinius. Ihre Schürzen wurden versiegelt, und vor dem Gesicht trugen sie Masken oder feinmaschige Netze. Am Ende des Tages mußten sie sich einer Leibesvisitation unterziehen.

Plinius d.Ä., NH 12,59

DER LÄCHERLICHSTE KAISER

Einmal ging Kaiser Commodus grinsend mit einem Strauß, dem er den Hals abgeschnitten hatte, unter dem Arm spazieren. Dann wandte er sich mit dem blutigen Tierkadaver an die Senatoren und drohte, er könne ihnen ebenso schnell den Hals abschneiden wie diesem Tier. Cassius Dio, der anwesend war, fand die Situation so komisch, daß er ein Blatt von seinem Lorbeerkranz in den Mund nehmen mußte, um nicht laut loszulachen.

Cassius Dio 73,21,1–2

DER STÄRKSTE KAISER

Kaiser Maximinus Thrax war, bevor er Kaiser wurde, Soldat. Er soll 2,40 Meter groß gewesen sein (achteinhalb Fuß). Deswegen fiel er dem Kaiser Septimius Severus bei einer Musterung auch gleich auf. Severus versuchte, Maximinus dadurch in die Knie zu zwingen, indem er ihn zu einem Wettlauf gegen sein Pferd antreten ließ. Nachdem Maximinus gesiegt hatte, forderte der Kaiser selbst ihn zu einem Ringkampf heraus, was Maximinus unbeschwert annahm. Der Kaiser war jedoch rasch erschöpft von dem Kampf und ließ seine Soldaten mit Maximinus kämpfen, der dennoch alle Runden gewann. Daraufhin wurde er zum Leibwächter des Kaisers ernannt. Es heißt, Maximinus' Daumen sei so breit gewesen, daß er die Armreifen seiner Frau als Fingerringe verwendete. Dieselbe Quelle bezeugt auch, daß er einen Wagen mit bloßen Händen ziehen, einem Pferd mit der Faust die Zähne ausschlagen, Vulkangestein mit der Hand zermalmen und kleinere Bäume mit den Fingern spalten konnte.

H.A., Max. 3–6

DER LAUTESTE ARBEITSPLATZ

Obwohl Seneca der Lehrer Kaiser Neros und außerdem Multimillionär war, hatte sein Studierzimmer eine ungewöhnlich schlechte Lage. Im Nachbargebäude befand sich nämlich ein Badehaus, und in seinen Briefen äußerte der Gelehrte sich ausführlich über den Lärm: Ein Bodybuilder war mit seinen Gewichten zugange oder tat zumindest so; sein Stöhnen und Ächzen war im ganzen Viertel zu hören. Dann ertönten das Klatschen aus dem Massageraum und die Rufe von dem, der bei einem Ballspiel den Spielstand ansagte.

Dazu kam das Singen aus den Bädern und das laute Platschen von denen, die in die Becken sprangen und sich damit amüsierten, möglichst viel zu spritzen. Dazwischen erschollen die durchdringenden Schreie aus dem Schönheitssalon, in dem sich jemand die Haare aus den Achselhöhlen zupfen ließ, und über allem erklangen die Rufe der Kuchen- und Wurstverkäufer in verschiedenen Tonlagen. Aber für den Stoiker Seneca war dieser Lärm nicht mehr als ein Rauschen der Wellen. Seine Aufmerksamkeit galt dem geschriebenen Wort, denn dieses forderte vollständig seinen Geist.

Seneca d.J., Ep. 56,1–4

DER SCHLÄFRIGSTE KONSUL

Einmal zog jemand dem Claudius Pantoffeln über die Hände, als er schnarchend schlief, damit er sich beim Erwachen mit den Schuhen durchs Gesicht fahren sollte. Dieser Streich wurde ihm gespielt, lange bevor er Kaiser wurde. Obwohl man ihn ständig verspottete, wurde er zum Konsul gewählt, und auch sein Status als Konsul änderte nichts daran; alle verspotteten ihn weiterhin. Manchmal, wenn er nach dem Essen eingeschlafen war, bewarfen ihn die anderen Gäste mit Dattelkernen und Oliven. Ein schläfriger Kaiser war auch Gordian I. Er war ganz einfach krankhaft müde und schlief gelegentlich noch während eines Gastmahls inmitten der Gäste ein.

Sueton, Claud. 7–8; H.A., Gord. 6,7

DER DANKBARSTE LORBEERKRANZTRÄGER

Laut Sueton besaß Caesar nur einen Schönheitsfehler, und dessen war er sich selbst wohlbewußt: Er hatte sehr wenige Haare. Seine Zeitgenossen zogen ihn ständig damit auf, und Caesar tat alles, um seine Glatze zu verbergen. Die wenigen Haare, die ihm geblieben waren, kämmte er von der Seite über den kahlen Schädel. Aber das half eigentlich nicht. Deswegen freute sich Caesar auch ganz besonders über den Lorbeerkranz, den Senat und Volk ihm verliehen hatten und den er fortan ständig trug.

Sueton, Iul. 45

DIE LÄNGSTE ZEIT OHNE KAISER

Diese «kaiserlose Zeit» trat nach mehreren Jahrzehnten unter ständig wechselnden Regenten ein. Nachdem Aurelian im September des Jahres 275 n.Chr. von seinen Soldaten ermordet worden war, konnte sich das Heer nicht auf einen Nachfolger einigen. Man sandte einen Boten an den Senat in Rom. Dieser sollte einen Beschluß fassen und einen Kaiser aus den eigenen Reihen wählen. Verblüfft und ratlos angesichts der unerwarteten Verantwortung, beschloß der Senat, die Frage an die Armee zurückzugeben. Dreimal soll der Kurier hin- und hergeeilt sein, bis der Senat schließlich den gut siebzigjährigen Tacitus zum neuen Kaiser ernannte. Man hat ausgerechnet, daß das römische Reich zu diesem Zeitpunkt bereits zwei Monate lang ohne Kaiser gewesen war, obwohl die Quelle *Historia Augusta* (Kaisergeschichte) – wohl übertreibend – behauptet, daß sechs Monate bis zur Wahl des neuen Kaisers vergangen seien.

H.A., Aurel. 40

DER GRAUSAMSTE KAISER
Um 220 n.Chr. ließ Heliogabal die süßesten Kinder der besten Familien ganz Italiens nach Rom bringen, um sie seinen Göttern zu opfern. Die Quelle behauptet, der Imperator habe Wert darauf gelegt, daß nur Kinder genommen würden, deren beide Eltern noch am Leben seien, damit der Schmerz des Verlustes und damit das Opfer an die Götter doppelt so groß wären.

H.A., Heliog. 8,1

DER FÜRSORGLICHSTE KAISER
Kurz nach Heliogabals Tod im Jahre 222 n.Chr. kam sein Cousin Alexander Severus an die Macht. Er ging als der beste Kaiser dieser Zeit in die Geschichte ein. Statt nachts zu schlafen, lag er wach und memorierte die Namen seiner Soldaten, wie lange sie gedient hatten und wie es um ihr Auskommen bestellt sei. Das führte dazu, daß der Kaiser alle Soldaten beim Namen kannte. Es hinderte ihn aber nicht daran, einigen seiner Männern in rasender Wut die Augen auszustechen, als sie des Diebstahls beschuldigt wurden.

H.A., Alex. Sev. 21,6–8; 17,1–2

DER ATTRAKTIVSTE KAISERSOHN
Maximinus d.J., der Sohn des großen Maximinus, war ungewöhnlich gutaussehend. Leichtfertige Frauen schwärmten für ihn. Die meisten von ihnen hatten nur eins im Sinn: mit ihm zu schlafen. Im Alter von 21 Jahren war er fast

so groß wie sein Vater, außerdem war er sehr gebildet. Der Senat aber verhöhnte ihn, weil er so gutaussehend war. Im Bürgerkrieg des Jahres 238 n.Chr. wurden Vater und Sohn von ihren eigenen Soldaten ermordet.

H.A., Max. 27–28

DER SCHÜCHTERNSTE FELDHERR

Pompejus, wiewohl Triumphator, litt an Lampenfieber. Laut Seneca errötete der Feldherr immer, wenn er vor großen Versammlungen sprechen mußte.

Seneca d.J., Ep. 11,4

DER EITELSTE KAISER

Caligula, der in der ersten Hälfte des ersten Jahrhunderts nach Christi Geburt Kaiser war, zeigte sich oft in festlicher Frauenkleidung, manchmal ganz in Seide gehüllt. Der Kaiser trug auch Armreifen und langärmelige Tuniken, die mit Edelsteinen besetzt waren. Gelegentlich war er auch in Sandalen, Jagdstiefeln und flachen Frauenschuhen zu sehen. Zuweilen erschien er mit Donnerkeil, Dreizack und Heroldsstab, den Symbolen der Götter, auf der Straße. Am stärksten übertrieben war jedoch sein Auftritt

30 Römischer Triumphbogen – freie Nachzeichnung des Konstantinbogens in Rom

mit vergoldetem Bart. Es kam auch vor, daß sich der Imperator bereits – was besonders überheblich war – vor einem Feldzug in sein Triumphgewand warf. Sogar den Harnisch Alexanders des Großen aus dessen Grabmal hat er getragen.

Sueton, Calig. 52

DIE GRÖSSTE ANZAHL VON KAISERN IN EINEM JAHR

Dieser Rekord wurde im Jahre 238 n. Chr. aufgestellt, in dem sechs Regenten einander in rascher Folge ablösten. Es begann damit, daß einige vermögende junge Männer in Afrika einen Erpresser erschlugen, der sich bei Kaiser Maximinus Thrax einschmeicheln wollte. Anschließend zwangen sie den 80jährigen Gouverneur, Kaiser zu werden. Dieser Gordian I. erhob seinen Sohn als Gordian II. zum Mitregenten. Der Senat in Rom beteiligte sich zu Beginn des Frühlings ebenfalls an diesem Aufstand, begann jedoch nervös zu werden, als klar wurde, daß Maximinus auf die Hauptstadt zumarschierte. Gleichzeitig wurde bekannt, daß die beiden Kaiser von illoyalen Truppen in Afrika ermordet worden waren.

Sicherheitshalber wurden daraufhin nicht weniger als drei neue Kaiser ernannt, die Senatoren Pupienus und Balbinus sowie Gordian III., ein Enkel des ermordeten Kaisers in Afrika. Als seine beiden älteren Kollegen loszogen, um Kaiser Maximinus in der Gegend von Ravenna zu treffen, zeigte es sich, daß dieser gleichfalls bereits von seinen eigenen Soldaten ermordet worden war. Diese Geschichte wiederholte sich im selben Sommer, als Pupienus und Balbinus von der Prätorianergarde aus dem Weg geräumt wurden.

Auf dem Thron übrig blieb der erst 13jährige Gordian III.

H.A., Gord. 7,22

DIE UNREALISTISCHSTE POLITISCHE VISION

Kaiser Probus bereitete dem langen Bürgerkrieg im 3. Jahrhundert ein Ende. Das soll ihn zu der Bemerkung veranlaßt haben, daß bald keine Soldaten mehr gebraucht würden. Statt dessen solle das Römerreich von Gesetzen beherrscht werden. Ewiger Friede würde dann herrschen. Aus diesem Grunde wurde er von seinen Soldaten erschlagen.

H.A., Prob. 20

DIE DRASTISCHSTE KÜNDIGUNG

Als Septimus Severus an der Spitze seiner Legionen im Juni 193 n.Chr. in Rom eingezogen war und es der Senat für das beste gehalten hatte, ihn als Kaiser anzuerkennen, ließ er die Prätorianergarde vor der Stadt zusammenrufen. Etwa 6000 Mann stellten sich, wie befohlen, gehorsam und ohne ihre Waffen auf. Severus beschuldigte die gesamte Schar, sich bei dem Aufruhr nach Commodus' Tod und vor der Ermordung seines Nachfolgers Pertinax ehrlos benommen zu haben. Umringt von mehreren bewaffneten Legionen blieb der Garde nichts anderes übrig, als Severus' Bedingungen anzunehmen: Alle erhielten den sofortigen Abschied und wurden des Landes verwiesen.

H.A., Sev. 6,6–7,1; Herodian 2,13

DER ÄLTESTE UND DER JÜNGSTE KAISER AUS EINER FAMILIE

Diese beiden Rekorde halten zwei Kaiser aus derselben Familie. Sie traten darüber hinaus noch im selben Jahr ein. Gordian I. wurde achtzigjährig im Jahre 238 n.Chr. Kaiser. Nach seiner Ermordung folgte ihm, wie wir oben gesehen haben, sein nur dreizehnjähriger Enkel Gordian III. einige Monate später auf dem Thron.

VÖLKER UND SITTEN

DIE VERKEHRTESTE GESELLSCHAFTSORDNUNG

Auf den griechischen Historiker Herodot, der im 5. Jahrhundert v. Chr. lebte, wirkte Ägypten wie eine verkehrte Welt: Die Frauen kümmerten sich um den Handel und die Männer um den Haushalt und das Weben. Die Männer trugen Lasten auf dem Kopf und die Frauen auf den Schultern. Die Frauen pinkelten im Stehen und die Männer im Sitzen. Söhne konnten zum Unterhalt ihrer Eltern nicht herangezogen werden, wohl aber die Töchter.

Herodot 2,35

DAS SCHLECHTESTE KINDERBETT

Tacitus hatte um 90 n. Chr. von einem barbarischen Volk im Norden gehört, das er Fennen nannte. Das Schlimmste an ihnen sei, daß sie ihre Säuglinge vor dem Wetter und den wilden Tieren mit nichts als ein paar geflochtenen Zweigen schützten.

Tacitus, Germ. 46

DAS UNZIVILISIERTESTE VOLK

Um 50 v. Chr. lebte laut Caesar in Britannien ein Volk, das Kuhmilch trank und Fleisch aß. Gruppen von zehn bis zwölf Männern lebten zusammen und teilten sich ihre Frauen. Das fand Caesar unerhört und unzivilisiert. Wenn die Matronen Kinder zur Welt brachten, dann nannten die Nachkommen den Mann, den ihre Mutter als ersten geheiratet hatte, ihren Vater.

Caesar, BGall. 5,14

DIE BRUTALSTEN KINDER

Auf Sardinien war es Sitte, daß sehr betagte Eltern von ihren eigenen Kindern mit dem Knüppel erschlagen wurden. Man fand es schlimm, wenn sich gebrechliche, alte Leute mit ihrem Leben quälten.

Aelian, VH 4,1

DIE PRIMITIVSTE BEHAUSUNG

Die Dardaner, die etwa im heutigen Thrakien angesiedelt waren, lebten in der denkbar primitivsten Behausung, in Löchern unter ihren Misthaufen. Für Musik hatten sie aber einen ausgeprägten Sinn und spielten sowohl Flöte als auch Leier.

Strabon 7,5,7

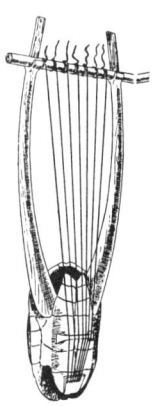

31 Eine antike Leier; der Schildkrötenpanzer diente als Resonanzboden.

DAS SCHMUTZIGSTE VOLK

Es hat den Anschein, als seien die Dardaner auch das schmutzigste Volk der Antike gewesen. Ein Waschen des Körpers war in der gesamten Lebenszeit überhaupt nur dreimal vorgesehen: nach der Geburt, vor der Hochzeit und vor dem Begräbnis.

Aelian, VH 4,1

DAS RÜCKSTÄNDIGSTE JÄGERVOLK

Da die Germanen ihre Äcker um 50 v.Chr. nicht vernachlässigen wollten, wechselten sich die Männer damit ab, gegen die Römer in den Krieg zu ziehen. *Äcker* ist vielleicht etwas zuviel gesagt, laut Caesar waren die Germanen keine ausgeprägten Ackerbauern, denn sie lebten mehr von Milch und Rindfleisch als von Getreide, dem Grundnahrungsmittel der römischen Soldaten. Die Germanen gingen lieber auf die Jagd, und zwar sowohl im Sommer als auch im Winter. Ihre Kinder gewöhnten sich schon früh an dieses umherstreifende Leben. Dieses Volk trug außerdem keine gewebten Kleider, sondern hüllte sich das ganze Jahr über in Felle. Selbst im Winter badeten die Germanen in den Flüssen, und der Handel diente ihnen nur als Vorwand, um ihr Diebesgut loszuwerden.

Caesar, BGall. 4,1–2

DAS EIGENBRÖTLERISCHSTE VOLK

Tacitus stellte um 90 n.Chr. fest, daß die Germanen vorzugsweise auf abgelegenen Höfen wohnten, meist mit einer Quelle, oder aber auch auf einer Ebene oder in einem

32 Stilisiertes Germanenbild

Wald. Auch wenn es mehrere Höfe in einem Dorf gab, lagen sie nicht wie bei den italischen Völkern offen nebeneinander, sondern jedes einzelne Haus war abgeschottet, von Nebengebäuden umgeben. Tacitus konnte es sich nicht recht erklären, warum die Germanen so wohnten. Er spekulierte, daß man vielleicht meinte, so bei einer Feuersbrunst besser geschützt zu sein oder daß die Germanen es einfach nur nicht anders kannten.

Tacitus, Germ. 16

DAS DÜMMSTE VOLK

Der Insel Lesbos gegenüber lag auf dem Festland die Stadt Kyme, deren Bevölkerung in der Antike als sehr dumm galt. Erst dreihundert Jahre nach Gründung der Stadt kamen die Bewohner von Kyme auf die Idee, von den Händlern in dem großen und schönen Hafen der Stadt Zoll zu verlangen. Darüber hinaus sollen die Einwohner einmal Geld für ein großes Projekt geliehen haben. Als Sicherheit boten sie die Bogengänge der Stadt an. Da sie den Kredit nicht rechtzeitig zurückzahlen konnten, war es ihnen nicht mehr erlaubt, die Gänge zu benutzen. Die Gläubiger bekamen aber ein schlechtes Gewissen, als sie die Leute im Regen und im Wind herumlaufen sahen, und ließen von Herolden bekanntgeben, daß man wieder unter den Bogengängen Schutz suchen dürfe. Verbreitet wurde diese Geschichte, weil die Leute von Kyme wohl solange im Regen herumliefen, bis man ihnen erlaubte, sich unter ein Dach zu begeben.

Strabon 13,3,6

DIE GRAUSIGSTEN RITUALE

Bei den Galliern gab es um 50 v.Chr. Priester, die sich Druiden nannten und den Göttern opferten. Die Sitte schrieb vor, daß unter bestimmten Umständen erzürnte Götter nur mit einem Menschenopfer zu besänftigen waren. Caesar schreibt, daß die Druiden Käfige aus Zweigen verfertigten, in die sie verurteilte Verbrecher einsperrten. Dann zündeten sie die Käfige an, und die Menschen verbrannten. Das war die Strafe für Diebstahl, Wegelagerei oder dergleichen. Dieser Brauch besänftigte angeblich die Götter. Wenn es keine Verbrecher gab, die man verbrennen konnte, opferten die Druiden Menschen, die sich nichts hatten zuschulden kommen lassen.

Caesar, BGall. 6,16

SCHLIMMSTE AUSWÜCHSE DES PATRIARCHATS

Caesar berichtet weiter, daß um 50 v. Chr. bei den Galliern der Mann die Macht über Frauen und Kinder hatte – und zwar auf Leben und Tod. Wenn ein Mann starb, dann beratschlagten die männlichen Verwandten. Wenn sie zu dem Schluß kamen, daß eine Frau hinter dem Todesfall steckte, dann wurde sie erst mißhandelt und dann bei lebendigem Leibe verbrannt.

Caesar, BGall. 6,19

DIE ROBUSTESTEN FUSSSOHLEN

Einige Dutzend Kilometer von Rom entfernt im Hinterland lebte eine kleine Volksgruppe, die Hirpinen. Einmal im Jahr feierten sie den Gott Apollo auf eine besondere Art. Sie gingen barfuß auf glühenden Kohlen – erstaunlicherweise ohne sich die Fußsohlen dabei zu verbrennen. Wegen dieser einzigartigen Fähigkeit hatte der Senat sie für alle Zeit vom Militärdienst befreit. Aus nah und fern kamen die Menschen zu dem Fest angereist, um dem Schauspiel beizuwohnen.

Strabon 5,2,9; Plinius d. Ä., NH 7,19

33 Ein typischer Hirpine

VÖLKER UND SITTEN

DER ERSTAUNLICHSTE NAVIGATIONSFEHLER

Im Jahre 62 v. Chr. schickte der König der germanischen Sueben dem Prokonsul von Gallien einige Inder als Geschenk. Man glaubte, sie seien bei einer Handelsreise vom Kurs abgekommen und nach Germanien geraten, was zu Spekulationen über die Lage der Kontinente und über die Seewege Anlaß gab. Vermutlich ist es jedoch ausgeschlossen, daß es sich wirklich um Menschen aus Indien handelte. Möglicherweise waren es Eskimos aus Grönland, die es mit ihren Booten verschlagen hatte.

Plinius d. Ä., NH 2,170

DIE AM LÄNGSTEN BEWAHRTE UNSCHULD

Im letzten Jahrhundert vor Christi Geburt galt es bei den Germanen als unschicklich, vor dem zwanzigsten Lebensjahr mit einer Frau zu schlafen. Mit Überschreiten dieser Altersgrenze fiel jedoch bei den Germanen alle Geheimnistuerei weg. Caesar ging davon aus, daß diese Liederlichkeit davon herrührte, daß alle nur spärlich mit Tierhäuten und winzigen Rentierfellen bekleidet, also halbnackt waren. Das Volk aus dem Norden pflegte also selbst am hellichten Tage freizügigen Umgang.

Caesar, BGall. 6,21

DER SCHLECHTESTE NACHBAR

Im ersten Jahrhundert vor Christus genoß jener Germane, vor dem sich alle Nachbarn aus Furcht zurückzogen, höchstes Ansehen. Er hatte damit einen unbezweifelbaren Beweis seiner Tapferkeit geliefert, wenn es ihm gelungen war, alle Nachbarn zu vertreiben.

Caesar, B.Gall. 6,23

DIE BESTE «BUSCHTROMMEL»

Um 50 v. Chr. wurden bei den Galliern wichtige Nachrichten durch Zuruf verbreitet. Der erste, der davon erfuhr, stellte sich in seinen Hof und schrie aus Leibeskräften, was geschehen war. Das schnappte der Nachbar, der nach dem Brauch der Gallier meist weit entfernt lebte, auf. Dieser Nachbar gab die Nachricht dann ebenfalls mit lauten Rufen weiter. Auf diese Weise wanderten die Neuigkeiten von einem Hof zum nächsten. Das erklärt, wie ein Gallier im Westen von einem erschlagenen Römer erfahren konnte, der in Noricum, weit im Osten, Handel getrieben hatte.

Caesar, BGall. 7,3

DAS EKLIGSTE MUNDWASSER

Die Ureinwohner an Spaniens Nordküste galten als ungewöhnlich primitiv. Es sei denn, schreibt Strabon, man hege eine andere Ansicht über ein Volk, das Urin in Zisternen lagere, um darin zu baden und sich damit die Zähne zu putzen.

Strabon 3,4,16

DIE MERKWÜRDIGSTE DAMENFRISUR

Die keltischen Frauen in Spanien erregten mit ihren «Frisuren» Aufsehen. Sie zupften sich das Haar auf dem Schädel aus, so daß dieser so glatt wurde wie die Stirn. Andere Frauen trugen eine 30 Zentimeter hohe Stange auf dem Kopf und wickelten erst ihr Haar und anschließend ein schwarzes Tuch um diese herum.

Strabon 3,4,17

DIE MERKWÜRDIGSTE HERRENFRISUR

Um 90 n. Chr. kämmten sich die Sueben in Germanien ihr welliges Haar schräg und trugen es seitlich in einem Knoten. Das machten junge und alte Leute in gleicher Weise. Sie glaubten, ihren Feinden mit dieser Haartracht Angst einjagen und sie in die Flucht schlagen zu können.

Tacitus, Germ. 38

DER EHRENVOLLSTE HAARSCHNITT

Gegen Ende des 1. Jahrhunderts n. Chr. ließen sich die Chatten in Germanien in Friedenszeiten Haupthaar und Bart wachsen. Für einen jungen Mann galt es als Schande, mit einem langen Haarschopf aus dem Krieg zurückzukehren. Das bedeutete nämlich, daß er keinen Feind getötet hatte. Denn erst im Augenblick, da er einen

34 Gallische Helmtypen

Feind getötet hatte, durfte sich ein Jüngling sein Haar abschneiden. Erst dann hatte ein Junge sich seines Landes, seiner Eltern und seiner Geburt würdig erwiesen.

Tacitus, Germ. 31

DIE FRAUEN MIT DER AUSGEPRÄGTESTEN FÄHIGKEIT, VIELE DINGE GLEICHZEITIG ZU TUN

Die Frauen aus Paionien konnten laut Aelian mühelos mehrere Dinge gleichzeitig tun. Sie zwirbelten Fäden, trugen Wasserkrüge und stillten ihre Kinder, das alles zugleich und während sie die Pferde ihrer Männer zur Tränke führten.

Aelian, NH 7,12

DAS REICHSTE VOLK DER WELT

Das reichste Volk waren die Araber aus dem heutigen Jemen. Sie häuften ungeheure Vermögenswerte an, die das römische Reich und Parthien für die Produkte des Landes, Perlen und Weihrauch, bezahlten. Sie selbst importierten dagegen keine Waren.

Plinius d.Ä., NH 6,162

DIE BEEINDRUCKENDSTE KRIEGERIN

61 n.Chr., als Nero während eines Festes in Rom alle Hände voll zu tun hatte, lieferten sich die Römer eine letztlich zwar siegreiche, aber doch sehr blutige Schlacht mit den Briten. Diese wurden angeführt von ihrer Königin Buduica. Ihre Kleidung war beeindruckend. Sie trug ein goldenes Halsband, eine vielfarbige Tunika und einen Mantel aus einem schweren Stoff, der von einer kostbaren Spange zusammengehalten wurde. Cassius Dio hatte auch gehört, was die Römer am meisten beeindruckte, seien ihre brennenden Augen gewesen, ihre grobe Stimme und ihr gelbbraunes Haar, das bis zur Taille reichte.

Cassius Dio 62,2

DIE FITTESTE BEVÖLKERUNG

Die Spartaner waren für ihren strengen militärischen Drill bekannt und auch dafür, daß sie Jungen und Mädchen gemeinsam und zudem nackt auf der Palästra Gymnastik treiben ließen. Alle zehn Tage mußten die Jungen der kampffähigen Jahrgänge antreten, und jeglicher Bauchansatz oder andere körperlichen Schwächen wurden bestraft.

Athenaios, Deipn. 12,550

DIE MAKABERSTEN TROPHÄEN

Die Kelten waren dafür berüchtigt, die Köpfe ihrer erschlagenen Feinde zu sammeln. Sie luden die Schädel auf ihre Pferde und nagelten sie dann zu Hause über ihre Türen oder balsamierten sie ein und verwahrten sie in Truhen. Diese makaberen Trophäen wurden von keltischen Prinzen und Adligen auch als Gastgeschenke verwendet.

Strabon 4,4,5; Diodor 5,29

DER SELTSAMSTE AUSFLUG ZU PFERDE

Die breiten Flüsse Rhein und Donau, die Richtung Norden und Osten durch das Land der Germanen flossen, froren im Winter zu. Dann ließen sich diese Gewässer nicht mehr befahren. Aber die Bevölkerung ritt über das Eis, als sei es festes Land. Um 300 v. Chr. fanden die Griechen so etwas unfaßbar.

Aristoteles, Mir. Ausc. 168

DIE BESTEN LEIBWÄCHTER

Um 190 n. Chr. waren die sogenannten «blonden Bestien», wie man die Männer aus Germanien bezeichnete, die bevorzugten Leibwächter des römischen Kaisers Caracalla.

Herodian 4,13,6

DAS EXTREMSTE GESELLSCHAFTSSPIEL

Die Thraker scheinen eine seltsame Einstellung zu Gefahren und Vergnügungen gehabt zu haben. Bei Gastmählern galt es, seinen Mut auf folgende Weise unter Beweis zu stellen: Man hängte eine Schlinge auf und legte unter diese einen Stein. Anschließend wurde gelost. Der Verlierer mußte sich, nur mit einem kleinen Gärtnermesser in der Hand, auf den Stein stellen und seinen Kopf durch die Schlinge stecken. Schließlich trat jemand den Stein beiseite, und wenn es dem Wagemutigen jetzt nicht gelang, sich rechtzeitig loszuschneiden, wurde er unter allgemeinem Gelächter und Jubel von der Schlinge erdrosselt.

Athenaios, Deipn. 4,155

DINGE UND SAMMLUNGEN

DIE ERSTEN WASSERBETTEN

Plutarch berichtet, daß es zur Zeit Alexanders des Großen bei den Babyloniern üblich gewesen sei, bei Hitze auf Wasserschläuchen zu schlafen. Die auf ihren Feldzügen vielfach von Hitze geplagten Soldaten Alexanders brachten diese Sitte in die eroberten Gebiete mit.

Plutarch, Vit. Alex. 35

DIE GRÖSSTE SAMMLUNG SPINNWEBEN

Als einer der harmlosesten Einfälle des minderjährigen Kaisers Heliogabal kann seine Aufforderung gelten, 1000 Pfund Spinnweben zu sammeln. Die Sklaven kamen dem Befehl übereifrig nach: Nachdem sie die ganze Stadt durchkämmt hatten, konnten sie den Imperator mit zehnmal soviel Spinnweben erfreuen. Die Sklaven wollten natürlich wissen, was er mit dieser seltsamen Sammlung vorhabe. Der Kaiser erklärte, auf diese Weise werde doch sehr schön deutlich, wie groß die Stadt Rom eigentlich sei.

H.A, Heliog. 26,6

DIE LÄNGSTE ZEIT, DIE EINE UHR FALSCH GING

Die erste Sonnenuhr Roms wurde im Jahre 263 v. Chr. auf dem Forum Romanum aufgestellt. Sie war im ersten Punischen Krieg aus der Stadt Catania auf Sizilien geraubt worden. Das Problem war nur, daß der Schatten des Zeigers auf diesem nördlicheren Breitengrad eine andere Länge hatte, so daß die Uhr natürlich eine falsche Zeit anzeigte. Es dauerte 99 Jahre, bis neben der alten eine neue Sonnenuhr montiert wurde.

Plinius d. Ä., NH 7.214

DIE GRÖSSTE ANZAHL VON GOLDKELCHEN BEI EINER HOCHZEIT

Als Alexander der Große Stateira, die Tochter des Perserkönigs, in Susa heiraten wollte, veranstaltete er ein Fest von unvergleichlichem Prunk. Jedem der 9000 Gäste wurde nach dem Mahl für die *Libation*, ein Trankopfer, ein eigener Goldpokal mit Wein gereicht. Alexander nahm sein Hochzeitsfest zum Anlaß, um die Schulden aller seiner Soldaten zu begleichen. Dabei handelte es sich um etwa 225 Tonnen Silber.

Plutarch, Vit. Alex. 70

DIE GRÖSSTE STOSSZAHN-SAMMLUNG

Im Jahre 168 v.Chr. besiegte Aemilius Paullus in der Schlacht bei Pydna den König der Makedonen, Perseus. Dieser Sieg wurde mit einem Triumphzug gefeiert. Eine endlose Beutekarawane rollte durch die Straßen Roms. Unter den Preziosen, die gezeigt wurden, waren 2000 Elefantenstoßzähne mit einer einheitlichen Länge von etwa 130 Zentimetern.

Diodor 31,8,9–12

DER SELTSAMSTE BRUNNEN

Vor der phönizischen Küste gab es bei der Stadt Paria in 22 Meter Tiefe eine Süßwasserquelle. Das Wasser wurde durch ein langes Lederrohr an die Meeresoberfläche geleitet, schreibt Plinius, der sich auf ein Buch über Merkwürdigkeiten beruft, das sein Freund, der Gouverneur von Syrien, verfaßt hatte.

Plinius d.Ä., NH 5,128

DIE GRÖSSTE SAMMLUNG VON HALSREIFEN

Im Jahre 191 v.Chr. zeigte der Feldherr und Konsul Publius Cornelius bei einem Triumphzug durch Rom 1471 gallische Halsreifen. Er hatte sie von den Bojern erbeutet. Die Reifen (*torques* auf lateinisch) waren aus reinem Gold.

Livius 36,40,11–12

DIE GRÖSSTE MUSCHEL-SAMMLUNG

Als sich Caligula im Norden, wo der Ozean begann, aufhielt, befahl er seinen Soldaten, die geglaubt hatten, daß sie Britannien angreifen würden, am Strand zahllose Muscheln aufzusammeln. Diese schickte der exzentrische Kaiser als «Beute» in die Reichshauptstadt nach Rom.

Cassius Dio 59,25,2

DIE AM LÄNGSTEN BRENNENDE LAMPE

Im Erechtheion auf der Akropolis in Athen brannte zu Ehren der

113 DINGE UND SAMMLUNGEN

35 Blick auf die Akropolis von Athen, Rekonstruktion Prof. J. Bühlmann
1. Agora (Markt)
2. Propyläen
3. Standbild der Athena
4. Parthenon
5. Lykabettos
6. Pentelikon
7. Tempel der Artemis
8. Odeion des Herodes Atticus
9. Asklepieion
10. Dionysos-Theater

Schutzgöttin der Stadt, Athena, ständig eine goldene Lampe, die der Künstler Kallimachos angefertigt hatte. Erstaunlicherweise brauchte man nur einmal im Jahr das Öl nachzufüllen. Der Docht bestand aus «karpatischem Leinen», womit vermutlich Asbest gemeint ist.

Strabon 9,1,16; Pausanias 1,26,6–7

DAS SELTSAMSTE MUSIKINSTRUMENT GRIECHENLANDS

Die griechische Musik kannte drei Haupttonarten: die dorische, die phrygische und die lydische, die verschiedenen Gemütszuständen zugeordnet waren. Einem gewissen Pythagoras von Zakynthos kam es in den Sinn, ein Instrument zu bauen, mit dem alle drei Tonarten gleichzeitig gespielt werden konnten. Dieses Instrument erinnerte an einen großen Dreifuß oder an eine Schale auf drei Beinen, zwischen denen die Saiten gespannt waren. Ganz oben gab es drei voneinander unabhängige Resonanzkästen. Alles war auf einer drehbaren Plattform angebracht, die in etwa wie eine Töpferscheibe aussah. Pythagoras spielte auf dem Instrument, das sich mit den Füßen drehen ließ, im Sitzen, während er die Saiten zupfte oder sie mit einem Plektron – einem kleinen Schlagstab des Zitherspielers – schlug. Wer nur die Musik hörte, mußte glauben, daß auf drei verschiedenen Harfen gleichzeitig gespielt wurde. Das Instrument weckte große Bewunderung, geriet aber bald in Vergessenheit, da es so schwer zu spielen war.

Athenaios, Deipn. 14,637

DAS SELTSAMSTE GEMÜSEBEET

Kaiser Tiberius mochte Gurken so gern, daß er sie das ganze Jahr über essen können wollte. Sein Gärtnermeister richtete daher die Gurkenbeete auf Wagen ein, so daß man sie in die Sonne schieben konnte. Im Winter wurden sie mit durchsichtigen Abdeckungen versehen, die wahrscheinlich aus Glas waren.

Plinius d.Ä., NH 19,64

DAS MERKWÜRDIGSTE PORTRÄT

Als Pompejus im Jahre 61 v.Chr. seinen Sieg über die Piratenflotten des Mittelmeers feierte, wurde ein sehr merkwürdiges Kunstwerk gezeigt: ein großes Porträt des Feldherrn, ganz aus Perlen geschaffen, dem wertvollsten Material der Natur.

Plinius d.Ä., NH 37,14

DIE LIEBEDIENERISCHSTE KLEIDERSAMMLUNG

Als sich der römische Feldherr Sulla um 80 v.Chr. in Kleinasien befand, geriet seine Armee, weil es ihnen im kalten Winter an warmer Kleidung mangelte, in Gefahr. Als die Einwohner von Smyrna während ihrer Volksversammlung davon hörten, zogen sie daher ihre eigenen Kleider aus und schickten diese den römischen Soldaten. Hundert Jahre später wurde das als gewichtiges Argument dafür angeführt, daß der Stadt die Ehre zuteil werden sollte, dem Kaiser Tiberius einen Tempel errichten zu dürfen.

Tacitus, Ann. 4,56

DIE LÄCHERLICHSTE DIENSTKLEIDUNG

Lucius Aelius sollte die Nachfolge Kaiser Hadrians antreten, starb aber zuvor. Er hatte bereits von sich reden gemacht, weil er seinen

Boten die Namen verschiedener Winde gegeben und sie mit Flügeln auf den Schultern ausgestattet hatte, damit sie zudem Cupido – dem geflügelten Liebesgott – ähnlich sähen.

H.A., Ael. 5,10

DAS ÄLTESTE KLEIDUNGSSTÜCK

Als der sechste König Roms, Servius Tullius, eine Statue der Göttin Fortuna einweihte, soll er diese in seinen eigenen Königsmantel gehüllt haben. Im Jahre 31 n.Chr. trug das Standbild angeblich immer noch denselben Umhang. Plinius fand es allerdings seltsam, daß das Gewand 560 Jahre hätte überdauern sollen, ohne zu zerfallen oder von Motten zerfressen zu werden.

Plinius d.Ä., NH 8,197

DAS ÄLTESTE ZEPTER

Von allen Antiquitäten, die Pausanias in Griechenland zu sehen bekam, scheint dem Zepter von Chaironeia eine besondere Bedeutung zugekommen zu sein. Es soll vom Gott der Schmiedekunst, Hephaistos, persönlich verfertigt und dank Elektra, der Tochter des sagenhaften mykenischen Herrschers Agamemnon, in die Stadt Phokis gekommen sein. Von allen Gegenständen, die dem Schmiedegott zugeschrieben würden, sei dieser der einzige, der ihm wirklich gehört habe, versichert Pausanias. Tatsächlich war das Zepter uralt und stammte vielleicht aus der mykenischen Bronzezeit (etwa 1600–1100 v. Chr.).

Pausanias 9,40,11–12; 9,41,1

DER GRÖSSTE PHALLUS DER WELT

Auf einem der Wagen bei der Dionysos-Parade in Alexandria war ein über 50 Meter langer goldener Penis zu bewundern, der mit einem goldenen Band und an der Spitze mit einem goldenen Stern mit einem Durchmesser von drei Metern verziert war.

Athenaios, Deipn. 5,201

DER GRÖSSTE LEUCHTER

Er war ein Geschenk Dionysos' II. von Syrakus an das Rathaus von Tarent. Offenbar war dieser der Meinung, daß seine süditalischen Nachbarn etwas Erleuchtung gebrauchen könnten. Der Leuchter trug ebenso viele brennende Kerzen, wie das Jahr Tage hat.

Athenaios, Deipn. 15,700

DIE GRÖSSTE ANHÄUFUNG VON GOLDENEM GESCHIRR

Die protzigste Dionysos-Parade in Alexandria war während der Regierungszeit Ptolemaios' II. zu bewundern. Auf den Wagen lag eine enorme Menge Becher, Pokale und Teller aus Gold, die mit Edelsteinen verziert waren und die beim Dionysosfest benutzt werden sollten. Athenaios stellt resigniert fest, daß es zu ermüdend wäre, alles zu beschreiben. Der Goldschatz hätte jedoch zehntausend Talente, also fast 300 Tonnen, gewogen.

Athenaios, Deipn. 5,197

DER SELTSAMSTE MUSEUMS-GEGENSTAND

Der Admiral und Abenteurer Hanno aus Karthago soll im 6. Jahrhundert v. Chr. die afrikanische Westküste entlanggesegelt und dort auf eine bis dahin unbekannte Menschenart gestoßen sein. Die Frauen waren vollkommen behaart und die Männer liefen so schnell, daß man sie nicht fangen konnte. Die Häute von zwei weiblichen Exemplaren waren in einem Tempel in Karthago ausgestellt und gingen erst verloren, als die Römer die Stadt zerstörten (146 v. Chr.). Vielleicht waren Hanno und seine Mannen Menschenaffen begegnet.

Plinius d. Ä., NH 6,200

DIE GRÖSSTE GOLDSCHALE ROMS

Bei dem Triumphzug des Aemilius Paullus nach der siegreichen Schlacht bei Pydna gegen den Makedonenkönig Perseus im Jahre 168 v. Chr. wurde eine Goldschale gezeigt, die 260 Kilo wog und mit Edelsteinen verziert war. Der Sieg über Makedonien hatte so große Reichtümer erbracht, daß die Römer mehrere hundert Jahre lang von Steuern befreit wurden und gleichzeitig auf den Geschmack des Luxus kamen, der bis dahin als hellenisches Laster verrufen war.

Diodor 31,8,9–12

DAS ERSTE SCHUTZNETZ

Nachdem er bei einem Auftritt von Akrobaten Zeuge geworden war, wie ein Junge von einem Hochseil gestürzt war, verfügte Kaiser Marc Aurel, daß künftig bei allen Auftritten von Seiltänzern der Boden stets mit Kissen ausgelegt werden sollte. Dieser «doppelte Boden» wurde dahingehend verbessert, daß bei solchen Vorstellungen Schutz-

36 Zug von Satyrn

netze unter den Akrobaten aufgespannt wurden.

H.A., Marc. 12,12

DIE GRÖSSTEN UND SELTSAMSTEN MECHANISCHEN PUPPEN

Bei der Dionysos-Parade des Ptolemaios II. in Alexandria wurde eine dreieinhalb Meter große Puppe der Nysa, der Amme des Weingottes Dionysos, gezeigt. Sie saß auf einem Wagen, der von sechzig Männern gezogen wurde. Diese Puppe konnte sich erheben und ein Trankopfer – Milch – aus einer goldenen Schale ausgießen. Am merkwürdigsten war vermutlich jedoch die mechanische Schnecke, die in einer von Demetrios von Phaleron um 310 v.Chr. in Athen veranstalteten Prozession mitkroch und sogar eine Schleimspur hinterließ.

Polybios 12,13,11; Athenaios, Deipn. 5,198

DIE GRÖSSTE KELTER

Bei derselben Parade des Ptolemaios war auch die größte Weinpresse der Welt zu sehen. Sie war elf Meter lang und sechseinhalb Meter breit und so schwer, daß der Wagen, auf dem sie stand, von sechshundert Männern gezogen werden mußte. Die riesige Presse war zudem mit der entsprechenden Menge an Trauben gefüllt. Um das Gefährt herum tanzten sechzig als Satyrn verkleidete Männer.

Athenaios, Deipn. 5,199

DER GRÖSSTE WEINSCHLAUCH

Ein weiterer Rekord ist von dieser Parade zu vermelden: Der Kelter folgte der größte Weinschlauch der Weltgeschichte. Er war aus Leopardenhäuten genäht und hatte ein Fassungsvermögen von etwa 3000 Eimern. Sechshundert starke Männer waren nötig, um den Wagen, auf dem er lag, zu ziehen. Auch dieses Gefährt begleitete ein Reigen von 120 Satyrn und Silenen mit Goldkelchen in den Händen, die sie immer wieder aus dem Weinschlauch auffüllten.

Athenaios, Deipn. 5,199

ANDERE EXTREM GROSSE GEGENSTÄNDE

Doch das war nicht alles! In der Klasse extrem großer Gegenstände wartete diese Parade in Alexandria mit einem Rekord nach dem anderen auf: ein vierzig Meter langer, goldener Thyrsosstab, das Attribut des Gottes Dionysos, ein siebenundzwanzig Meter langer silberner Speer, ein achtzehn Meter langer vergoldeter Donnerkeil, ein zwanzig Meter langer vergoldeter Heroldstab, ein dreizehn Meter langes vergoldetes Trinkhorn, mehrere fünf Meter lange Fackeln aus reinem Gold, ein fünf Meter hoher goldener Schrank mit Goldpokalen, eine riesige Weinkaraffe mit einem Fassungsvermögen von ca. 22 000 Litern und ein goldenes Diadem, das einen Meter hoch war und einen Umfang von sieben Metern hatte.

Athenaios, Deipn. 5,199–203

DIE BERÜHMTESTE WACHSFIGUR

Vornehme Römer bewahrten Wachsporträts ihrer Vorfahren in ihren Häusern auf. Nach dem Mord an Iulius Caesar (15. März 44 v. Chr.) ließ jemand eine Wachsfigur des Diktators in natürlicher Lebensgröße anfertigen. Plötzlich wurde sie über der Leiche, die auf dem Forum Romanum aufgebahrt lag, hochgezogen und im Kreise gedreht, so daß alle die 23 Wunden von den Dolchstößen der Verschwörer unter den Senatoren sehen konnten. Chaos brach aus.

Die Zuschauer schleppten alles Brennbare herbei, das sie in der Nähe finden konnten, und schichteten es zu einem Scheiterhaufen mitten auf dem Platz auf. Verzweifelte Trauernde warfen Schmuck und andere Kostbarkeiten als letzten Gruß ins Feuer. Ein beklagenswerter Volkstribun namens Cinna wurde in dem Durcheinander mit einem Prätor gleichen Namens verwechselt, einem prominenten Gegner Caesars. Dieser wurde von dem aufgebrachten Mob buchstäblich in Stücke gerissen. Anschließend war von seiner Leiche nichts mehr aufzufinden, was man hätte begraben können.

Appian, Bell. civ. 147

DIE AM MEISTEN VEREHRTE MUMIE DER ANTIKE

Die Leiche Alexanders des Großen hatte für seine Generäle und Nachfolger einen großen Symbolwert – nicht zuletzt im Hinblick auf die Legitimierung ihrer eigenen Stellung. Beim Transport von Babylon nach Makedonien gelang es Ptolemaios, den Katafalk in seinen Besitz und dann nach Ägypten zu bringen. Dort wurde Alexander einbalsamiert und in einen Sarkophag aus Gold gelegt. In einem Grabdenkmal in Alexandria war dieser dann viele Jahre lang zu besichtigen. Strabon berichtet 300 Jahre später, der ursprüngliche Sarkophag sei gegen einen aus Glas ausgetauscht worden, wahrscheinlich ist damit Alabaster gemeint. Kaiser Augustus besuchte die sterbliche Hülle Alexanders, war dabei aber – so wird berichtet – so ungeschickt, daß er die Mumie beschädigte, indem er ein Stück der Nasenspitze abbrach. Kaiser Caligula soll sich in Alexanders Brustpanzer gezeigt haben. Etwa 200 Jahre nach ihm besuchte Kaiser Caracalla die Grabkammer. Da er es dort kalt

37 Das Begräbnis Alexanders des Großen – Phantasiezeichnung

und ungemütlich fand, hüllte er die Mumie in seinen Umhang. Nach 500 Jahren verschwand die Mumie Alexanders des Großen aus der Überlieferung. Seither ist es auch niemandem mehr gelungen, sein Grab ausfindig zu machen.

Strabon 17,1,8; Sueton, Calig. 52; Cassius Dio 51,16,5; Herodian 4,8,9

DIE GRÖSSTE MARIONETTE

Die Ausschweifungen des seleukidischen Königs Antiochus' IX. (gestorben 95 v.Chr.) und sein Interesse am Theater machten ihn unbeliebt, zumindest bei den Historikern der Antike. Seine Begeisterung für Marionetten galt als besonders unpassend. Der König hatte nämlich riesige Puppen anfertigen lassen und gelernt, mit diesen umzugehen. Die zwei Meter großen versilberten oder vergoldeten Tiere unterschiedlichster Art zu handhaben, bereitete ihm große Freude.

Diodor 34. 35,34

DIE GRÖSSTE NACHBILDUNG EINES TIERES

Irgendwann während der Regierung des Septimius Severus fand man an der Küste Italiens einen gestrandeten Wal. Da sich der riesige Kadaver nicht nach Rom bringen ließ, wo er aus Anlaß von Gladiatorenspielen hätte vorgeführt werden sollen, fertigte man eine

38 Die Ruinen von Palmyra (230 Kilometer nordwestlich von Damaskus gelegen)

Kopie des Tieres an. Aus welchem Material dieses Abbild bestand, ist nicht überliefert. Für die Zuschauer war jedenfalls noch eine zusätzliche Überraschung eingeplant: In der Arena platzte der Wal auf, und fünfzig Bären stürzten daraus zum Kampf hervor.

Cassius Dio 75,16,5

DER HÖCHSTE ASCHEHAUFEN

Neben dem Zeustempel von Olympia lag ein seltsamer Altar. Er war errichtet aus der Asche von Opfergaben, die sich im Laufe der Jahrhunderte abgelagert hatte. Man hatte diese Asche mit dem Wasser aus dem Fluß Alpheios gemischt und damit den Altar errichtet, der treppenartig angelegt war. Zu der Zeit, als Pausanias den Tempel besuchte, hatte er einen Durchmesser von 37 Metern und war 6,5 Meter hoch.

Pausanias 5,13,9–11

DAS BESTE PAPIER

Papyrus der besten Qualität war ursprünglich als Beschreibstoff den religiösen Schriften Ägyptens vorbehalten. Nachdem Ägypten unter Augustus eine römische Provinz geworden war, benannte man dieses Papier nach ihm. Die zweitbeste Sorte hieß nach seiner Frau Livia. Kaiser Claudius, ein echter «Bücherwurm», der im übrigen vorschlug, die Buchstaben y, v und ps in die lateinische Schrift aufzunehmen, ärgerte sich darüber, daß die Tinte durch das Papier durchschien. Deswegen bestellte er ein neues, dickeres Papier, das sich rasch zur meistbenutzten Sorte entwickelte. Die Breite wurde auf einen Fuß festgelegt, also auf 29,6 Zentimeter.

Plinius d.Ä., NH 13,74–80

DAS ÄLTESTE PAPIER

Der älteste Papyrus, den Plinius selbst gesehen hat, war ein Dokument, das die Brüder Tiberius und Gaius Gracchus zweihundert Jahre zuvor verfaßt hatten.

Plinius d.Ä., NH 13,83

DIE LÄNGSTEN ELEFANTENSTOSSZÄHNE

Als Kaiser Aurelian im Jahre 273 n.Chr. die Königin Zenobia besiegt und die Stadt Palmyra eingenommen hatte, wurde er glücklicher Besitzer zweier drei Meter langer Stoßzähne. Er wollte aus ihnen einen Thron für eine goldene Jupiterstatue fertigen lassen, die im Sonnentempel in

Rom aufgestellt werden sollte. Ob dieser Plan jedoch verwirklicht wurde, wissen wir nicht.

H.A., Firm. 3,4

DER GRÖSSTE TISCH AUS DEM HOLZ VON ZITRONENBÄUMEN

Tische waren begehrte Möbelstücke. Sie waren üblicherweise recht klein, handelt es sich doch um aus den Baumstämmen gesägte Scheiben. Der größte Tisch dieser Art, der je hergestellt wurde, bestand aus zwei Halbkreisen, die so zusammengefügt waren, daß die Fuge nicht zu sehen war. Sein Durchmesser betrug gute 130 Zentimeter. Kaiser Tiberius hat einen solchen Tisch mit einem Durchmesser von 126 Zentimetern besessen.

Plinius d.Ä., NH 13,93–94

DIE GRÖSSTE ANZAHL RINGE

Nach der Schlacht bei Cannae im Jahre 216 v.Chr. ließ Hannibal die Goldringe der gefallenen römischen Senatoren und Adeligen abschneiden. Mit dieser Beute im Gepäck reiste Hannibals Bruder Mago nach Karthago zurück, um die Erfolge in Italien zu dokumentieren. Vor dem Rat der Stadt kippte er den Schatz auf den Boden und erklärte, diese Ringe stammten nur von den Römern höheren Ranges. Es sei ein Vielfaches an einfachen Soldaten in der Schlacht gefallen.

Livius schreibt, einige Historiker hätten angegeben, die Menge der Ringe habe dreißig Litern entsprochen. Er selbst hält einen Scheffel (8,6 Liter) für ein glaubwürdigeres Maß.

Livius 23,12,1–2

DIE SELTSAMSTE SCHAUFENSTERPUPPE

Dem Kaiser Caligula war ein eigener Tempel wie für einen Gott geweiht, in dem sich ein goldenes Abbild des Kaisers befand. Den Schneidern bei Hofe wird damals die Arbeit nicht ausgegangen sein, denn jeden Tag mußte die Statue in die gleichen Kleider gehüllt werden, die der Kaiser gerade trug.

Sueton, Calig. 22

DAS LUXURIÖSESTE BAUMHAUS

Kaiser Caligula hatte, wie wir wissen, Sinn für Merkwürdigkeiten. In Velitrae ließ er eine riesige Platane für seine Gelage herrichten. In der Krone des Baumes konnte er laut Plinius fünfzehn Gäste bewirten. Hier war auch genug Platz für die Diener. Er nannte diesen Baum sein «Häuschen».

Plinius d.Ä., NH 12,10

DIE ANSTÖSSIGSTEN BECHER

Um der Prätorianergarde die enorme Summe auszahlen zu können, die er ihnen dafür versprochen hatte, daß sie ihn zum Kaiser machten, verkaufte Kaiser Pertinax den Besitz seines Vorgängers Commodus auf einer Auktion. Besondere Erwähnung finden in der *Historia Augusta* penisförmige Trinkbecher aus Gold und Elfenbein.

H.A., Pert. 8,1–8

DIE GRÖSSTE PRODUKTION VON NACHTTÖPFEN

Die größte Anzahl Nachttöpfe wurde höchstwahrscheinlich im Jahre 307 v.Chr. in Athen angefertigt: Demetrios von Phaleron, als Gouverneur von König Kassander von Makedonien eingesetzt, war von den Einwohnern der Stadt vertrieben worden. Die dreihundert Bronzestatuen dieses verhaßten Mannes wurden daraufhin umgestürzt, das Metall eingeschmolzen und zu Nachttöpfen verarbeitet – dies wäre vielleicht auch eine sinnvolle Verwendung für die Statuen gestürzter moderner Diktatoren.

Strabon 9,1,20

DER AM HÄUFIGSTEN WIEDERVERWENDETE RING

Dieser Ring gehörte ursprünglich dem vom Glück überreich verwöhnten Tyrannen Polykrates, der gegen Ende des 6.Jahrhunderts v.Chr. auf Samos herrschte. Um nicht den Neid der Götter zu wecken, entschied er sich dafür, sich von dem, was er am meisten liebte, zu trennen: Er warf einen kostbaren Ring ins Meer. Als man ihm ein paar Tage später einen großen Fisch zum Essen servierte, rollte zu seinem Entsetzen – hatten doch die Götter sein Opfer offenkundig abgelehnt – der Ring aus dem Bauch des Fisches auf den Teller. Wenig später – wie durch das böse Omen angekündigt – starb der Tyrann eines fürchterlichen Todes. Fünfhundert Jahre später fand man den Ring in einem der Tempel Roms, in einem goldenen Horn, dem Geschenk einer Kaiserin.

Plinius d.Ä., NH 37,3–4

SCHULD UND SÜHNE

DAS BESTECHLICHSTE ORAKEL
Um 60 n.Chr. ließ Nero dem Orakel von Delphi die stattliche Summe von 400 000 Sesterzen zukommen, damit es das weissagte, was er hören wollte.
Cassius Dio 63,14,2

DER VERLOGENSTE TEMPELRÄUBER
Als bei Dionysios I. Ebbe in der Staatskasse herrschte, begann er, Gold aus dem Tempel seiner eigenen Stadt Syrakus zu stehlen. Als seine Helfershelfer angesichts der großen Zeusstatue zögerten, deren goldene Kleider etwa 2000 Kilo gewogen haben sollen, packte er selbst mit an. Der Herrscher erklärte, der Umhang sei für den Gott ohnehin zu schwer und außerdem nicht warm genug. Er ließ ihn durch einen aus Wolle ersetzen, unter dem Vorwand, dieser sei besser, weil Zeus so im Winter nicht frieren müsse.
Valerius Maximus 1. ext. 3; Aelian, VH 1,20

DER BERÜCHTIGTSTE PYROMANE
Im Jahre 356 v.Chr. wurde der Artemistempel von Ephesos – eines der Sieben Weltwunder – durch Brandstiftung zerstört. Es gelang den Behörden, den Täter, einen gewissen Herostratos, zu fassen. Nach seinen Motiven befragt antwortete er, er hätte Berühmtheit erlangen und in die Geschichte eingehen wollen. Da beschloß man, die Sache totzuschweigen und den Namen des Übeltäters geheimzuhalten, um nicht andere Verrückte zu ähnlichen Taten zu verleiten. Die Sache wurde aber trotzdem ruchbar, und daher heißt es noch heute, daß Kriminelle, die ihre Taten aus Ruhmsucht begehen, «herostratisch veranlagt» seien.
Valerius Maximus 8,14 ext. 5; Gellius, NA 2,6,18

DAS UMSTÄNDLICHSTE ATTENTAT
Im Frühjahr des Jahres 59 n.Chr. war Kaiser Nero seiner Mutter Agrippina endlich überdrüssig: Er

wollte sie umbringen lassen. Hinsichtlich der Tat an sich hatte er keine Bedenken. Es war ihm jedoch wichtig, den Mord als einen leidlich natürlichen Tod erscheinen zu lassen. Mit Hilfe eines Generals der Flotte heckte er daher einen durchtriebenen Plan aus: Bei einem Schiffbruch sollte ein Teil des Schiffes einfach im Meer versinken. Man einigte sich auf den Badeort Baiae am Golf von Neapel als Schauplatz für den Frevel. Nachdem Nero seine Mutter zum Abendessen eingeladen hatte, stellte er ihr zur Heimfahrt über die Bucht ein ungewöhnlich elegantes Schiff zur Verfügung. Da die Nacht sternenklar und das Meer vollkommen ruhig war, sollte es aber schwieriger werden, den Anschlag als Unfall zu tarnen. Dennoch hielt man an dem ursprünglichen Plan fest. Plötzlich fielen also Bleigewichte auf das Deck des Schiffes herab und erschlugen einige der Passagiere: Die Kajüte der Kaisermutter blieb jedoch wider Erwarten unversehrt. Da begannen die Matrosen, sämtliches Gewicht auf eine Seite zu werfen, um das Schiff so zum Sinken zu bringen, während alle, die nicht in das Komplott eingeweiht waren, versuchten, das Schiff zu retten. Chaos und Verwirrung brachen aus. Eine der Freundinnen der Kaiserin versuchte, die Verschwörer abzulenken, indem sie rief, sie sei Agrippina. Daraufhin wurde sie sofort grausam erschlagen. Agrippina selbst gelang es aber dadurch, unbemerkt an Land zu schwimmen. Wieder zurück in ihrer eigenen Villa wurde ihr klar, daß ihre einzige Chance zu überleben darin bestand, sich Nero gegenüber nichts anmerken zu lassen. Deswegen schickte sie einen Boten an Nero mit der Nachricht, sie sei durch göttliche Vorsehung einem schweren Unglück entronnen. Nun seinerseits außer sich vor Angst, seine Mutter könnte Rache nehmen, schickte der Kaiser sofort Soldaten zu ihrer Villa. Diese mußten erst einmal eine aufgebrachte Menschenmenge zerstreuen, die bei der Nachricht von dem Schiffbruch teilnahmsvoll vor Agrippinas Haus zusammengeströmt war. Erst dann konnten sie ins Schlafgemach eindringen und die Kaisermutter ermorden. Agrippina soll – auf die Schwere des Frevels, Muttermord, verweisend – auf ihren Schoß gedeutet und gesagt haben: «Stoßt hier zu.»

Tacitus, Ann. 14,3–8

DIE UNSCHULDIGSTE VERBRECHERIN

Eine Frau, die sich am Ende des ersten Jahrhunderts n.Chr. versehentlich vor einem Porträt des Kaisers Domitian ihrer Kleider entledigt hatte, wurde zum Tode verurteilt.

Cassius Dio 67,12,2

DAS SINNLOSESTE VERBRECHEN

Catilina pflegte allzu vertraulichen Umgang mit vielen Adelsdamen und Vestalinnen. Schließlich fiel sein begehrliches Auge auf eine Frau namens Aurelia Orestilla, eine Prostituierte, wenn man Sallust glauben will, der diplomatisch formuliert, daß ehrbare Männer, wenn überhaupt, nur ihre Schönheit preisen konnten. Als sie Catilina nicht heiraten wollte, weil sie Angst vor einem erwachsenen Stiefsohn im Hause hatte, ließ Catilina diesen ermorden, um die von ihm so heißbegehrte Frau zu gewinnen. Doch diese weigerte sich – vielleicht jetzt erst recht –, seinem Wunsch Folge zu leisten.

Sallust, Cat. 15

DER GRÖSSTE KUNSTRAUB

Obwohl aus dem Heiligtum für Apoll in Delphi schon früher bestimmte Weihegaben geraubt worden waren, gab es für den Kunstliebhaber Nero in diesem Heiligtum noch viel zu holen. Nicht weniger als 500 Bronzestatuen von Göttern und Berühmtheiten ließ er von dort um 60 n.Chr. auf einmal nach Rom bringen.

Pausanias 10,7,1

MAJESTÄTSBELEIDIGUNG OHNE FOLGEN

Ende der dreißiger Jahre n.Chr. sahen die Römer ihren Kaiser Caligula immer wieder in seltsamer Gewandung durch die Stadt spazieren: Mal hatte er sich als Herkules verkleidet, mal stand er wie eine Statue auf einem Sockel und redete wie der Himmelsgott Jupiter in fremden Zungen. Ein Gallier, der ihn so sah, mußte lachen. Über den Kaiser zu lachen war natürlich Majestätsbeleidigung, ein ernstes Vergehen. Noch schlimmer wurde es, als er den Gallier fragte, ob ihm klar sei, über wen er lache. Über einen großen Betrüger, antwortete der Gallier darauf. Cassius Dio schreibt, alle hätten sich gefragt, was der Kaiser daraufhin unternehmen würde. Caligula ließ Leute schließlich für Kleinigkeiten hinrichten. Caligula jedoch kümmerte sich nicht weiter um den Mann.

Cassius Dio 59,26,8–10

DER TIERISCHSTE EHEBRUCH
In Rom gab es Aelian zufolge einen Mann, der seine Frau des Ehebruchs bezichtigte. Die Untersuchung des Falls ergab, daß sie sich einen Hund als Liebhaber genommen hatte.

Aelian, NA 7,19

DIE STRENGSTE STRAFE FÜR EINEN HISTORIKER
Im Jahre 25 n.Chr. wurde der Historiker Cremutius Cordus einer gegen den Kaiser Tiberius gerichteten Majestätsbeleidigung angeklagt. Er hatte ein historisches Werk geschrieben, in dem er den Mörder Caesars, Brutus, pries und zugleich dessen Mittäter Cassius als den letzten wahren Römer bezeichnete. Cordus hatte der Anklage in dem Schauprozeß, der in Beisein des Kaisers vor dem Senat stattfand, nicht viel entgegenzusetzen. Als der Prozeß vorüber war, ging der Verurteilte nach Hause und hungerte sich zu Tode. Seine Bücher wurden verbrannt, aber da einige Exemplare versteckt worden waren, konnten nach dem Tod des Kaisers weitere Abschriften angefertigt werden. Das zeige, wie töricht es sei, den Versuch zu unternehmen, die Wahrheit zu unterdrücken, meint Tacitus, denn alle Erfahrung beweise, daß die Missetaten der Tyrannen schließlich doch der Nachwelt zur Kenntnis gelangten. Uns sind jedoch keine Schriften des Cremutius Cordus überliefert.

Tacitus, Ann. 4,34–35

DER JÄMMERLICHSTE BRUDERMORD
Im Februar 212 n.Chr. ging die Gier nach Macht zweier Brüder so weit, daß Marcus Aurelius Antoninus – oder Caracalla, wie er auch genannt wurde – seinen jüngeren Bruder Geta ermordete. Weinend verblutete Geta in den Armen seiner Mutter. Es handelte sich um die Söhne von Septimius Severus, dem verstorbenen Kaiser Roms. Anschließend ließ Caracalla – nunmehr Alleinherrscher – alle umbringen, die Geta je gekannt hatten: Verwandte, Sklaven, ja sogar Künstler, die Geta geschätzt hatte.

H.A., Car. 2,2–5

DER FOLGENREICHSTE BETRUG DER ANTIKE

Ein einfacher Betrug während des langen Peloponnesischen Krieges (431 bis 404 v.Chr.) gegen Sparta leitete für Athen das Ende ein. Die Stadt Segesta auf Sizilien war in Streit mit ihren Nachbarn geraten, die das mächtige Syrakus unterstützten. Die Bewohner von Segesta

39 *Kaiser Caracalla (211 bis 217 n. Chr.) – zuverlässige Umzeichnung eines Bildnisses wie zum Beispiel jenem in Florenz, Uffizien, Inv. Nr. 213*

beschlossen, die Athener um militärische Hilfe zu bitten.

Die Athener Volksversammlung war skeptisch, aber da Syrakus Sparta gegenüber loyal war, beschloß man, im Hinblick auf eventuelle zukünftige Kriegskosten zu ermitteln, wie reich Segesta eigentlich sei. Ein Erkundungstrupp wurde nach Sizilien geschickt. In Segesta eingetroffen, wurde die Gesandtschaft in der ganzen Stadt von einem Bankett zum nächsten weitergereicht. Verblüfft stellten die Abgesandten fest, daß alle Häuser mit dem kostbarsten Silbergeschirr angefüllt waren. Es verhielt sich jedoch so, daß jeden Abend dieselben Kelche und Schüsseln vorgeführt wurden, da man sie heimlich von einem Festlokal zum nächsten schaffte.

Die Abgesandten ließen sich von den Möglichkeiten des Projekts überzeugen und kehrten nach Athen zurück. Dort wurde ihr Bericht begeistert entgegengenommen, und man sandte im folgenden Jahr, 415 v.Chr., eine mächtige Flotte nach Sizilien. Zwei Jahre später waren fast alle Teilnehmer der Expedition in erfolglosen Kämpfen umgekommen oder versklavt worden – ein schrecklicher Rückschlag für Athen im Kampf gegen Sparta, der im Verlauf des Krieges letztlich nicht mehr ausgeglichen werden konnte.

Thukydides 6,6–8; 6,46

SCHULD UND SÜHNE

DIE STRENGSTE STRAFE FÜR EINEN VOGELMÖRDER

Im 5. Jahrhundert v. Chr. stand in Ägypten auf das absichtliche Töten eines Ibisses oder Habichts die Todesstrafe.

Herodot 2,65

DIE STRENGSTE STRAFE FÜR EINEN KATZENMÖRDER

Die Tierverehrung der Ägypter kam einen Römer um 70 v. Chr. teuer zu stehen. Eine diplomatische Gesandtschaft befand sich in Ägypten, um einen Frieden mit dem ptolemäischen Herrscherhaus zu vermitteln. Einer der Römer, dem offenbar jeder Sinn für die örtlichen Sitten und Gebräuche fehlte, erschlug versehentlich eine Katze, wie Diodor bezeugt. Die Neuigkeit sprach sich rasch herum, und eine aufgebrachte Menschenmenge versammelte sich vor dem Haus, in dem der Römer wohnte. Weder die ägyptische Obrigkeit noch die Angst der Ägypter vor einem Krieg mit Rom konnten verhindern, daß der Mann von dem rasenden Mob gelyncht wurde.

Diodor 1,83,8–9

DAS SUBTILSTE URTEIL

Im 4. Jahrhundert v. Chr. verliebte sich ein Ägypter, dessen Name uns nicht überliefert ist, in die Kurtisane Thonis. Es hätte ihn jedoch eine große Summe gekostet, mit ihr zu schlafen. Eines Nachts träumte er davon, mit ihr zu schlafen, und als er erwachte, war sein Begehren verflogen.

Die Kurtisane, die davon erfahren hatte, verlangte trotzdem eine Bezahlung. Sie zerrte ihn deswegen sogar vor Gericht. Der Anwalt Bokchoris hatte sich eine List ausgedacht. Er bat seinen Mandanten, eine Tasche mit der geforderten Summe mit zum Gericht zu bringen. Diese solle er, statt sie Thonis zu überreichen, so hin- und herschleifen, daß sie der Tasche hinterherjagen müsse. Es gelang ihr immer nur, den Schatten der Tasche zu erhaschen.

Das Urteil lautete, das Eingebildete sei nur der Schatten des Wirklichen, und so müsse auch der Schatten der Tasche Thonis genügen.

Das fand Lamia, die Geliebte des Königs von Makedonien, die die Geschichte hörte, nicht akzeptabel, denn der Traum hätte zwar die Lust des Mannes real befriedigt, die Frau würde aber immer noch genauso

DIE BRENNENDSTE STRAFE FÜR HABGIER

Im Jahre 89 v. Chr. sandten die Römer den geldgierigen Manius Aquilius aus, damit er die Thronfolge in einer Reihe von Königtümern in Kleinasien regele. Bei der Besetzung der Ämter hatte er eine gute Hand bewiesen. Wie von Rom gewünscht, erklärten die neuen Regenten dem schlimmsten Feind der Römer in der Region, König Mithridates VI. von Pontos, den Krieg. Dann ging jedoch alles schief. Aquilius wurde von revoltierenden Griechen gefangengenommen, Mithridates übergeben und nach Pergamon gebracht. Hier mußte er auf einem Esel reiten, ehe er mit einer Methode hingerichtet wurde, die von der Mythologie inspiriert gewesen zu sein scheint: Mithridates ließ ihm geschmolzenes Gold in den Mund gießen, um zu demonstrieren, wie er die römische Goldgier zu stillen beabsichtige.

Diodor 37,27; Plinius d. Ä., NH 33,48; Appian, Mith. 21

DIE STOISCHSTE ART, SELBSTMORD ZU BEGEHEN

Eine gängige Tötungsmethode bestand darin, Gefangene zum Selbstmord zu zwingen. Das geschah oft, indem diese ihre Adern öffneten, d. h., sie schnitten sich ihre Handgelenke und Kniekehlen auf und verbluteten. Um 60 n. Chr. gab Nero den Gefangenen dafür oft nur eine Stunde Zeit. Ging es nicht schnell genug, dann schickte er Ärzte zu ihnen, die nachhalfen.

Sueton, Ner. 37

DER NACHTRAGENDSTE KAISER

Um 130 n. Chr. ließ Hadrian den Architekten Apollodoros hinrichten. Er rächte damit eine lang zurückliegende Kränkung. Bevor Hadrian Kaiser geworden war, hatte er den Architekten aufgesucht. Dieser zeigte gerade Kaiser Trajan einige seiner Werke. Der junge Hadrian mischte sich in die Diskussion ein, wurde aber recht bald vom Architekten unterbrochen. Er solle verschwinden und sich nicht in Dinge einmischen, von denen er keine Ahnung habe. Das hat ihm Hadrian nie verziehen.

Cassius Dio 69,4,1–2

wie zuvor nach wirklicher Bezahlung verlangen.

Plutarch, Vit. Demetr. 27

DIE TÖDLICHSTE POLYGAMIE

Im Jahre 48 n.Chr. ließ Claudius seine nymphomane Frau Messalina ermorden. In den Gärten des Asiaticus ereilte sie der Tod. Die Vorgeschichte war die, daß Claudius nach Ostia gefahren war, um einige Getreidelager zu besichtigen, während seine Gattin die Gelegenheit genutzt hatte, um mit Gaius Silius Hochzeit zu feiern. Es hatte sich dabei um ein Gelage ohnegleichen gehandelt, und Narcissus, der Privatsekretär des Kaisers, wollte nicht länger schweigen. Er ließ dem Herrscher durch die kaiserlichen Konkubinen ausrichten, was in Rom los war.

Cassius Dio 61,31,3–5

DIE ERSTEN GEFANGENEN, DIE VON ELEFANTEN GETÖTET WURDEN

Pompejus kam auf die Idee, einen zum Tode Verurteilten von 18 Elefanten tottrampeln zu lassen. Seneca fand dies ausgesprochen verwerflich. Hätte sich Pompejus nicht damit begnügen können, die Gefangenen Mann gegen Mann kämpfen oder sie von wilden Tieren zerreißen zu lassen? Nein, jetzt sollten diese armen Menschen von solchen Kolossen totgetrampelt werden.

Seneca d.J., Brev. Vit. 13

DIE AM LÄNGSTEN WÄHRENDE SCHLAFLOSIGKEIT

Perseus, der letzte König Makedoniens, nahm ein so schreckliches Ende, daß man es fast für Erfindung halten könnte, schreibt der Historiker Diodor. Als erstes ließen ihn die Römer in ein unterirdisches Gefängnis in Alba Fucens sperren. Dort saßen er und seine Kinder eingepfercht mit einer großen Anzahl zum Tode Verurteilter. Der Gestank von Exkrementen und verdorbenen Lebensmitteln war so unerträglich, daß kaum jemand in die Nähe des Kerkers kam. Obwohl man ihm ein Schwert und ein Seil hinabwarf, weigerte sich der König jedoch, sich selbst zu Tode zu bringen. Schließlich beschloß der Senat, Perseus freizulassen und lediglich unter strenge Bewachung zu stellen. Nachdem dieser sich zwei Jahre lang in der Gewißheit wähnte, daß ihm das Glück wieder hold sein würde, verspottete er schließlich seine Wächter. Diese bestraften ihn, indem sie ihn so lange wachhielten, bis er an Schlafentzug starb. Das geschah im

Jahre 165 oder 162 v.Chr. An Schlafmangel anderer Art litt auch der Freund des Kaisers Augustus, Gaius Maecenas, das Vorbild aller Mäzene. Laut Plinius soll Maecenas in den letzten drei Jahren seines Lebens überhaupt nicht mehr geschlafen haben, da er an einem chronischen Fieber litt.

Diodor 31,9; Plinius d.Ä., NH 7,172

DER MACHTVOLLSTE WIDERSPRUCH GEGEN DIE VOLLSTRECKUNG EINER TODESSTRAFE DURCH FISCHE

Vedius Pollo hieß jener schon erwähnte freigelassener Sklave, der nicht zimperlich war, wenn es darum ging, die eigenen Sklaven zu bestrafen. Warf er sie doch in ein Becken mit Muränen und sah genußvoll zu, wie sie innerhalb weniger Minuten zerfleischt wurden. Als wieder einmal ein Sklave, der versehentlich eine Kristallschale zerschlagen hatte, in das Becken geworfen werden sollte, griff kein Geringerer als Kaiser Augustus ein, um dies zu verhindern.

Seneca d.J., Ira 3,40; Cassius Dio 54,23,1–4

DIE GRÖSSTE ANZAHL GEKREUZIGTER

Nachdem er den anfänglich erfolgreichen und Italien jahrelang erschütternden Sklavenaufstand unter Führung des Gladiators Spartacus niedergeschlagen hatte, ließ Crassus im Jahre 71 v.Chr. 6000 Aufständische entlang der Via Appia auf der gesamten Strecke von Capua nach Rom kreuzigen.

Appian, Bell. Civ. 120

EINE BESONDERS GRAUSAME TODESSTRAFE

Der Afrikaner Opellius Macrinus wurde 217 n.Chr. römischer Kaiser. Er führte eine seit langem in Vergessenheit geratene Hinrichtungsmethode wieder ein, die darin bestand, daß man einen Lebenden mit einer Leiche zusammenband und ihn dann langsam neben dem Toten sterben ließ.

H.A., Macr. 12,8

DIE LANGWIERIGSTE TODESSTRAFE

Gaius Asinius Gallus war bei Kaiser Tiberius in Ungnade gefallen, wurde aber nicht unverzüglich hingerichtet, sondern ohne Begleitung, ohne Lebensmittel und ohne Bürgerrechte verbannt. Ab und zu brachte ihm jemand etwas zu essen. Die Portionen waren aber zuviel zum Sterben und zu wenig zum Leben, so daß sie den Ärmsten noch drei entsetzliche Jahre am Leben hielten.

Cassius Dio 58,3,4–5

DIE SCHLIMMSTE STRAFE FÜR EHEBRUCH

Kaiser Macrinus ließ um 200 n.Chr., in Abwandlung einer von ihm wieder eingeführten Todesstrafe, Ehebrecher aneinander fesseln und dann verbrennen.

H.A., Macr. 12,10

DIE SCHLIMMSTE STRAFE FÜR EINEN GELDWECHSLER

Kaiser Galba ließ betrügerischen Geldwechslern die Hände abhakken. Diese ließ er dann auf den Wechslertisch nageln.

Sueton, Galba 9

DIE HÄRTESTE STRAFE FÜR EIN KIND

Ein kleiner Junge wurde einmal auf frischer Tat dabei ertappt, wie er ein goldenes Blatt, das von einer Statue der Göttin Artemis herabgefallen war, aufhob. Beim anschließenden Prozeß legten die Richter dem Dieb neben dem Blatt auch Spielsachen und Würfel vor. Dieser streckte seine Hand jedoch immer wieder nach dem goldenen Blatt aus. Für diesen Frevel wurde der Junge trotz seines geringen Alters mit dem Tode bestraft.

Aelian, VH 5,16

EINE BESONDERS GRAUSAME HINRICHTUNGSMETHODE

Kaiser Aurelian soll eine Strafe wiedereingeführt haben, die bis dahin nur von Alexander dem Großen verhängt worden war.

40 Kritzelei eines Schülers, gefunden in einem Säulengang auf dem Palatin. Zum Bild gehört ein kleiner Vers: «Labora, aselle, quomodo ego laboravi, et proderit tibi» (Arbeite, kleiner Esel, wie ich gearbeitet habe, und es soll dir nützen).

SCHULD UND SÜHNE 134

Angeklagt war ein Soldat, den man dabei ertappt hatte, wie er die Frau des Hauses, in dem er einquartiert worden war, verführte. Der Kaiser ließ die Wipfel von zwei Bäumen nach unten biegen und die Füße des Soldaten daran festbinden. Als man die Bäume anschließend hochschnellen ließ, wurde der Soldat in der Mitte zerrissen.

H.A., Aurel. 7,4

DIE SCHLIMMSTEN ZWANGS-ARBEITEN

Um 100 n.Chr. gab es Arbeiten in Rom, die so anstrengend waren, daß man nur Kriminelle, die ihres Prozesses harrten, dazu zwingen konnte, diese auszuführen. Das Reinigen der Kloaken gehörte beispielsweise dazu, aber auch die Arbeit in den Thermen und beim Straßenbau.

Plinius d.J., Ep. 10,32

BAUWERKE

DIE ÄLTESTE STADT
Laut Pausanias war Lykosoura in Arkadien auf der Peloponnes die älteste Stadt der Welt. Im 2. Jahrhundert n. Chr. war es nurmehr ein Dorf mit wenigen Einwohnern. Pausanias versichert jedoch, daß dort die erste Stadt gestanden habe, auf die jemals die Sonne geleuchtet habe, und daß alle anderen Städte nach ihrem Muster gebaut seien.

Pausanias 8,38,1

DIE BESTE STADTBEFESTIGUNG
Im Jahre 70 n. Chr., als Titus Jerusalem erobern wollte, hatte er eine dreifache Stadtmauer zu bezwingen. Die innerste schützte den Tempel der Juden.

Cassius Dio 65,4,1

DIE GRÖSSTE STADT
Von den Metropolen der Antike wurde Rom schließlich die größte. Listen aus der Mitte des 4. Jahrhunderts nennen 46602 Mietshäuser, 1797 Privathäuser, 1352 Brunnen, 856 öffentliche Badehäuser, 290 Lagerhäuser, 104 öffentliche Toiletten, 36 Triumphbogen, drei Theater, zwei Amphitheater und zwei Anlagen für Pferderennen. Die Einwohnerzahl ist in diesen Listen leider nicht genannt; manche schätzen die Zahl der Einwohner in der Hochblüte auf über eine Million. Vorsichtigere Kenner der Verhältnisse geben die Zahl mit einigen Hunderttausend an.

DIE HÖCHSTEN MIETSHÄUSER IN ROM
Die höchsten Mietshäuser Roms müssen deutlich jene 20 Meter überragt haben, die Augustus als Obergrenze festlegen ließ. Diese Begrenzung der Bauhöhe war nötig geworden, um Spekulanten Einhalt zu gebieten und die Sicherheit der Bauten wenigstens halbwegs zu gewährleisten. Denn Grundstücke in der dichtbesiedelten Stadt waren teuer, und es wurde zudem schlampig gebaut. Nicht selten

stürzten Häuser ein, wobei meist viele Menschen zu Tode kamen. Doch sofort ließen die Spekulanten an gleicher Stelle wieder neue Häuser errichten. Fünf- und sechsstöckige Gebäude waren kein ungewöhnlicher Anblick.

Strabon 5,3,7; Sueton, Aug. 89,2

DER ERSTE AUSLÄNDISCHE MARMOR IN ROM

Marcus Scaurus war, nachdem er Ädil, ein höherer römischer Beamter, geworden war, im Jahre 58 v. Chr. der erste, der ausländischen Marmor übers Meer bringen ließ. Für ein Theater in Rom, das nur einen Monat lang Bestand haben sollte, ließ er 360 Säulen verschiffen. Das hielt Plinius d. Ä. für schändlich. Wieso gab es kein Gesetz, solche Verschwendung zu verbieten?

Plinius d. Ä., NH 36,4–5

DIE UNGESÜNDESTE STADTPLANUNG

Um Christi Geburt gab es in dem Ort Mytilene auf der Insel Lesbos eine schöne und monumentale Architektur. Aber was half das? Die Winde zwangen ihre Bewohner auszuwandern, wer blieb, lag ständig krank zu Bett. Das Klima war wirklich unerträglich. Wenn der Wind von Süden wehte, bekamen alle Fieber, bei Westwind Husten. Kam der Wind von Norden, wurden alle zwar wieder gesund, aber dafür machte die eisige Kälte jeden Gang aus dem Haus unmöglich.

Vitruv, Arch. 1,6,1

DIE AM LEICHTESTEN BRENNBARE HAUSKONSTRUKTION

Wenn Vitruv das Sagen gehabt hätte, dann wären Fachwerkhäuser nie erfunden worden. Mit dieser Konstruktion ließe sich zwar Geld, Zeit und Platz sparen, aber nichts brenne schneller als die mit Stroh und Lehm gefüllten Wände von Fachwerkhäusern. Außerdem, so Vitruv, sei die gesamte Konstruktion mit einem großen Fehler behaftet: Nachdem man Ständer und Riegel aufgerichtet hatte, schmierte man Lehm über das Holz, das durch die Feuchtigkeit aufquoll. Sobald das Holz zu trocknen begann, wurde der Lehm rissig.

Vitruv, Arch. 2,8,20

DER SONNENSICHERSTE RAUM IN DER STADT

Vor 2000 Jahren war es in Rom genauso schwierig ein sonniges Zimmer zu finden wie heute, denn allzuoft stehen die Häuser so eng, daß kaum Licht in die Fenster fällt. Vitruv ersann jedoch folgenden Trick, um beim Bau eines neuen Hauses zu prüfen, ob einem später die Sonne fröhlich ins Fenster scheinen würde. Man nahm ein Seil und band es oben an der dem Neubau gegenüberliegenden Mauer fest. Dann spannte man es zu dem Ort, wo man das Zimmer anlegen wollte. Wenn man nun dem Seil mit den Augen folgte und dabei direkt in den Himmel blicken konnte, würde mit ziemlicher Sicherheit auch das Zimmer lichtdurchflutet sein. Andernfalls mußte man sich eben einen neuen Baugrund suchen.

Vitruv, Arch. 6,6,6

DER TEUERSTE PALAST

Nero investierte riesige Summen in seinen goldenen Palast – die *domus aurea* – in Rom. Dieser war so groß, daß er vom Palatin bis zum Esquilin reichte. Allein die Vorhalle war mindestens 35,5 Meter hoch, verfügte über dreifache Säulengänge und war eine römische Meile, also fast 1,5 Kilometer, breit. Nero ließ auch einen von Häusern umgebenen See anlegen, so daß es dem Betrachter erschien, als stünde er an einem von Städten umgebenen Meer. Dieser See befand sich dort, wo heute das Colosseum steht. Innerhalb der Palastmauern befanden sich auch weitläufige Äcker, Weingärten und Weiden mit Tieren aller Art. Der Palast selbst war mit Gold überzogen und mit Edelsteinen und Perlmutt verziert. Die Kassettendecken der Speisesäle waren mit Rohren ausgestattet, aus denen Nero nach Belieben

41 Die Cheopspyramide, der Parthenon, das Colosseum, der Eiffelturm und das Stadshus in Stockholm im Größenvergleich

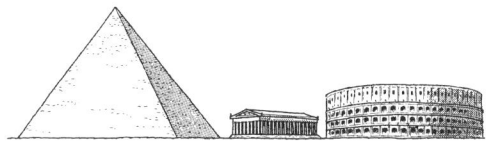

BAUWERKE 138

Blütenblätter und Parfüm auf seine Gäste herabregnen lassen konnte. Die sternenverzierte Decke des wichtigsten Speisesaals drehte sich wie das Himmelsgewölbe ständig um die eigene Achse. Und als sei das nicht genug, gab es riesige Bäder sowohl mit Meerwasser als auch mit Wasser schwefelhaltiger Quellen.

Sueton, Ner. 31,1–2

darin gewohnt, restaurierte man sie sorgsam. Sie wurde auch nach jeder Feuersbrunst, die die Stadt heimsuchte, wieder aufgebaut. Zwischen den riesigen Marmorpavillons des Kaiserpalastes, der im Laufe der Zeit immer mehr Platz in Anspruch nahm, muß die bescheidene Hütte winzig gewirkt haben.

Dionysios von Halikarnassos, Ant. Rom. 1,79,11

42 Aschenurne aus der Villanova-Kultur in Form einer Hütte, gefunden unter dem Forum Romanum; diese spätbronzezeitlich-früheisenzeitliche Kultur aus dem frühen ersten Jahrtausend v. Chr. wurde nach dem gleichnamigen Ort in Italien benannt.

DAS ÄLTESTE HAUS IN ROM

Bei dem ältesten Haus Roms handelte es sich eigentlich um eine Hütte. Noch im 8. Jahrhundert v. Chr. wohnten die Menschen in Latium in runden Hütten mit Wänden aus geflochtenen Zweigen. Um die Zeit von Christi Geburt fand man Überreste einer solchen Hütte neben dem Haus von Augustus auf dem Palatin. In der Überzeugung, Roms Gründer Romulus habe einst

DIE BESTPOLIERTEN WÄNDE

Das müssen die Wände in dem neuen Palast gewesen sein, der in den 80er Jahren n. Chr. für Kaiser Domitian auf dem Palatin errichtet wurde. Domitian hatte eine solche Angst vor Meuchelmördern, daß er die Wände mit spiegelnd blanken «Spiegelsteinen» verkleiden ließ. Er hoffte, dadurch rechtzeitig entdecken zu können, wenn jemand in den Kolonnaden herumschlich.

Sueton, Dom. 14

DIE HÖCHSTEN SÄULEN EINES PRIVATHAUSES

Als der Ädil Marcus Scaurus 360 Säulen aus fremdländischem Marmor nach Rom hatte bringen lassen, nutzte er die Gelegenheit. Die höchsten ließ er für sein eigenes Atrium verwenden. Diese Säulen waren über elf Meter hoch. Der Ädil hatte, wie uns Plinius d.Ä. berichtet, die Frechheit, die luxuriöse Fracht am hellichten Tage an schlichten Tempeln aus Lehmziegeln vorbei zu seinem Privathaus bringen zu lassen. Warum protestierte eigentlich niemand?

Plinius d.Ä., NH 36,6

43 Marmorsäule, verziert mit Schiffsschnäbeln – ein Denkmal für den ersten römischen Sieg in einer Seeschlacht, der 260 v. Chr. gegen die Karthager errungen wurde.

DIE SELTSAMSTE RESTAURIERUNG

Zur Zeit der Regierung des Tiberius hatte die größte Porticus – eine Säulenhalle – Roms sich gefährlich zu neigen begonnen. Da meldete sich ein Mann, der eine Idee hatte, wie das Bauwerk wieder aufzurichten sei. Er ließ die ganze Porticus in Häute einwickeln und verschnürte das Paket dann mit Seilen. Mehrere hundert Männer zogen dann mit vereinten Kräften, so daß es gelang, die Porticus wieder aufzurichten. Der Kaiser war daraufhin so von Neid auf diesen einfallsreichen und tatkräftigen Mann erfüllt, daß er ihn verbannen ließ.

Cassius Dio 57,21,5–6

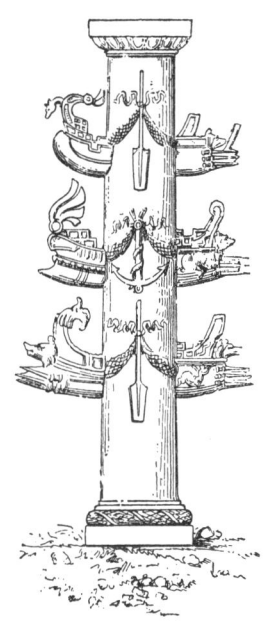

DER LANGWIERIGSTE TEMPELBAU

Der Bau des Tempels des olympischen Zeus in Athen wurde bereits zur Zeit des Tyrannen Peisistratos um 530 v. Chr. begonnen, nach seinem Tode jedoch wieder eingestellt. Während der folgenden Jahrhunderte wurde an dem riesigen Tempel, der etwa 106 Meter lang und 40 Meter breit war, immer wieder weitergebaut, aber ständige Änderungen der Baupläne und die wiederholten Plünderungen der Baustelle behinderten die Arbeiten. Erst als Kaiser Hadrian um 120 n.Chr. eine größere Summe für den Bau stiftete, konnte dieser – 650 Jahre nach Baubeginn – halbwegs fertiggestellt werden.

DAS ERSTE AMPHITHEATER AUS STEIN

Im Jahre 29 v.Chr. – ein Jahr, nachdem Augustus Ägypten erobert hatte – errichtete ein gewisser Statilius Taurus auf dem Campus Martius (dem Marsfeld) in Rom anstelle der bis dahin üblichen Holzkonstruktionen ein Amphitheater aus Stein. Er finanzierte es ganz allein und weihte es mit einem besonders spektakulären Gladiatorenkampf ein.

Cassius Dio 51,23,1

DER LANGWIERIGSTE KANALBAU ÄGYPTENS

Die makedonischen Herrscher Ägyptens – die das Land als Ptolemäerdynastie von 323 bis 30 v.Chr. regierten – grübelten lange, wie man zur Erleichterung des Handels das Rote Meer mit dem Nil verbinden könne. Ptolemaios II. nahm deshalb in der Nähe des heutigen Suez ein großes Bauprojekt – einen 30 Meter breiten und 9 Meter tiefen Graben, der sich 50 Kilometer ins Land erstrecken sollte – in Angriff. Dieses Projekt wurde jedoch abgebrochen, weil das Niveau des Roten Meeres 1,3 Meter höher war als das des Nils. Eine andere Erklärung für den Baustopp ist, daß man erkannt hatte, daß so die wichtigste Süßwasserquelle Ägyptens durch das Eindringen von Meerwasser zerstört würde.

Plinius d.Ä., NH 6,165–166

DIE GRÖSSTE PFERDERENNBAHN

Die größte Pferderennbahn war der Circus Maximus in Rom. Er soll 250 000 Zuschauern Platz geboten haben.

Plinius d.Ä., NH 36,102

DER HÖCHSTE UND TEUERSTE AQUÄDUKT ROMS

Dieser Aquädukt, Aqua Claudia, wurde unter Caligula begonnen und unter Claudius fertiggestellt.

Er war so hoch, daß alle sieben Hügel der Stadt Rom mit Wasser versorgt werden konnten. Der Bau hatte aber auch 350 Millionen Sesterzen gekostet, was nach heutiger Währung rund einer Milliarde Euro entsprechen würde. Angesichts der unzähligen Brunnen, Privathäuser und Bäder der Stadt, die er mit Wasser versorge, der Anzahl der Brückenbogen, Tunnel und aufgefüllten Talsenken, die dieses Bauwerk umfasse, ehe es auch nur die Stadt erreiche, könne man feststellen, daß es auf der ganzen Welt nie ein größeres Wunderwerk gegeben habe, meint Plinius.

Plinius d.Ä., NH 36,122–123

DIE GRÖSSTE SUMME, DIE JE FÜR EINE WASSERLEITUNG VERGEUDET WURDE

Unter Kaiser Trajan begann man in Nikomedeia eine Wasserleitung anzulegen, die nie fertiggestellt wurde. Die spärlichen Anfänge wurden schon bald wieder abgerissen. Die Bewohner Nikomedeias hatten aber bereits 3 318 000 Sesterzen in den Bau investiert. Laut Plinius d.J. gaben sie sofort die Anlage einer neuen Leitung in Auftrag, für die sie 200 000 Sesterzen Subventionen bekommen hatten. Plinius selbst hatte vom Kaiser den Auftrag herauszufinden, wer hinter diesen so offensichtlich betrügerischen Machenschaften des ersten Bauvorhabens steckte.

Plinius d.J., Ep. 10,37–38

44 So ungefähr mag man sich den Circus Maximus vorzustellen haben.

DAS SCHÖNSTE THEATER DER WELT

Obwohl die Theater der Römer möglicherweise prachtvoller seien, so sei das Theater von Epidauros hinsichtlich Symmetrie und Schönheit das eindrucksvollste von allen, meint Pausanias.

Auch heute noch können Griechenlandreisende in der Abenddämmerung auf den sonnenwarmen Steinbänken Platz nehmen und sich ein klassisches Schauspiel ansehen.

Pausanias 2,27,5

DIE ERSTE UND LÄNGSTE STEINBRÜCKE ÜBER DIE DONAU

Im Jahre 106 n.Chr. ließ Kaiser Trajan während der Eroberung Daciens, das etwa dem heutigen Rumänien entspricht, eine Brücke über die Donau bauen. Sein Architekt, Apollodorus von Damaskus, hatte das Projekt geplant. Insgesamt zwanzig 44 Meter hohe und 18 Meter breite steinerne Brückenpfeiler wurden in einem Abstand von 50 Metern errichtet. Bogen und Fahrbahn dagegen waren aus Holz. Diese bauliche Leistung sei um so beachtlicher, als der Fluß sehr tief und der Grund morastig gewesen sei, betont Cassius Dio hundert Jahre später. Zu seiner Zeit standen nur noch die Brückenpfeiler, da Hadrian die Fahrbahn hatte abreißen lassen, um eventuellen Revolten oder Invasionen aus Dacien zuvorzukommen. Die Brücke soll stolze 1120 Meter lang gewesen sein.

Cassius Dio 68,13,1–6

DER AM WENIGSTEN FEUERGEFÄHRDETE HOLZTURM

Vitruv war voller Bewunderung für die unbrennbare Lärche der Alpenvölker. Einmal ließ Caesar brennende Reisigbündel auf einen aus Lärchenholz in Blockbauweise errichteten Turm werfen, der das Tor der von den Römern belagerten Burg Larignum flankierte. Die Flammen des Reisigs schlugen über die Holzkonstruktion hinweg. Die Belagerten glaubten, daß ihre gesamte Burg Feuer gefangen hätte, und ergriffen rasch die Flucht. Als die Flammen jedoch erloschen, zeigte es sich, daß der Turm unbeschädigt war. Die Römer waren genauso erstaunt wie ihre Feinde.

Vitruv wünschte sich, die Alpen mögen näher bei Rom liegen, denn dort benötigte man brandresistenteres Holz für die Dachtraufen, um zu verhindern, daß Brände von einem Haus auf das nächste übersprangen. Die Erklärung für die Widerstandskraft des Lärchenholzes war laut Vitruv, daß es hauptsächlich aus Wasser und Erde bestehe und kaum Poren besitzt.

Vitruv, Arch. 2,9,15–17

DIE LÄNGSTE MAUER
Die längste Mauer der Antike war der 120 Kilometer lange Hadrianswall, der errichtet wurde, nachdem Kaiser Hadrian im Jahre 120 n.Chr. Britannien besucht hatte. Die Befestigung bestand aus einer fünf Meter hohen Mauer mit zahlreichen Wachtürmen und Forts für die Soldaten. Sie verlief vom heutigen Bowness im Westen nach Wallsend im Osten und sollte Einfälle plündernder Pikten aus dem heutigen Schottland verhindern.

H.A., Hadr. 11,2

DER BESTÄNDIGSTE WACHTURM
Hannibals Wachturm in Hispanien war, wie es scheint, nahezu unzerstörbar und sehr beständig gegen Wind und Wetter. Dabei war er in Fachwerkbauweise errichtet. Zu der Zeit, als Plinius die lange Lebensdauer des Turmes lobte, war das Bauwerk bereits 300 Jahre alt.

Plinius d.Ä., NH 35,169

DER UNGLAUBLICHSTE WELLENBRECHER
Caligula ließ ihn mitten im stürmischen Meer bauen. Sein

45 Reste der aurelianischen Befestigungsmauern in Rom

Ehrgeiz war, Bauwerke errichten zu lassen, die zu konstruieren nahezu undenkbar schien.

Sueton, Calig. 37

DAS GRÖSSTE SCHWIMMBECKEN DER ANTIKE

Um den Sieg über die Karthager in der Schlacht bei Himera im Jahre 480 v.Chr. zu feiern, ließen die Bewohner von Akragas für den Herrscher von Syrakus, Gelon, ein riesiges Schwimmbassin bauen. Bei einem Umfang von 1260 Metern war es neun Meter tief. Gelon konnte darin zwischen Schwänen herumschwimmen, die man dort angesiedelt hatte, damit der Teich besonders schön werde. Mit der Zeit versandete das Bassin jedoch immer mehr und wurde schließlich aufgegeben.

Diodor 11.25,4–5; Athenaios, Deipn. 12,541

DAS LÄNGSTE RINGEN UM EINEN BAUAUFTRAG

Im Jahre 26 n.Chr. mußte der römische Senat mehrere Tage lang beraten und Gesandte aus elf Städten in Kleinasien anhören, die sich alle um das Privileg bewarben, dem Kaiser Tiberius einen Tempel errichten zu dürfen. Es wurden mythologische und praktische Argumente vorgebracht. Die Gesandten aus Halikarnassos beispielsweise argumentierten mit der Sicherheit ihrer Stadt: Man hatte seit 1200 Jahren kein Erdbeben mehr erlebt. Schließlich fiel die Wahl auf Smyrna, das der Göttin Roma bereits einen Tempel errichtet hatte, ehe Karthago besiegt worden war. Der Senat ordnete den sofortigen Baubeginn an. Daß die Stadt hundert Jahre zuvor warme Kleidung für eine frierende römische Armee gesammelt hatte, spielte wahrscheinlich ebenfalls eine Rolle bei dieser Senatsentscheidung.

Tacitus, Ann. 4,55

DAS WUNDERBARSTE BAUWERK

Das wunderbarste Bauwerk Roms war ein provisorisches Theater, das Marcus Aemilius Scaurus im Jahre 58 v.Chr. errichten ließ. Damals gab es noch keine Theater aus Stein. Laut Plinius war es einzigartig, daß dieses provisorische Bauwerk alles andere, das für die Ewigkeit errichtet worden war, überstrahlte. Das Theater verfügte über drei Stockwerke, das unterste aus Marmor, das mittlere aus Glas und das oberste aus vergoldeten Brettern. Diese ruhten auf

360 Säulen, die im untersten Stockwerk etwa elf Meter hoch waren. Das Bauwerk war mit 3000 Bronzestatuen, kostbaren Stoffen sowie Gemälden dekoriert. Es bot Sitzplätze für 80 000 Zuschauer. Was nach dem Abbau übrigblieb, wurde zu Scaurus' Privatvilla nach Tusculum geschafft und auf einen Wert von 30 Millionen Sesterzen geschätzt.

Plinius d. Ä., NH 36,114–115

DER ÜBELSTE BAUPFUSCH

Unter all den eingestürzten Bauwerken kann vermutlich das zusammengefallene Amphitheater in der kleinen Stadt Fidenae nördlich von Rom als das schlimmste Beispiel für Baupfusch der Römerzeit gelten. Im Jahre 27 n. Chr. hatte ein freigelassener Sklave namens Atilius angekündigt, daß er in Fidenae Gladiatorenkämpfe ausrichten wolle. In Rom selbst hatten Spiele zu dieser Zeit Seltenheitswert, weil Kaiser Tiberius sich nach Capri zurückgezogen hatte. Alte und Junge, Männer und Frauen, strömten daher aus allen Richtungen herbei, als die Neuigkeit bekannt wurde.

Die provisorische Arena besaß jedoch keinen festen Untergrund und die Holztribünen waren schlampig montiert, da Atilius von Profitgier und nicht von dem Wunsch getrieben wurde, seine Mitmenschen zu erfreuen, wie der strenge Tacitus urteilt.

Die Arena stürzte ein, und viele Menschen sowohl auf den Tribünen als auch auf der Straße davor wurden von dem Bauwerk erschlagen, viele starben eingeklemmt zwischen den Brettern. Es bot sich ein schrecklicher Anblick. In der Nacht hallten die Angst- und Schmerzensschreie der Opfer durch die Stadt, Angehörige suchten verzweifelt nach Vermißten.

Nach Beseitigung der Trümmer wurden laut Sueton 20 000 Opfer gezählt; Tacitus gibt die Zahl mit 50 000 an. Daraufhin wurde der Beschluß gefaßt, daß vor dem Bau eines Amphitheaters der Untergrund genauestens untersucht werden müsse. Atilius wurde des Landes verwiesen.

Tacitus, Ann. 4,62–63; Sueton, Tib. 40

DAS AM BESTEN ZU DREHENDE BAUWERK

Zu Ehren seines toten Vaters ließ Gaius Curio, einer der Offiziere Iulius Caesars, im Jahre 52 v. Chr.

Theaterstücke aufführen und Gladiatorenkämpfe veranstalten. Zwei drehbare Tribünen aus Holz wurden errichtet. Vormittags saß das Publikum gewissermaßen Rücken an Rücken, blickte in zwei Richtungen und sah zwei verschiedene Schauspiele. Am Nachmittag wurden die Tribünen so gedreht, daß sie einander zugewandt waren und so ein Amphitheater für die Gladiatorenkämpfe bildeten.

Abgesehen davon, daß ihm das nach Form der Bauteile auch technisch kaum möglich vorkomme, wundert sich Plinius mehr noch darüber, daß die Römer, die mit so viel Mühe die Welt erobert hatten, ihr Leben in einer so wahnsinnigen Konstruktion riskierten.

Plinius d.Ä., NH 36,117–119

DIE GRÖSSTE MARINEWERFT

Laut Plinius war der größte Kriegshafen jener, den der Architekt Philon im 4.Jahrhundert v.Chr. in Piräus bei Athen erbaut hatte. Er bot 400 Schiffen Platz. Heutige Ausgrabungen deuten jedoch darauf hin, daß dort nur etwa halb so viele Schiffe Platz fanden.

In Karthago gab es eine berühmte Hafenanlage mit Bootshäusern für 220 Kriegsschiffe, die sich um ein rundes Hafenbassin herum gruppierten, in dessen Mitte die Admirale der Flotte auf einem Inselchen ihr Hauptquartier unterhielten. Vor diesem inneren Hafenbecken lag ein weiterer Hafen für Karthagos Handelsflotte, der mit dem Meer durch einen Kanal verbunden war.

Plinius d.Ä., NH 7,125; Appian, Lib. 96

DAS BESTE BAUHOLZ

Tannen, die an Südhängen wachsen, eignen sich am besten zum Hausbau. Die Sonne vertreibt die Feuchtigkeit aus der Tanne, wenn sie wächst. Sonne und Wärme sorgen außerdem dafür, daß das Holz hart wird, wenn es getrocknet ist.

Vitruv, Arch. 2,10,2

TECHNISCHE ERRUNGENSCHAFTEN

EIN REKORD, DER NIE AUFGESTELLT WURDE

Deinokrates hieß ein Künstler und Architekt, der für Alexander den Großen großartige Pläne ausbrütete. Er wollte den gesamten Berg Athos in Griechenland zu einer gigantischen Skulptur formen, die den König beim Trankopfer zeigen sollte. Dazu muß man wissen, daß der pyramidenförmige Athos 2033 Meter hoch ist. Als Rahmen sollten zwei den Berg flankierende Städte gebaut werden, die mit einem künstlichen Fluß verbunden werden sollten, in den der Wasserfall aus Alexanders Opferschale hinabstürzen würde. Das Projekt stieß jedoch auf Ablehnung, und Deinokrates mußte sich damit begnügen, den Stadtplan für Alexandria in Ägypten zu entwerfen.

Strabon 14,1,23

DAS FEUCHTIGKEITSRESISTENTESTE PFAHLWERK

Laut Vitruv ruht die Stadt Ravenna auf Pfählen aus Erlenholz, einer Holzart, die sonst für den Hausbau vollkommen ungeeignet ist. Wie war das möglich? Die Erklärung lautet, daß die Erle, die an Gewässern wächst, sehr wenig Wasser enthält. Sie zieht aber Wasser an, so daß die Stämme nicht verrotten. Holz, das wenig widerstandsfähig sei, ließe sich am besten im Wasser konservieren, meint Vitruv.

Vitruv, Arch. 2,9,10–11

DIE GRÖSSTE SONNENUHR

Die größte Sonnenuhr der Geschichte wurde von Kaiser Augustus bestellt und auf dem Marsfeld in Rom von dem Mathematiker Novius Facundus zwischen 13 und 9 v.Chr. errichtet. Als Zeiger setzte man einen fast 30 Meter hohen Obelisken auf ein stabiles Fundament. Beides stammte

aus Ägypten und war fünfhundert Jahre zuvor für den Pharao Psammetichos II. hergestellt worden. An der Spitze fand sich eine vergoldete Kugel mit einem Durchmesser von ca. 75 Zentimetern, die verhindern sollte, daß die Spitze des Schattens undeutlich würde. Das eigentliche Zifferblatt war ein riesiger gepflasterter Platz mit Markierungen aus vergoldeter Bronze. Außer den Stunden des Tages unter Berücksichtigung der im Jahreslauf veränderlichen Schattenlängen waren auch die zu unterschiedlichen Jahreszeiten vorherrschenden Winde, die Tierkreiszeichen und wichtige Feiertage ablesbar.
Zur Zeit Plinius d.Ä. ging die Sonnenuhr bereits seit dreißig Jahren falsch, was ihn dazu veranlaßte, über die Gründe dafür nachzudenken. Entweder hatte sich die Bahn der Sonne verändert oder die gesamte Anlage durch ein Erdbeben verschoben. Grabungen in den 70er und 80er Jahren des 20. Jahrhunderts ergaben, daß der gepflasterte Platz 160 Meter lang und 75 Meter breit war. Der Schatten muß ursprünglich am Geburtstag des Kaisers, dem 23. September, direkt auf Augustus' Friedensaltar, die *Ara Pacis*, gefallen sein.

Plinius d.Ä., NH 36,72–73

DAS GRÖSSTE MIKADO DER WELT

Roms älteste Brücke hieß Pons Sublicius und war der Sage nach von Horatius Cocles verteidigt worden, als die Etrusker im 6. Jahrhundert v. Chr. versucht hatten, die Stadt einzunehmen. Um zu verhindern, daß die Feinde den Tiber überqueren, riß man die Brücke hinter dem standhaften Verteidiger ein.
Als die Brücke anschließend wieder aufgebaut wurde, verbot man die Verwendung von Nägeln aus Eisen: Man wollte die Brücke im Notfall rasch wieder abbauen können. Die hölzernen Brückenpfeiler wurden im Laufe der Zeit gegen Pfeiler aus Stein ausgetauscht, aber noch zur Kaiserzeit bestand der gesamte Überbau aus Holz.

Plinius d.Ä., NH 36,100

DER HÖCHSTE AQUÄDUKT

Der höchste Aquädukt des Römischen Reiches entstand in der Zeit des Augustus und läßt sich noch heute bei Nîmes in Südfrankreich bewundern. Der Pont du Gard ist 48,7 Meter hoch.

149 TECHNISCHE ERRUNGENSCHAFTEN

46 Der Pont du Gard – der römische Aquädukt bei Nîmes

DIE AUFWENDIGSTEN FISCHTEICHE

Lucullus wollte in den Fischteichen, die er in der Nähe von Neapel besaß, nicht nur Süßwasserfische, sondern auch Salzwassergetier halten und gab deswegen enorme Summen dafür aus, Meerwasser zu den Becken bei seiner Villa leiten zu lassen. Dafür mußte durch einen Berg zur Küste hin ein Tunnel geschlagen werden. Etwa hundert Jahre später, Mitte des 1. Jahrhunderts n. Chr., besaßen viele Römer solche Fischteiche an der gesamten italischen Küste.

Varro, Rust. 3,17,9; Columella, Rust. 8,16

DER LÄNGSTE STRASSENTUNNEL DER ANTIKE

Um den Verkehr am Golf von Neapel zu beschleunigen und nicht mehr alles um die Landzunge bei Puteoli herumtransportieren zu müssen, ließ Kaiser Augustus einen Tunnel bauen. Er war drei Meter breit, zwischen drei und fünf Meter hoch und etwa einen Kilometer lang. Laut Seneca existierte kein längeres Gefängnis als diese düstere Durchfahrt, in der Fackeln, statt den Weg zu erleuchten, den Reisenden das Dunkel im Tunnel eher noch bewußter machten. Außerdem war es fürchterlich zugig und staubig in dem Tunnel.

Seneca d. J., Ep. 57,1–2

DER LÄNGSTE ENTWÄSSERUNGSTUNNEL

Der längste Entwässerungstunnel der Antike ist 5679 Meter lang und liegt etwa achtzig Kilometer von Rom entfernt im Apennin. Er wurde gebaut, als Kaiser Claudius damit begann, den Fuciner See trockenlegen zu lassen, um Ackerland zu gewinnen. Es waren elf Jahre Bauzeit und 30 000 Mann erforderlich, um den Tunnel durch das Gebirge zu schlagen und an seinem Ende Kanäle zu bauen.

Plinius hält den Tunnel für ein richtiges Weltwunder, aber Sueton interessiert sich mehr für die Geschichte, daß Claudius oberhalb der Tunnelmündung ein Bankett veranstaltet habe und bei der Einweihung von den gewaltigen Wassermassen beinahe davongespült worden sei.

Plinius d.Ä., NH 36,124–125; Sueton, Claud. 20,32

DER LÄNGSTE AQUÄDUKT

Der längste Aquädukt führte zum römischen Karthago im heutigen Tunesien und war 132 Kilometer lang. Rom erhielt sein Wasser aus nahegelegenen Seen und Quellen, verfügte aber unter anderem zusätzlich über einen 91 Kilometer langen Aquädukt, die Aqua Marcia.

DER ZÜGIGSTE BRÜCKENBAU

Im Jahre 54 v.Chr. ließ Caesar innerhalb von zehn Tagen eine Brücke über den Rhein schlagen. Er ließ etwa 15 Zentimeter dicke Baumstämme fällen und anspitzen. Diese wurden dann paarweise gegen den Strom ins Flußbett gerammt. Etwa 12 Meter flußaufwärts ließ er weitere Pfosten einschlagen, die sich in Richtung der Strömung neigten. Über der Wasseroberfläche wurden die Stämme dann mit Querbalken verbunden, die von doppelten Klammern gehalten wurden. Die Verbindung der Querbalken war also so angelegt, daß sie mit zunehmender Strömung nur noch fester zusammengedrückt wurde. Bis auf kleinere Arbeiten war die Brücke damit fertiggestellt.

Einmal abgesehen von dem raschen Bautempo war dies auch die erste Brücke überhaupt, die über den Rhein führte. Nachdem der Feldherr auf der östlichen Rheinseite ein paar siegreiche Kämpfe gegen die Germanen geführt hatte, wählte er den Rückweg ebenfalls

über diese Brücke, riß die Konstruktion dann aber ab, um den Rhein weiterhin als sichere natürliche Grenze zu halten.
Caesar, BGall. 4,17

DIE STÄRKSTE DRUCKLEITUNG

Wenn man ein weites und tiefes Tal mit einem Aquädukt überspannen wollte, war eine Brücke ungeeignet, und man mußte eine Druckleitung konstruieren, einen Siphon bzw. eine Saugröhre. Die Überreste der vielleicht stärksten Druckleitung der Antike lassen sich bei Pergamon (Bergama) in der heutigen Türkei bewundern, wo immer noch große, durchbohrte Steinblöcke in der Landschaft liegen. Die Leitung wurde zu Beginn des 2. Jahrhunderts v. Chr. gebaut und sollte dazu dienen, die Akropolis mit Wasser zu versorgen. Nachdem die Leitung Wasserbecken in einer Höhe von 360 Meter über dem Meeresspiegel passiert hatte, führte sie in eine 183 Meter tiefer gelegene Talsenke. (177 m.ü.M.) Von da verlief die Leitung über einen 58 Meter hohen Hügel (235 m.ü.M.) wieder 40 Meter hinab ins nächste Tal (195 m.ü.M.), bis sie schließlich 137 Meter höher die Zitadelle der Stadt erreichte (332 m.ü.M.). Von

151 TECHNISCHE ERRUNGENSCHAFTEN

Anfang bis Ende der Leitung ergibt sich ein Niveauunterschied von 28 Metern. Den Druck am niedrigsten Punkt der Leitung hat man auf 18,5 kg/cm² berechnet.

DER HÖCHSTE WASSERVERBRAUCH

Roms größter Aquädukt Anio Novus wurde zwischen 38 und 52 n. Chr. errichtet und besaß eine Kapazität von 189 520 Kubikmetern pro Tag. Insgesamt strömten über die elf Aquädukte 1 127 280 Kubikmeter Wasser pro Tag in die Hauptstadt, so hat man errechnet. Das sind 1100 Liter pro Person und Tag, wenn man von einer Million Einwohnern ausgeht. Diese Zahl ist jedoch nicht gesichert. Die Verantwortlichen für die Wasserversorgung stellten bereits in der Antike fest, daß oft weniger Wasser als berechnet am Ziel ankam: Die Wasserleitungen wurden bereits in der römischen Campania unerlaubterweise von den Eigentümern der Güter und Höfe angezapft.
Der Aquäduktverwalter Frontin ist, was seine Angaben des Wasserverbrauchs angeht, etwas ungenau, denn er gibt nicht die real ausgeschütteten Wassermengen,

TECHNISCHE ERRUNGENSCHAFTEN

sondern die von ihrem Durchmesser abhängige Kapazität der Leitungen an.

Frontin, Aq. 2,77–78, 87–88

DIE GRÖSSTE ZISTERNE

Der größte Wasserspeicher der Antike gehörte zum Marinestützpunkt Misenum und wurde unter Kaiser Augustus erbaut. Diese *Piscina Mirabilis* mißt 25,45 auf 66 Meter und ist 11,4 Meter hoch. 48 kreuzförmige Pfeiler tragen das Dach. Das Fassungsvermögen beträgt 12 600 Kubikmeter.

DIE LÄNGSTE PONTONBRÜCKE DER ANTIKE

Als der Perserkönig Xerxes im Jahre 481 v.Chr. zu seinem Feldzug gegen Griechenland aufbrach, ließ er eine Pontonbrücke über den Hellespont bauen. Er ließ dafür zunächst Seile über das Wasser spannen, die zu zwei Teilen aus Leinen und zu vier Teilen aus Papyrus bestanden und mit einer Winde aus Holz gespannt wurden. Die Kriegsschiffe wurden dann längsseits aneinander festgemacht, 360 und 314 Stück auf jeder Seite im rechten Winkel zum Schwarzen Meer parallel zum Hellespont. Um zu verhindern, daß die Schiffe abtrieben, wurden sowohl im Norden als auch im Süden Anker geworfen, um den Winden von beiden Seiten Widerstand zu leisten. Zwischen den Schiffen ließ man etwas Platz, damit immer kleinere Boote ins Schwarze Meer gelangen konnten.

Sobald der Hellespont auf diese Weise überbrückt war, begann man Baumstämme in der Breite der schwimmenden Brücke zuzusägen. Sie wurden auf den gespannten Seilen festgezogen und mit Reisigbündeln und Lehm bedeckt. Schließlich wurde die gesamte Brücke noch mit einem Zaun versehen, damit die Pferde und Lasttiere beim Passieren der Brücke keine Angst vor dem Wasser bekommen sollten.

Herodot 7,36

DER GRÖSSTE DURCHMESSER EINER SÄULE

Die größten Säulenteile, die je hergestellt wurden, kann man noch heute in einem Steinbruch bei Selinunt auf Sizilien bewundern. Sie haben einen Durchmesser von 3,26 Metern und einen Umfang von 10,7 Metern. Sie waren für den sogenannten Tempel G vorgesehen, der nie fertiggestellt wurde. Daß die Tempel an der Südküste Siziliens so extrem groß waren, wird damit erklärt, daß sie gewissermaßen als hellenische Skyline und als Ausdruck von Macht noch von Karthago aus zu sehen sein sollten.

DER GENIALSTE SÄULEN-TRANSPORT

Um 560 v. Chr. mußte der Baumeister Chersiphron Säulensegmente aus Marmor vom 12 Kilometer weit entfernten Steinbruch zum Bauplatz des Artemistempels von Ephesos, einem der Sieben Weltwunder, transportieren lassen. Da der Marmor so schwer war, wagte er es nicht, Karren mit Rädern zu verwenden. Die Räder wären bei einer so schweren Ladung auf den unbefestigten Wegen eingesunken. So wurden die Ochsen direkt vor die Marmorblöcke gespannt. Diese wurden in einen rechteckigen Rahmen aus Holzplanken gebettet, an den die Ochsen gespannt wurden. Damit dieser Holzrahmen nicht unter dem Gewicht des Steins nachgab, hatte der Architekt schwalbenschwanzförmige Eisenbolzen in die Marmorsegmente treiben lassen. Diese Bolzen waren mit Eisenringen in den Holzrahmen

153 TECHNISCHE ERRUNGENSCHAFTEN

verbunden. So konnten die Marmortrommeln während des gesamten Transports frei rollen.

Vitruv, Arch. 10,2,11

DER SCHWIERIGSTE TRANSPORT EINES SOCKELS

Um die Zeit von Christi Geburt wollte Pakonios einen rechteckigen Sockel für eine riesige Statue des Apollo transportieren. Anders als Chersiphron hatte er jedoch kein Glück mit seinem Transport. Seine Erfindung bestand aus zwei mit der Auflagefläche verbundenen Rädern, die einen Durchmesser von etwa 4,5 Metern hatten. Pakonios hatte sich gedacht, daß Ochsen die Last mit Seilen ziehen würden, aber als sich die Seile strafften und die Räder drehten, geriet das Gespann unweigerlich in den Graben. Die Tiere mußten erneut ansetzen. Mit ganzer Kraft legten sie sich in die Seile. Es gelang, die Räder wieder in Bewegung zu setzen, aber jetzt rollte der Zug in den Graben auf der anderen Seite. Es gelang, einfach nicht, das Gefährt auf der Straße zu halten. Das Gezerre, Geziehe und ständige Zurücksetzen verzögerte den gesamten Transport. So ging es tagelang. Das Futter für die Ochsen reichte nicht aus, und

TECHNISCHE ERRUNGENSCHAFTEN

laut Vitruv ging der arme Pakonios schließlich in Konkurs.

Vitruv, Arch. 10,2,13–14

DIE GRÖSSTE KUPPEL

Die Kuppel des Pantheon in Rom war die größte Kuppel der Welt. Sie hatte einen Durchmesser von 43,3 Metern und wurde in den Jahren 118 bis 125 n.Chr. aus Beton errichtet. Diese Betonschicht nahm ab und wurde leichter, je weiter man nach oben in der Wölbung kam. An der Spitze der Kuppel befindet sich eine Öffnung mit einem Durchmesser von fast 9 Metern. Bis zum Bau einer größeren Kuppel dauerte es fast bis zum Ende des 20. Jahrhunderts. Diese ist im CNIT in Paris zu bewundern.

DER LEISTUNGSFÄHIGSTE KRAN

Bei der Belagerung von Syrakus durch die Römer im Jahre 212 v.Chr. konstruierte Archimedes einen phantastischen Kran zur Verteidigung der Stadt. Mit Hilfe eines dreifachen Flaschenzugs und effektiver Übersetzungen war es Archimedes schon früher gelungen, einhändig ein Lastschiff in die Höhe zu ziehen, sagt Diodor. Jetzt schwenkte man die Kräne über die Stadtmauer, hievte die Galeeren der Römer in die Luft und ließ sie dann wieder aufs Wasser klatschen, so daß sie mitsamt ihrer Besatzungen zerschellten.

Diese Geschichte könnte durchaus der Wahrheit entsprechen, wenn man sich einen langen Kranausleger vorstellt, der sich auf einem hohen Turm wie einen Wippe hin- und herbewegen läßt und dessen hinteres Ende mit Flaschenzügen am Fuß des Turms befestigt war. Mit Hilfe stabiler Seile konnte man so durchaus das vordere Ende des Auslegers, an dem eine Kette mit einem Haken befestigt war, so weit anheben, daß angehakte Schiffe zumindest zum Kentern gebracht wurden.

Diodor 26,18, Plutarch, Vit. Marc. 14–17

DER LÄNGSTE BRÜCKENBOGEN

Der längste antike Brückenbogen hat eine Spannweite von 32 Metern. Er ist an einer Brücke bei Narni nördlich von Rom zu bewundern. Diese Brücke wurde zur Zeit von Kaiser Augustus gebaut.

DER HÖCHSTE MONOLITH

Die höchsten Monolithen, also Säulen aus einem einzigen Stück, sind im Pantheon in Rom zu bewundern. Allein der Schaft ist 11,6 Meter hoch, zusammen mit dem Kapitell beträgt die Höhe sogar 14,2 Meter.

DER GRÖSSTE BEHAUENE STEINBLOCK

In einem Steinbruch bei Baalbek im Libanon liegt noch immer ein Steinblock, der 21,5 Meter lang, 4,3 Meter breit und 4,2 Meter hoch ist. Sein Gewicht beträgt 970 Tonnen.

DIE PHANTASTISCHSTE ERFINDUNG DER ANTIKE

Bei der oben erwähnten Belagerung soll Archimedes auch eine Art Todesstrahl erfunden haben. Mit Hilfe von großen Blechen, eventuell auch geschliffenen Linsen, fing er um die Mittagszeit die Strahlen der Sonne auf und richtete sie auf römische Schiffe, die von den Mauern der Stadt zurückweichen mußten. Alle Schiffe, die weniger als einen Pfeilschuß weit entfernt waren, fingen Feuer. Plinius d.Ä. erwähnt beiläufig, daß man mit nichts so leicht ein Feuer entfachen könne wie mit konkaven Spiegeln, eventuell auch mit konkaven Linsen. Archimedes' phantastischer Erfindung widmet er

einige wenige Zeilen. Der Wahrheitsgehalt des Berichts ist häufig angezweifelt worden.

Polybios 8,3–7; Diodor 26,18; Plinius d.Ä., NH 2,239

DAS HÄRTESTE GLAS

Unter Neros Regierung soll ein Glasbläser eine Art gehärtetes Glas hergestellt haben, das sich nicht zerschlagen ließ. Zwei kleine Becher dieses «Steinguts» sollen für 6000 Sesterzen verkauft worden sein – nach heutiger Währung mag diese Summe fast 20000 Euro entsprechen.

Plinius d.Ä., NH 36,195

DIE STÄRKSTEN MAGNETE DER ANTIKE

Um 250 v.Chr. begann ein Architekt namens Timochares für die Königin Arsinoë in Alexandria einen einzigartigen Tempel zu bauen. Das Götterbild aus Eisen sollte mit Hilfe von Magneten in der Decke und im Fußboden frei im Raum schweben. Der Tod sowohl des Architekten als auch des Königs Ptolemaios II. im Jahre 246 v.Chr. brachten das Projekt jedoch zum Erliegen.

Plinius d.Ä., NH 34,148

DIE UNNÖTIGSTEN ERFINDUNGEN

Seneca sehnte sich nach der Schlichtheit früherer Zeiten und ereiferte sich über die korrumpierende Luxussucht der Römer: Was war das nur für ein Irrer, der eine Apparatur erfunden hatte, mit der sich Safranparfüm durch kleine Rohre pressen ließ, so daß es hoch in die Luft flog und der Duft sich möglichst weit verbreitete. Und was hatte eine Deckenverkleidung für einen Nutzen, deren Muster man für jede neue Speise, die aufgetragen wurde, verändern konnte?

Seneca d.J., Ep. 90,15

DER GENIALSTE SCHRITTZÄHLER

Um die Zeit von Christi Geburt erläutert Vitruv, wie man ausrechnen könne, wie viele Doppelschritte man zu Lande und zu Wasser zurückgelegt habe. Dies sei mit Hilfe von Zahnrädern und in ein Bronzegefäß herabfallenden Steinen möglich. Dieser Wegstreckenmesser legte zugrunde, daß ein Wagenrad einen Umfang von 1,2 Metern hatte. Eine Umdrehung des Zahnrades entsprach somit 5000 Fuß, 1480 Meter waren soviel wie 1000 Doppelschritte. Für 1000 Doppelschritte fiel ein Stein in das Bronzegefäß. Die Meßtechnik zur See beruhte auf demselben Prinzip, nur daß hier statt Rädern Schaufelräder zur Anwendung kamen.

Vitruv, Arch. 10,9,1–5

DAS GRÖSSTE LUXUSSCHIFF

Ptolemaios IV. ließ eine königliche Schaluppe bauen, um mit ihr geruhsame Ausflüge auf dem Nil unternehmen zu können. Sie war 90 Meter lang, 13,5 Meter breit und verfügte über einen 18 Meter hohen Pavillon. Wie bei ihrem Schwesterschiff aus der Kriegsflotte, dem riesigen Vierzigrudererschiff, scheint es sich um einen Katamaran gehandelt zu haben. Es gab zwei Promenadendecks und vier große Speisesäle mit vergoldeten Kassettendecken; einer davon besaß sogar Säulen aus indischem Marmor. Alles war aus den besten Hölzern gefertigt und mit Elfenbein dekoriert. Auf dem Sonnendeck befand sich eine Bar mit einem Purpurbaldachin. Außer einem Schlafzimmer mit zwanzig Betten gab es auf dem Schiff noch einen Tempel mit einer Marmorstatue der Aphrodite, der ganz mit Alabaster ausgestattet war. Das Schiff war eine Mischung aus griechischer und

157 TECHNISCHE ERRUNGENSCHAFTEN

ägyptischer Architektur, aber die umlaufenden Reliefs in einem der Speisesäle seien trotzdem nur recht mittelmäßig gewesen, krittelt Athenaios.

Athenaios, Deipn. 5,204 d-206 e

DAS GRÖSSTE FRACHTSCHIFF

Leider wissen wir nichts über das Aussehen oder über die Tonnage der großen Frachtschiffe der Antike, aber die riesigen Schiffe, die zum Transport von Obelisken von Ägypten nach Rom gebaut wurden, waren einzigartige Wunderwerke, die Neugierige an alle Ufer lockten, die sie passierten, schreibt Plinius. Die beiden ersten hatte man in Puteoli in Trockendocks gelegt, wo sie besichtigt werden konnten. Dort wurden sie aber schon bald von einem Feuer zerstört. Das Schiff, das Caligula um 40 n. Chr. für seinen Obelisken verwendete, der heute auf dem Petersplatz in Rom steht, galt als das phantastischste Schiff, das je auf dem Meer gesehen worden war. Der Obelisk mit seinem Fundament wiegt ungefähr 496 Tonnen. Damit er beim Transport nicht verrutschen sollte, hatte man ihn in 800 Tonnen Linsen gebettet. Das Schiff nahm in seiner Länge eine ganze Seite des Hafens von Ostia ein. Claudius ließ es später mit Zement füllen und als Wellenbrecher verwenden.

Plinius d.Ä., NH 16,201–202

DIE SIEBEN WELTWUNDER

DIE GROSSE PYRAMIDE VON GIZEH

Im 5.Jahrhundert v.Chr. war Herodot in Ägypten und bewunderte die Pyramiden. Bei der größten Pyramide handelt es sich um das Grabdenkmal des Cheops oder, wie sie auch heißt, um die «große Pyramide». Sie war für einen König errichtet worden, der zu Herodots Zeit bereits 2000 Jahre tot war. Ihr Fundament sei viereckig, aber was ihre Abmessungen und ihr Gewicht anbelange, gingen die Meinungen auseinander. Ferner berichtet Herodot, daß ihre Höhe ihrer Seitenlänge entspreche, d.h., sie betrug zu seiner Zeit etwa 235 Meter. Heute mißt die Pyramide in der Höhe nur noch 146 Meter. Die Außenseite bestand ursprünglich aus polierten Kalksteinblöcken, die stufenartig aufgeschichtet waren. Etwa 400 Jahre später flößte der Anblick der Pyramiden Plinius d.Ä. keinerlei Ehrfurcht ein. Er hielt sie ganz im Gegenteil für unnütz. Sie bewiesen nur, daß die Pharaonen mit ihrem Reichtum hätten angeben wollen.

Herodot 2,124–125; Plinius d.Ä., NH 36,75

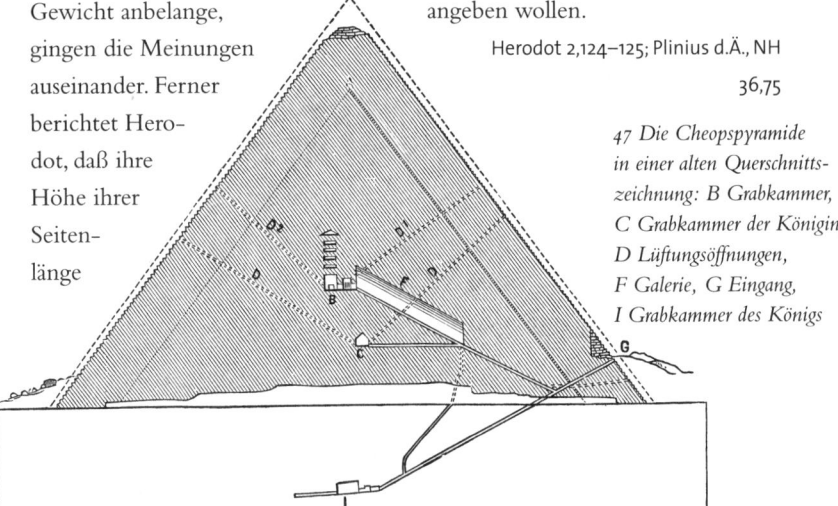

47 Die Cheopspyramide in einer alten Querschnittszeichnung: B Grabkammer, C Grabkammer der Königin, D Lüftungsöffnungen, F Galerie, G Eingang, I Grabkammer des Königs

DIE HÄNGENDEN GÄRTEN VON BABYLON

Im frühen 6. Jahrhundert v. Chr. ließ nicht Semiramis, sondern König Nebukadnezar II. in seinem Palast in Babylon die berühmten «Hängenden Gärten» anlegen, um seiner medischen (Neben-)Frau Amyitis eine Freude zu bereiten. Diese Pflanzungen erinnerten sie an die Bergwiesen, die sie von zu Hause kannte. Der Park, Herodian bezeichnet ihn als *Paradeisos* (Garten), neigte sich wie ein terrassierter Abhang. Diodor vergleicht diese Anlage mit einem Theater. Er beschreibt detailliert, wie sinnreich die Pflanzungen angeordnet waren. Sie dienten keinem anderen Zweck, als den Betrachter glücklich zu machen.

Diodor 2,10; Josephus, Gegen Apion 1,19,140–141; Berossos, Babyloniaka, Fragment 7c

48 *Blick in das Innere des Zeustempels. Freie Rekonstruktion von J. Bühlmann aus dem Jahre 1873*

DIE ZEUSSTATUE VON OLYMPIA

Der Athener Phidias schuf im 5. Jahrhundert v. Chr. die berühmte Zeusstatue von Olympia. Sie war riesig, obwohl sie den Gott sitzend darstellte, vermutlich ebenso hoch wie der Tempel selbst, also etwa 13 Meter, was zu dem Kommentar führte, der Gott würde sich beim Aufstehen den Kopf anschlagen. Phidias fertigte die Skulptur aus Gold und Elfenbein. Sie war weltweit für ihre Schönheit bekannt. Als Pausanias sie 600 Jahre später sah, war das Elfenbein rissig geworden.

Plinius d. Ä., NH 34,49; 36,18; Pausanias 5,11

DER TEMPEL DER ARTEMIS VON EPHESOS

Bei Ephesos hatte man der Göttin Artemis einen prächtigen Tempel errichtet. Um zu vermeiden, daß er bei einem Erdbeben einstürzte, hatte ihn der Baumeister Chersiphron um 560 v.Chr. in einem Sumpf erbauen lassen. Damit der Baugrund nicht nachgab, breitete man ungeschorene Schaffelle auf ihm aus, ehe man sich an die Arbeit machte. Plinius vermutet, daß bis zur Vollendung des Heiligtums 120 Jahre vergingen. Er gibt weiterhin an, daß der Tempel etwa 125 Meter lang und 65 Meter breit war. Die Cella umsäumten 127 Säulen in doppelter Reihe. Sie waren etwa 17,5 Meter hoch. Eine der Säulen war mit Reliefs geschmückt, die Skopas, der berühmte Bildhauer aus Paros, geschaffen hatte. Laut Antipatros war der Tempel so riesig und hoch, daß seine Säulen in den Wolken verschwanden.

Heute ist von ihm nur noch eine rekonstruierte Säule zu sehen, die seine Höhe erahnen läßt.

Plinius d.Ä., NH 36,95

DAS MAUSOLEUM VON HALIKARNASSOS

Der karische Fürst Maussollos, der 353 v.Chr. starb, gab sein Grabmal

49 So könnte das Grabmal des Königs Maussollos (4. Jahrhundert v. Chr.) ausgesehen haben; Rekonstruktion von Friedrich Adler

vermutlich selbst in Auftrag. Manche Quellen berichten jedoch, seine Frau Artemisia habe das Grab ihrem Mann zu Ehren errichten lassen. An dem Bau waren die bedeutendsten Künstler der Zeit beteiligt – Leochares, Bryaxis, Skopas und Praxiteles. Jeder sollte einen eigenen Abschnitt der Fassade gestalten: Die Besten sollten sich gegenseitig übertreffen. Die eigentliche Grabkammer war laut Plinius 15 Meter hoch und fast quadratisch, die Längsseite maß von Süden nach Norden 18,5 Meter. Das von 36 Säulen umgebene Grab sei wahrhaftig ein Wunderwerk, bezeugt der Architekt Vitruv. Nach dem Grab von Halikarnassos werden monumentale Grabbauten als Mausoleen bezeichnet.

Vitruv, Arch. 2,8,11; Plinius d.Ä., NH 36,30

DER KOLOSS VON RHODOS

Der Koloß stand wahrscheinlich in der Hafeneinfahrt von Rhodos und stellte den griechischen Sonnengott Helios dar. Er war ganz aus Bronze und ragte mit einer Höhe von 32 Metern über dem Meer auf. Chares von Lindos arbeitete zwölf Jahre an diesem Werk. Im Jahre 292 v.Chr. war es vollbracht. Das gesamte Projekt kostete 300 Talente, was über 7000 Kilo Silber entspricht. Das Grundkapital beschafften die Einwohner von Rhodos durch den Verkauf der Belagerungsmaschine des verfeindeten Königs Demetrios, die dieser auf ihrer Insel zurückgelassen hatte. Leider stürzte der Koloß bei einem Erdbeben ein, aber Plinius betont, wie sehr er und seine Zeitgenossen noch von den Trümmern beeindruckt waren. Ein Daumen der gigantischen Statue sei so groß

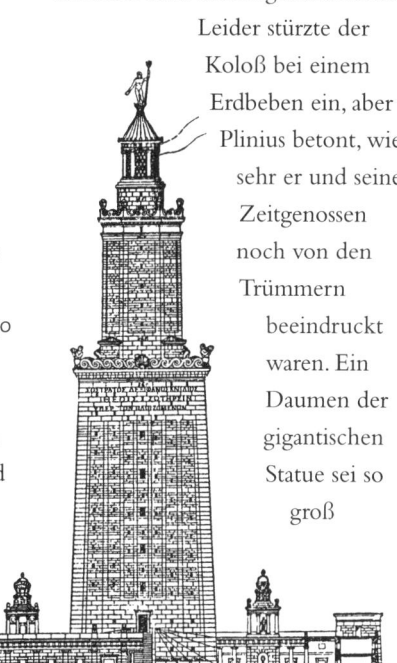

50 Älterer Versuch einer Rekonstruktionszeichnung des Leuchtturms von Pharos (1. Hälfte des 2. Jahrhunderts v. Chr.), Hermann Thiersch

gewesen, daß ihn ein Mensch nicht habe umfassen können.

Plinius d.Ä., NH 34,41

DER LEUCHTTURM VON ALEXANDRIA

Die Höhe des Leuchtturmes auf der Insel Pharos vor Alexandria in Ägypten betrug etwa 400 Fuß oder 120 Meter, und zwar gemessen von seinem Fundament bis zur obersten Spitze. Er wurde in der ersten Hälfte des 3. Jahrhunderts v. Chr. errichtet; der Bau soll laut Plinius 800 Talente gekostet haben. Plinius erwähnt auch, daß König Ptolemaios so beeindruckt war, daß er dem Baumeister Sostratos von Knidos sogar das Privileg einräumte, seine Initialen in das Bauwerk zu meißeln.

Der Leuchtturm markierte die Hafeneinfahrt und warnte die Seefahrer vor Untiefen. Weil der Turm so hoch war, konnte man das Signalfeuer auf seiner Spitze aber allzu leicht mit einem Stern verwechseln, meint Plinius, und das sei ja für Seeleute eher verwirrend als hilfreich. Große Teile des Turms blieben erhalten, bis sie im 13. Jahrhundert von einem Erdbeben endgültig zerstört wurden.

Plinius d.Ä., NH 36,83

WAFFEN UND KRIEG

DIE SCHLIMMSTEN PFERDEFALLEN

Die griechischen Stadtstaaten bekriegten sich ständig. Um 500 v.Chr. rechneten die Phoker mit einem Angriff der gefürchteten Kavallerie der Thessalier. Die Phoker vergruben in der Richtung, aus der sie den Angriff des Feindes erwarteten, eine große Zahl von Wasserkrügen in einem Acker. Dann warteten sie. Als die Reiterei der Thessalier angriff, traten die Pferde mit ihren Hufen in die Krüge, stolperten und brachen sich die Beine. Die Reiter fielen zu Boden und wurden in dem Durcheinander von den Pferden zermalmt. Die Phoker siegten in diesem Krieg.

Herodot 8,28; Pausanias 10,1,3

DER WEITESTE SCHUSS MIT EINEM KATAPULT

Dieses Geschoß soll, von einem Katapult abgefeuert, etwa 720 Meter zurückgelegt haben, läßt sich bei Athenaios nachlesen – einem griechischen Ingenieur, dessen Bücher uns nicht überliefert sind, von Vitruv aber fleißig gelesen wurden. Die normale Reichweite solcher Geschosse betrug sonst 200 bis 300 Meter.

Die Katapulte der Antike erinnern fast alle an große Armbrüste, das Modell, bei dem ein Arm wie bei einer Mausefalle nach oben schnellt, setzte sich erst in der Spätantike durch.

Athenaios, P. Mek. 8

DER MÄCHTIGSTE MAUERBRECHER

Während der Belagerung von Rhodos im Jahre 307/306 v.Chr. ließ Demetrios einen 54 Meter langen Mauerbrecher bauen, den man unter einem Schutzdach an die Mauer heranrollen konnte. Laut Diodor waren tausend Mann erforderlich, um ihn zu manövrieren und in Schwung zu bringen.

Diodor 20,95,1

DER HÖCHSTE BELAGERUNGSTURM DER ANTIKE

Er wurde von den Truppen des Demetrios während der Belagerung von Rhodos im Jahre 307/306 v. Chr. gebaut, was ihm den Beinamen *Poliorketes*, Städtebelagerer, eintrug. Der neunstöckige Turm war etwa 40 Meter hoch. Zum Schutz gegen brennende Geschosse der Verteidiger war er mit Metall verkleidet. Das oberste Stockwerk hatte eine Fläche von 85 Quadratmetern, und auf jeder Etage gab es Katapulte verschiedener Kaliber. Die beiden untersten konnten Steine mit einem Gewicht von 82 Kilo abfeuern. Der Turm rollte auf vier oder acht Rädern (Diodor von Sizilien nimmt es nicht so genau). Jedes dieser Räder besaß einen Durchmesser von 3,6 Metern. Der Turm dürfte ein Gewicht von über 100 Tonnen gehabt haben. Das Ungetüm wurde mit Hilfe einer Ankerwinde, die von mindestens 200 Mann in Gang gesetzt wurde, bewegt. Zu seinem Transport waren 3400 für diese Aufgabe speziell ausgebildete Soldaten erforderlich, die wahrscheinlich in Schichten arbeiteten.
Wenn wir dem römischen Architekten Vitruv Glauben schenken wollen, so kam der Turm nie zum Einsatz. Die Bewohner von Rhodos hatten nämlich an dem Abschnitt der Stadtmauer, der für den Angriff am geeignetsten erschien, allen Müll und alle Exkremente aus der Stadt angehäuft. Der Turm blieb schlicht im Unrat stecken. Nachdem Demetrios aufgegeben und sich neuen Abenteuern zugewandt hatte, lagen überall eine Menge Reste von Belagerungsmaschinen herum, den die Bevölkerung von Rhodos wiederverwenden konnte. Diese konnte man aber noch für eine Opfergabe für den Sonnengott Helios nutzen – für den berühmten Koloß von Rhodos.

Diodor 20,91; Vitruv, Arch. 10,16,4–7

DER AM MEISTEN VERSPOTTETE RAMMBOCK

Als die Römer versuchten, eine gallische Siedlung einzunehmen, wurden sie nicht nur wegen ihrer Kurzwüchsigkeit verspottet, sondern auch wegen ihres Mauerbrechers. Sie hatten ihn in einiger Entfernung von der Siedlung, die sie einnehmen wollten, anfertigen lassen. «Wie wollt ihr, die ihr so klein seid, diesen Mauerbrecher gegen unsere Mauer aufrichten, von der ihr auch noch so weit entfernt seid?»

Caesar, BGall 2,30

DIE GIFTIGSTEN PFEILE

Im Jahre 68 v.Chr. stieß Lucullus im Krieg in Armenien auf parthische Feinde, die vergiftete Pfeile mit einer Doppelspitze im Kampf einsetzten. Diese Pfeile fügten den Opfern schreckliche Wunden zu, die laut Cassius Dio nur ganz schlecht verheilten. Selbst wenn es einmal gelang, eine der Pfeilspitzen zu entfernen, so saß die andere immer noch in der Wunde fest.

Cassius Dio 36.5.2

DIE UNBERECHENBARSTE KRIEGSMASCHINE

Während der Schlacht zwischen den Batavern und den Römern mit dem Feldherren Vespasian an der Spitze erblickten die Bataver ein schreckenerregendes Monstrum. Es schwang hin und her, wie es Vespasian gerade anordnete, und nahm dabei immer ein paar Gegner mit, die dann hinter den römischen Linien abgesetzt wurden. Dank Tacitus können wir uns leicht vorstellen, mit welchem Grauen sie dort dem sicheren Tod entgegensahen.

Tacitus, Hist. 4,30

51 Kaiser Vespasian (69 bis 79 n. Chr.) – nach einem Bildnis in Rom, Museo Capitolino, Inv. Nr. 432

DAS AM SCHNELLSTEN SCHIESSENDE KATAPULT

Laut Philon soll in Rhodos ein gewisser Dionysios von Alexandria im 3. Jahrhundert v.Chr. ein Repetierkatapult entwickelt haben. Es ist aber nur schwer nachvollziehbar, wie es funktionierte. Das wird in der Regel damit erklärt, daß der Ingenieur Philon, der nur auf der Durchreise war, nicht allzu viele Details verraten wollte. Bekannt ist lediglich, daß die Pfeile nicht manuell nachgelegt werden mußten, sondern in schneller Folge aus einem Magazin über dem Katapult direkt in die Schießvorrichtung herabfielen. Das geschah mit Hilfe eines sinnreichen Mechanismus, der aus Sperren und Auslösern bestand, die mit einer Art Band seitlich mit dem Katapult verbunden waren. Das Problem bestand einzig darin, daß sich die Apparatur nicht drehen ließ und die Schüsse deswegen nur in ein und dieselbe Richtung abgefeuert werden konnten. Ein vollkommen untauglicher Apparat, kritisiert Philon, fügt aber hinzu, daß sich diese Technik sicher noch weiterentwickeln lasse.

Philon 76–77

52 Modell eines antiken Katapults

DAS SELTSAMSTE KATAPULT

Es wurde von Ktesibios konstruiert und mit Druckluft betrieben. Indem er einen Kolben in einem Metallzylinder niederstieß, gelang es ihm, die Luft soweit zu komprimieren, daß der Kolben (und die Kugel) mit gewaltiger Geschwindigkeit herausgeschleudert wurde, wenn man den Auslöser betätigte. Von dieser Luftdruckkanone scheint es jedoch nur einen Prototyp gegeben zu haben; die Metallverarbeitung jener Zeit war einfach noch nicht ausgereift genug, um diese Waffe sonderlich effektiv zu machen.

Philon 77

DIE SCHWERSTE ARTILLERIE

Der römische Architekt Vitruv gibt das Verhältnis verschiedener Teile von Katapulten zueinander und wie man sie, je nach Größe, anpassen müsse, recht präzise an. Laut seiner Tabelle konnte man mit den größten Modellen Steingeschosse mit einem Gewicht von 120 Kilo schleudern. In der übrigen antiken Literatur wird derart schwere Artillerie jedoch nirgends erwähnt, was darauf hindeuten könnte, daß diese Katapulte lediglich Schreibtischkonstruktionen Vitruvs waren, die niemals Realität wurden.

Vitruv, Arch. 10,11,1–3

DER FÜRCHTERLICHSTE KATAPULTSCHUSS

Josephus erläutert die unerhörte Kraft römischer Katapulte mit einem Beispiel von der Belagerung des im unteren Galiläa gelegenen Jotapata. Einer der Verteidiger wurde dort von einer Kugel am Kopf getroffen. Sein Schädel und das Geschoß flogen noch über 500 Meter weit.

Josephus, BJ 3,245

DAS GRÖSSTE BOMBARDEMENT

Bei der Belagerung der Stadt Jotapata im Jahre 67 n. Chr. wurden laut Josephus von drei Legionen gleichzeitig 160 Katapulte eingesetzt (bei drei Legionen hätten es eigentlich 165 sein müssen, aber einige waren vielleicht kaputt). Die größten Katapulte konnten Steine von einem Gewicht von 26 Kilo in die Luft schleudern. Das Bombardement wurde noch von arabischen Speerwerfern, Soldaten mit Steinschleudern und Bogenschützen unterstützt, die die Römer als Hilfstruppen angeheuert hatten.

Josephus, BJ 3,166–169

DER ERSTE FLAMMENWERFER

Er wurde im Jahre 424 v. Chr. während des Ersten Peloponnesischen Krieges eingesetzt, als eine Armee aus Theben die mit Athen verbündete Stadt Delion belagerte. Auf zwei Karren hatte man einen hohlen Baumstamm montiert und an dessen Ende einen riesigen Kessel mit brennenden Kohlen, Schwefel und Harz aufgehängt. Damit das Holz nicht Feuer fing, hatte man es mit Eisenblech umkleidet. Am anderen Ende des hohlen Baumstammes befand sich ein großer Blasebalg, mit dem ein Luftstrom den Verteidigern der Stadt eine heiße und zerstörerische Flamme entgegentrieb.

Thukydides 4,100

DER MERKWÜRDIGSTE BRUSTPANZER

Der seltsamste Brustpanzer der Antike wurde von den barbarischen Sarmaten nördlich der Donau verwendet. Will man Pausanias Glauben schenken, so war ihnen Eisen unbekannt, und sie verwendeten deswegen Pferdehufe zur Harnischherstellung. Die Hufe wurden gewaschen, gespalten und wie Pythonschuppen geformt. Anschließend nähte man diese mit Pferde- und Ochsensehnen zusammen. Habe man noch nie eine Pythonschlange gesehen, so könne man sich auch einen grünen, unreifen Pinienzapfen vorstellen, fügt Pausanias erklärend hinzu. Mit diesem ließen sich solche Brustpanzer vergleichen. Diese

Panzer seien nicht nur sehr schön, sondern würden Schwerthiebe und Geschosse genauso gut abhalten wie die griechischen.

Pausanias 1,21,5–6

DAS ERSTE KAMPFGAS

Während der römischen Belagerung von Ambrakia im Jahre 189 v.Chr. legten die Belagerten unerwartet großen Erfindungsreichtum an den Tag. Die Römer hatten, da sie mit ihren Belagerungstürmen nicht an die Mauern herankamen, Tunnel gegraben, um unter den Mauern hindurch in die Stadt zu gelangen. Die Belagerten gruben daraufhin selbst Gräben, um zu erlauschen, an welcher Stelle die Römer in die Stadt eindringen würden. Als sie die Stelle, an der der Durchbruch geplant war, ermittelt hatten, füllten sie einen großen, durchlöcherten Kessel mit glühenden Kohlen und Federn. Mit diesem Kessel durchbrachen sie die Wand zum Tunnel der Römer und pumpten mit einem Blasebalg Luft zu. Die Bausoldaten der Römer gerieten wegen des dichten Rauchs der brennenden Daunen, die zudem Blausäuregas freisetzen, in Atemnot und mußten fliehen.

Polybios 21,28

DIE ERSTE BRANDWAFFE

Im Sumpf bei Samosata in Kappadokien fand sich eine seltsame, entflammbare Masse. Während Lucullus' Krieg gegen Mithridates VI. um 70 v.Chr. warf man diese Masse brennend auf die römischen Legionäre. Das fürchterliche Zeug blieb an der Rüstung und auf der Haut hängen und brachte vielen Menschen einen grausamen Tod.

Plinius d.Ä., NH 2,235

DAS GRÖSSTE KRIEGSSCHIFF

Das größte Kriegsschiff der Antike, ein Vierzigruderer, wurde für Ptolemaios IV. Ende des 3. Jahrhunderts v.Chr. gebaut. Es war 126 Meter lang und 17 Meter breit. Der Vordersteven ragte 21 Meter über die Wasserfläche und war mit sieben Rammböcken versehen. Die Ruder der obersten Reihe waren 17 Meter lang, aber dank Bleigewichten an den Enden für die Ruderer einfach zu bedienen. Vier Ruder mit einer Länge von 13,5 Metern wurden von vier Steuerleuten bedient. Das Schiff besaß doppelte Steven und ein doppeltes Heck. Auf seiner Jungfernfahrt war das Schiff mit 4000 Ruderern und 2850 Matrosen bemannt. Das Dock, in dem das Schiff gebaut worden war, war mit so viel Holz errichtet worden, wie man zum Bau von 55 normalen Schiffen benötigt hätte.

Der klassische griechische Dreiruderer oder Dreidecker, die Triere, wurde von drei Klassen von Ruderern bewegt, die auf ebenso vielen Ebenen saßen. Wie diese Arbeit unter Deck genau aussah, war lange ungeklärt.

Noch rätselhafter ist, wie die größeren Schiffe funktionierten, die gebaut wurden, als der Nachfolger von Alexander dem Großen ein Wettrüsten auf dem Meer begann. Erst wurden «Fünfruderer», dann «Achtruderer» und schließlich «Sechzehnruderer» und bis zu «Dreißigruderer» gebaut. Daß auf dem Schiff von Ptolemaios die Ruderer nicht auf 40 Decks übereinander gesessen haben können, liegt auf der Hand. Es können auch nicht vierzig Männer ein Ruder bedient haben.
Die wahrscheinlichste Erklärung ist, daß die Anzahl Ruderer per Banksektion gemeint war. Drei Ruder*paare*, die von je fünf Männern bedient werden, erfordern dreißig Ruderer. Auf Zypern hat man den Grabstein des Konstrukteurs des «Dreißigruderers» gefunden. Es gibt eine Theorie, daß es sich bei Ptolemaios' Schiff um einen Katamaran gehandelt haben könnte. Darauf deuten das doppelte Heck und die vier Rudergänger hin. Vierhundert Jahre später schrieb Plutarch, daß die riesigen Schiffe nicht nur für ihre Schönheit bewundert wurden, sondern auch für ihre Geschwindigkeit und Leistung. Der Vierzigruderer kam jedoch nie in einer Schlacht zum Einsatz, sondern stellte hauptsächlich eine Touristenattraktion dar.

Athenaios, Deipn. 5,203e-204b; Plutarch, Vit. Demetr. 43,5

DIE ERSTEN BIOLOGISCHEN GESCHOSSE

Um 195 n. Chr., auf einem Feldzug des Kaisers Septimius Severus in Mesopotamien, hören wir zum ersten Mal, daß Insekten als Waffen eingesetzt wurden. In Mesopotamien wurden seine Soldaten mit Geschossen angegriffen, in deren Spitzen aus gebranntem Ton sich Insekten mit Giftstacheln befanden. Als die römischen Soldaten von diesen Geschossen getroffen wurden, krochen ihnen diese Insekten in die Augen und brachten ihnen quälende Wunden bei. Das und die große Hitze führten dazu, daß fast die gesamte Armee unterging. Vielleicht handelt es sich bei dieser Geschichte auch nur um eine ungewöhnlich eklige Räuberpistole.

Herodian 3,9,5–6

DIE GENIALSTE METHODE, EIN BARBARENSCHIFF ZU ZERSTÖREN

Allein mit Hilfe der römischen Bootshaken ließ sich der beharrliche Widerstand der Gallier im Krieg vor der belgischen Küste um 50 v. Chr. brechen. Die Römer hatten vor der Seeschlacht die Bootshaken mit scharfen Klingen ausgerüstet. Diese Haken warfen sie um die Seile, mit denen die Rahen an den Masten befestigt waren, und ruderten dann mit größtmöglichem Tempo davon, bis die Seile der Gallier zerrissen. Ihre Schiffe waren somit manövrierunfähig, und der Rest der Eroberung ging laut Caesar fast wie von selbst.

Caesar, BGall.3,14

DIE GEEIGNETSTEN SCHIFFE BEI EBBE UND FLUT

Als Caesar um 50 v. Chr. gegen die Gallier kämpfte, beeindruckte ihn die Seetauglichkeit ihrer Schiffe sehr, denn die spezialgefertigten «Schnabelsegler» der römischen Flotte waren ihnen nicht gewachsen. Die Schiffe bestanden aus Eichenholz, das zwar schwer, aber überaus widerstandsfähig war. Die Schiffe hatten einen sehr viel flacheren Kiel als die der Römer und konnten deswegen besser auch bei Ebbe und über Untiefen hinwegmanövrieren. Um der Dünung der Nordsee zu widerstehen, waren Vorder- und Achtersteven besonders hoch. Die Querbalken hatten einen Durchmesser von 30 Zentimetern und waren mit daumendicken Eisenklammern befestigt. Der Anker hing an Eisenketten. Die Gallier verwendeten Tierhäute als Segel. Das beruhte laut Caesar nicht auf Unkenntnis, sondern darauf, daß sie wußten, daß nur festes Material den Stürmen des Ozeans widerstehen konnte.

Caesar, BGall. 3,13

EIN MEISTER DER KRIEGSFÜHRUNG

Um 100 n. Chr. äußert der römische Soldat und Historiker Arrian die Meinung, daß Alexander der Große jener Feldherr unter den Griechen und Barbaren gewesen sei, der die meisten und größten militärischen Erfolge vorzuweisen habe. Alexander habe seine Soldaten nicht nur über Wasser und Land allmählich bis nach Indien geführt, sondern auch neue Kriegstechniken entwickelt. Die Soldaten der makedonischen Phalanx – einer tiefgestaffelten Kampfformation – waren schwer bewaffnet, unter anderem mit 6,5 Meter langen Lanzen. Doch nicht zuletzt die Reiterei, der auch berittene Bogenschützen angehörten, hatte für Alexander hohe strategische Bedeutung.

Arrian, Anab. 1,12

DER SCHLIMMSTE VERRÄTER

In der zweiten Hälfte des 5. Jahrhunderts v. Chr. lebte der Athener Alkibiades, der nicht nur ein genialer Militär und Abenteurer war, sondern auch ein übler Verräter. Er begann zunächst, Athen zu verteidigen, lief dann aber zu den Feinden, den Spartanern, über. Nach einer Weile schlug er sich wieder auf die Seite der Athener, nur um seine Landsleute erneut zu verraten und sich sogar mit den Persern zu verbünden, den Erzfeinden aller Griechen.

Plutarch, Vit. Alk. 21–28

DER STANDHAFTESTE BEFEHLSHABER

Der Zenturio Cassius Scaeva verteidigte das Tor einer Schanze selbst dann noch, als ihm bereits mit einem Pfeil ein Auge ausgestochen und Schulter und Oberschenkel von Pfeilen durchbohrt worden waren. Sein Schild war laut Sueton von 120 Geschossen getroffen worden. Voller List rief er einige Feinde zu sich, indem er vorgab, sich ergeben zu wollen. Als sie sich näherten, schlug er einem von ihnen den Arm ab und hieb einem anderen ins Gesicht, so daß der die Flucht ergriff. Scaeva gelang es daraufhin noch, sich zu seinen Kameraden zu retten.

Sueton, Iul. 68; Vit. Caes. 16

DER STANDHAFTESTE VOLKSTRIBUN

Ehe der legendäre Lucius Siccius Dentatus im Jahre 454 v. Chr. Volkstribun wurde, hatte er 120 Schlachten geschlagen. Achtmal hatte er im Zweikampf gesiegt. Die 45 Narben an der Vorderseite seines Körpers bezeugten, daß er dem Feind kein einziges Mal den Rücken zugekehrt hatte. Er trug 25 Auszeichnungen auf der Brust und dazu 83 Halsketten und

160 Armreifen. Außerdem erhielt er 26 Siegerkränze, einen davon als Dank dafür, daß er eine belagerte Stadt befreit hatte. Seine letzte, aber laut Plinius auch größte Leistung, war, daß er seinen Vorgesetzten in einer die Befehlsgewalt betreffenden Frage eines Besseren belehren konnte.

Plinius d. Ä., NH 7,101–102

DER GERISSENSTE BELAGERER

Als König Philipp V. von Makedonien im Jahre 201 v. Chr. die kleine Stadt Prinassos belagerte, stieß er auf unerwartete Schwierigkeiten. Die Erde war so steinig und fest, daß es seinen Truppen nicht gelang, ordentliche Tunnel unter den Stadtmauern hindurchzugraben. Daraufhin befahl Philipp, im Dunkel der Nacht Erde herbeizuschaffen und diese an den Tunnelmündungen aufzuhäufen. Anfänglich schien das die Bewohner von Prinassos nicht weiter zu kümmern, aber als die Hügel recht hoch geworden waren, ließ Philipp bekanntgeben, daß bereits viele Gräben unter der Stadtmauer hindurchliefen. Da kapitulierte die Stadt unverzüglich.

Polybios 16,11

DER MUTIGSTE ZENTURIO

Publius Sextius Baculus hatte unter Caesar tapfer gekämpft. Er schlug die Belger und überlebte das fürchterliche Winterlager in den Alpen. Obwohl Waffenstillstand vereinbart worden war, dauerte es nicht lange, bis sich die Gallier auf den umliegenden Bergkämmen einfanden. Da erhob sich der Zenturio von seinem Krankenlager. Von schweren Wunden geschwächt, aber kampfeslustig, taumelte er unbewaffnet aus seinem Zelt, um seine Männer zum Kampf zu ermuntern. Er bezog Posten am Tor und dirigierte von dort seine Soldaten, die dem Feind – von seiner Tapferkeit angespornt – entschlossen Widerstand leisteten. Auf seine Männer gestützt, hielt er sich – aus neuen Wunden stark blutend – auf den Beinen. So kämpften die Römer dank des beherzten Eingreifens des Zenturios den gallischen Widerstand nieder.

Caesar, BGall. 6,38

DIE SCHLIMMSTE MASSENHYSTERIE

Als die Kelten im Jahre 279 v. Chr. in Griechenland einfielen, endete die groß angelegte Invasion in einem Tal unterhalb von Delphi.

Dort erlag die Armee in einer schneereichen Nacht dem Schrecken des Gottes Pan (der Panik). In vollkommener Verwirrung gingen sich die Kelten gegenseitig an die Gurgel in dem Glauben, sie seien in der Dunkelheit von den Griechen angegriffen worden. Rund 10000 Kelten sollen dabei den Tod gefunden haben. Diodors Erklärung hingegen lautet, daß die Kelten kaltblütig ihre verwundeten Kameraden ermordet hätten, um einen raschen Rückzug aus Griechenland zu vereinfachen.

Diodor 22,9,2–3; Pausanias 10,23,7–10

DER OPTIMISTISCHSTE RÖMISCHE HEERFÜHRER

Im Jahre 57 v.Chr., als die zwölfte Legion von den germanischen Nerviern beinahe geschlagen worden war, flößte Iulius Caesar seinen Männern in der Bedrängnis Mut und Zuversicht ein. Die Lage der Soldaten war beinahe aussichtslos. Die Zenturionen der vierten Kohorte waren alle tot, die Fahnenträger niedergemacht, die Feldzeichen in Fetzen. Da riß Caesar einen Schild aus den hintersten Reihen an sich und stürmte nach vorne. Von dort rief er die Zenturionen, die noch am Leben waren, einen nach dem anderen bei seinem Namen an und ermahnte sie, sich zu erheben. Die Soldaten folgten dem Beispiel ihrer Zenturionen und stürzten sich mit frischem Mut in den Kampf. So besiegten die Römer schließlich die Nervier.

Caesar, BGall. 2,25

DIE GRÖSSTE ANZAHL GEFALLENER RÖMER

Die Schlacht bei Cannae im Jahre 216 v.Chr. galt allgemein als die größte Vernichtungsschlacht der Antike und als die schlimmste Niederlage der Römer. Sie begann um sieben Uhr morgens und endete zwei Stunden nach Sonnenuntergang. Laut Appian waren zu diesem Zeitpunkt 50000 Römer gefallen. Er fügt noch hinzu, daß während der ersten beiden Jahre von Hannibals Invasion Italiens 100000 Römer ihr Leben verloren hätten.

Polybios 3,107; Livius 22,36; Appian, Han. 25

DIE GRÖSSTE ANZAHL VON SOLDATEN, DIE EINER SALZVERGIFTUNG ERLAGEN

Im Spätsommer 311 v.Chr. fand auf Sizilien eine Schlacht zwischen

Griechen und Karthagern statt, die ein unerwartetes Ende nahm. Die Griechen traten um die Mittagszeit den Rückzug an. Es war so heiß, daß sie innehalten mußten, um etwas zu trinken. Unglücklicherweise befanden sie sich gerade an dem ungewöhnlich salzigen Fluß Himeras (sein moderner Name lautet Salso). Die Hälfte der 7000 Soldaten, die bei dieser Schlacht umkamen, wurde ohne eine einzige Verwundung neben dem Fluß gefunden.

Diodor 19,109,4–5

DIE KAMPFESLUSTIGSTEN GERMANEN

Caesar hielt die Sueben für den größten und kriegerischsten germanischen Stamm. Die Sueben stammten ursprünglich aus den östlichen Gebieten des heutigen Deutschlands, von wo aus sie sich nach Westen und Süden ausbreiteten.

Ariovist war um 58 v. Chr. ihr berüchtigter König. Sein Reich grenzte an jenes der Gallier, die ihn verabscheuten. Er besaß die Gewohnheit, die Kinder von Adeligen als Geiseln zu nehmen, um dann gegebenenfalls an ihnen die abschreckendsten Exempel zu statuieren.

Caesar, BGall. 1,31–41

DIE VON EINEM KRIEG AM MEISTEN IN MITLEIDENSCHAFT GEZOGENE BEVÖLKERUNG

Als Sulla sich in Asien aufhielt, ließ er seine Armee von der örtlichen Bevölkerung verköstigen und einkleiden. Die anfallenden Kosten entsprachen dem Wert von wohl über 500 Tonnen Silber. Auf jeden einzelnen, der einen römischen Soldaten beherbergte, entfiel ein Aufwand von 16 Drachmen pro Tag; dazu kamen Essen und Getränke für den Soldaten und seine Gäste, und das konnten laut Plutarch recht viele sein. Einem Tribun standen 50 Drachmen pro Tag zu.

Plutarch, Vit. Sull. 25

DIE LÄNGSTE ZEIT IN KRIEGSGEFANGENSCHAFT

Im Jahre 50 n. Chr. schickte der römische Legat Pomponius eine Expedition auf die Ostseite des Rheins, um plündernde Germanen in die Schranken zu weisen. Dieser gelang es sogar, einige Römer zu befreien, die bei der Schlacht im Teutoburger Wald im Jahre 9 n. Chr. in Gefangenschaft geraten waren. Damals hatte der römische Feldherr Varus drei Legionen im Kampf gegen verschiedene Germanenstämme verloren. Legionäre, die bei dem Ereignis 20 Jahre alt gewesen waren, kehrten als 60jährige und nach einem Leben in Sklaverei gewiß als gebrochene Männer heim.

Tacitus, Ann. 12,27

DIE ERSCHÖPFTESTEN SOLDATEN

Mitte Januar des Jahres 48 v. Chr. platzte, so berichtet Plutarch, Caesars Soldaten der Kragen. Sie hatten Schlachten geschlagen, viele Siege errungen und waren jetzt erschöpft. In ihren Reihen wurde gemurrt: Zu welchem Ende würde dieser Mann sie führen? Er springe mit seinen Soldaten um, als seien sie unermüdliche Maschinen. Selbst ein Schwert sei schließlich nach langem Gebrauch verschlissen, und das gelte auch für Schilde und Brustpanzer. Nach längerer Zeit im Einsatz ginge man zwar pfleglicher mit ihnen um, aber Caesar glaube wohl, seine Krieger seien unverwüstlich. Konnten die Wunden der Soldaten den Feldherren davon überzeugen, daß sie sterblich waren? Zweifellos hatten sie große Leiden ertragen, aber es gab Grenzen. Natürlich, auch die Götter konnten gegen die Winterstürme auf dem Meer nichts ausrichten, aber Caesar ging Risiken ein, als seien sie selbst auf der Flucht, und nicht die Verfolger.

Plutarch, Vit. Caes. 37

DIE SCHLECHTESTE KAVALLERIE

Die Bewohner der Stadt Sybaris waren für ihr luxuriöses und ausschweifendes Leben berüchtigt, was später zu der nicht unbedingt schmeichelhaften Bezeichnung *Sybarit* führte. Als Beispiel für ihre Dekadenz wird erwähnt, daß die Pferde der Stadt bei Banketten und Festen zu Flötenmusik Tanzschritte vorführen mußten. Die verfeindete Stadt Kroton machte sich das zunutze, als es zum Krieg kam. Sie bot alle Flötenspieler auf, derer sie habhaft werden konnte. Bei der Entscheidungsschlacht, als ihr Heer in Schußweite der Bogenschützen aus Sybaris stand, legten die Musiker mit mitreißender Tanzmusik los. Die Pferde aus Sybaris warfen ihre Reiter sofort ab, um mit ihren eingeübten Pirouetten zu beginnen. Sie tanzten während der ganzen Schlacht, und Kroton siegte.

Aelian, NA 16,23; Athenaios, Deipn. 12,520

DER SIEG, DER DEN SIEGER AM MEISTEN SCHWÄCHTE

Im Jahre 279 v. Chr. siegte Pyrrhos in der Schlacht bei Ausculum mit knapper Not über die Römer, verlor dabei aber den größten Teil seines Heeres, einschließlich der Kriegselefanten. Angesichts der zahllosen Gefallenen seiner Armee soll Pyrrhos gesagt haben: «Noch solch ein Sieg, und wir sind verloren.»

Plutarch, Vit. Pyrrh. 21

DIE GRÖSSTE ANZAHL WÄHREND EINES MARSCHES UMGEKOMMENER SOLDATEN

Als Alexander der Große um 325 v. Chr. aus Indien zurückkehrte, hatte er drei Viertel seines Landheeres verloren. Innerhalb von 60 Tagen waren 45000 Soldaten an schrecklichen Krankheiten, schlechtem Essen, Erschöpfung und Hitze qualvoll zugrunde gegangen. Nur etwa 15000 Soldaten gelang es, die Gedrosische Wüste lebend zu durchqueren, in der laut Plutarch halbverhungerte Menschen ein elendes Dasein fristeten.

Plutarch, Vit. Alex. 66

DAS SCHNELLSTE VORRÜCKEN

Caesar rückte sehr rasch vor. Er legte innerhalb eines Tages hunderttausend Doppelschritte zurück. Das entspricht etwa 150 Kilometern. So bewältigte er beispielsweise die Strecke von Rom zur Rhône in nur einer Woche.

Sueton, Iul. 58; Plutarch, Vit. Caes. 17

DAS GEMÄCHLICHSTE VORRÜCKEN

Als Vitellius im Jahre 69 n. Chr. nach Rom zog, war er gerade in Germanien gewesen und hatte dort im Bürgerkrieg gegen andere Römer gekämpft. Laut Tacitus brauchte er aufgrund ständiger Exzesse, Gelage und Orgien mindestens drei Monate, bis er die Hauptstadt erreichte. Man legte an angenehmen Orten und Landsitzen Pausen ein und gab sich der Unzucht und der Völlerei hin. Etwa 60000 undisziplinierte Soldaten nahmen an diesem Zug teil. Dazu kamen die Kutscher des Trosses, die Marketender und die Sklaven. Aber auch Adlige und Senatoren aus Rom waren dabei. Sie spekulierten darauf, daß Vitellius Kaiser würde und verhielten sich entsprechend opportunistisch. Abstoßend sei solches Verhalten, urteilt Tacitus.

Tacitus, Hist. 2,87

DER FÜRCHTERLICHSTE EINZUG IN EINE STADT

Als Vitellius im Jahre 69 n. Chr. mit seinen Soldaten Rom erreichte, gaben sie kein sonderlich erfreuliches Bild ab. Sie waren in die Felle, die sie von den Barbaren erbeutet hatten, gekleidet und mit schrecklichen Streitäxten bewaffnet. Die Soldaten hatten es eilig, auf das Forum Romanum zu kommen. Sie wollten mit eigenen Augen sehen, wo Kaiser Galba ermordet worden war. Die Soldaten zogen mit roher Kriegsgewalt in die Stadt ein und wüteten rücksichtslos gegen wehrlose Bürger.

Tacitus, Hist. 2, 88

DIE GRÖSSTE ÜBERMACHT

Die Schlacht bei den Thermopylen im Jahre 480 v. Chr. ist eine der berühmtesten der Weltgeschichte. In einem engen Paß hatte eine kleine Truppe von Spartanern Stellung bezogen, um die Invasion Griechenlands durch die Perser zu verhindern. Leonidas, der König der Spartaner, soll gesagt haben, die griechischen Soldaten sollten ihr Mittagessen noch genießen, denn das Abendessen würden sie bereits im Hades zu sich nehmen. Nachdem er die anderen Soldaten weggeschickt hatte, hielten 300 zu allem entschlossene Spartaner die Perser auf, laut Herodot sollen es 800000 Angreifer gewesen sein. Sie konnten ihre zahlenmäßige Überlegenheit aber bei dem begrenzten Platz in der Paßenge nicht nutzen, sondern wurden immer wieder zurückgeschlagen. Hätte nicht ein Verräter den Persern einen Weg gezeigt, über den sie den Spartanern in den Rücken fallen konnten, hätten sie ihr Vorhaben auf dem Landweg nicht in die Tat umsetzen können.

Herodot 7,175–201; Frontin, Str. 2,2,13

DIE SCHLIMMSTE NIEDERLAGE BRITANNIENS

Achtzehn Jahre nach der römischen Eroberung Britanniens unter Claudius versammelten sich die Briten im Jahre 61 n. Chr. zu einem anfänglich erfolgreichen Aufstand unter Leitung Boudiccas, der Witwe eines ermordeten Königs. Vor der entscheidenden Schlacht fuhr sie mit ihren Töchtern, die von den Römern entehrt worden waren, in einem Wagen die

Truppen ab und spornte sie zur Verteidigung ihres Landes an. Gegen zwei römische Legionen, ungefähr 12 000 Mann, hatte man jedoch keine Chance. Am Ende des Tages waren nicht weniger als 80 000 Britannier gefallen, es hatten aber nur 400 Römer ihr Leben verloren.

Tacitus, Ann. 14,35–37

DER MISSGLÜCKTESTE VERRAT IM KAMPF

Während des Krieges gegen Mithridates VI. sah sich der römische Feldherr Lucullus zu einer raschen Entscheidung gezwungen. Denn als sich der Feind näherte, desertierte plötzlich die gesamte makedonische Kavallerie, die zu den Hilfstruppen der Römer gehörte. Römische Reiterschwadronen wurden ihnen sofort in wildem Galopp hinterhergeschickt und alle Trompeten zum Angriff geblasen. Mithridates' Truppen glaubten, die Schlacht habe begonnen, und ließen ihre Wurfgeschosse über die makedonischen Reiter niederregnen. Nunmehr mit Feinden sowohl vor sich als auch im Rücken sahen die Makedonier ein, daß ihnen nichts anderes übrig blieb, als den Kampf an der Seite der Römer fortzusetzen. Diese gingen dann auch siegreich aus der Schlacht hervor.

Frontin, Str. 2,7,8

DER FELDHERR «MIT DER GRÖSSTEN EMPATHIE»

Im Jahre 57 v. Chr. fielen 60 000 Nervier, ein Volksstamm auf dem Gebiet des heutigen Belgien, in einer vernichtenden Schlacht gegen die Römer. Unter den Toten befanden sich sowohl Krieger als auch Zivilisten. Der Sieg über die Nervier bedeutete, daß dieser gallische Volksstamm so gut wie ausgerottet war. Außer 500 Soldaten hatten nur die drei Ältesten des Rates überlebt. Caesar überließ die Besiegten ihrem Schicksal, ohne weitere Forderungen an sie zu richten. Er gab auch den Nachbarvölkern den Befehl, diese Armen in Frieden zu lassen.

Caesar, BGall. 2,28; Plutarch, Vit. Caes. 20

DER GRÖSSTE BEVÖLKERUNGSSCHWUND BEI DEN HELVETIERN

Im Jahre 58 v. Chr., nachdem Caesar die Helvetier geschlagen hatte, fand der Feldherr eine Liste, aus der die Anzahl jener Helvetier, die einst von zu Hause aufgebrochen waren, hervorging. Caesar ließ eine neue Volkszählung durchführen. Von den einmal insgesamt 368 000 Helvetiern waren nur noch 110 000 übrig. Die Römer hatten also den Tod von 258 000 Menschen auf dem Gewissen.

Caesar, BGall 1,29

DIE SCHMÄHLICHSTE NIEDERLAGE

Im Jahre 9 n. Chr. fand der Feldherr Publius Quinctilius Varus zusammen mit seinen drei Legionen und weiteren Hilfstruppen einen grausamen und schmählichen Tod im Teutoburger Wald. Cassius Dio berichtet, daß die Germanen die Römer in dem fast undurchdringlichen Wald überrascht hätten: Es regnete, und ein kalter Wind wehte. Der Sturm hatte sogar einige Bäume umgestürzt, was die Verwirrung der römischen Soldaten noch erhöhte. Das Heer, das eigentlich kein Heer mehr war, da die Soldaten sich zu kleinen Gruppen zusammengeschlossen hatten, um überhaupt vorwärts zu kommen, war für die Germanen leicht zu umzingeln und zu vernichten. Die Römer versuchten nicht einmal zu fliehen, denn sie konnten sich in dem dichten, durch das Unwetter zusätzlich unwegsamen Wald kaum orientieren. Auch ihre Waffen und ihre Kampftechnik waren nicht für das germanische Waldland geeignet. Der Feind bewegte sich viel müheloser und war viel besser auf die ungünstige Witterung eingestellt. Die Römer hielten dennoch vier Tage lang durch, doch dann war fast das gesamte Fußvolk umgekommen. Varus stürzte sich in sein Schwert, als ihm klar wurde, daß keine Hoffnung mehr bestand. Sich im Kampf das Leben zu nehmen war laut Cassius Dio fürchterlich, aber in diesem Falle unvermeidlich. Die übrigen Soldaten ergaben sich den Germanen.

Als Augustus von der fürchterlichen Niederlage hörte, geriet er in solche Verzweiflung, daß er mehrere Monate lang als Zeichen der Trauer Haar und Bart wachsen ließ. Der Jahrestag der Katastrophe wurde in Rom mit Trauer und Wehklagen begangen.

Sueton, Aug. 23; Cassius Dio 56,20–22

DER HEIMTÜCKISCHSTE HINTERHALT

Vor der Schlacht bei Cannae im Jahre 216 v. Chr. befahl Hannibal einer Einheit von sechshundert numidischen Reitern vorzugeben, sie wollten zu den Römern überlaufen. Um ihre Vorsätze glaubhaft zu machen, legten sie auch ihre Schwerter und Schilde ab, woraufhin sie von den Römern in den hintersten Reihen, hinter die Reserve plaziert wurden. Als die Schlacht begonnen hatte, zogen die Numider jedoch ihre Kurzschwerter hervor, die sie unter ihren Gewändern verborgen hatten, nahmen den Gefallenen ihre Schilde ab und fielen den Römern in den Rücken.

Frontin, Str. 2,5,27; Appian, Han. 22

KÄMPFEN UND ZECHEN

Die Einwohner von Byzanz waren als Säufer berüchtigt, die mehr oder minder im Wirtshaus wohnten, während sie ihre Häuser an Reisende, die die Stadt besuchten, vermieteten. Bei einer Belagerung gab es Probleme, die Stadtmauern bemannt zu halten, denn die Männer zog es ständig in die Weinstuben. Der General Leonidas ließ also provisorische Bars auf den Mauern einrichten, damit die Soldaten keinen Vorwand mehr hatten, ihren Posten zu verlassen.

Aelian, VH 3,14

DER ERSTAUNLICHSTE SIEG WÄHREND EINER SEESCHLACHT

Obwohl sie zahlenmäßig unterlegen waren, gelang es einer Flotte aus Syrakus, eine Flotte aus Karthago zu schlagen. Die Griechen verfügten nur über neun Trieren, während die Flotte der Punier 120 Schiffe umfaßte.

Aelian, VH 4,8

DER MEISTGETROFFENE SCHILD

Im Jahre 45 v. Chr. begab sich Iulius Caesar nach Spanien, um sich die Söhne des Pompejus vorzuknöpfen, die gegen Ende des vierjährigen Bürgerkrieges eine letzte Armee für den Widerstand zusammengebracht hatten. Auch dieses Mal konnte Caesar seine dynamischen Führungstalente unter Beweis stellen. Als seine Legionen zögerten, gegen den Feind vorzurücken, eilte Caesar unter starkem Beschuß als erster über das Schlachtfeld. Beschämt und verängstigt folgten die Soldaten darauf ihrem Feldherrn in die Schlacht. Inzwischen hatte Caesar bereits 200 Speere und Pfeile mit seinem Schild abgefangen.

Appian, Bell. civ. 152

EIN SELTSAMER DOPPELSIEG

Einem gewissen Numenios, einem in einer sumpfigen Gegend im Persischen Golf stationierten Gouverneur von König Antiochos, gelang etwas Unglaubliches. Als erstes schlug er die Perser mit seiner Flotte. Dann schlug er sie noch einmal an derselben Stelle, nachdem das Wasser zurückgewichen war – diesmal aber mit seiner Kavallerie. An dieser Stelle wurde ein doppeltes Denkmal errichtet, das sowohl Zeus als auch Poseidon geweiht war.
Einem General des Mithridates, Neoptolemos, gelang etwas ähnliches am Asowschen Meer. Im Sommer besiegte er die Flotte der Barbaren zur See und im Winter deren Reiterei auf dem Eis.

Strabon 2,1,16; Plinius d.Ä., NH 6,152

DIE GRÖSSTE ANZAHL EROBERTER SCHIFFE UND STÄDTE

Die meisten Schiffe kaperte Pompejus, der 67 v.Chr. den Auftrag erhielt, das Mittelmeer von Seeräubern zu befreien. Es gelang ihm, nicht weniger als 846 Piratenschiffe aus dem Verkehr zu ziehen. Das war auf einer Inschrift am Minervatempel nachzulesen, den er in Rom aus der Kriegsbeute errichten ließ. Es war auch Pompejus, der die meisten Städte eroberte. 1538 waren es laut derselben Inschrift insgesamt.

Plinius d.Ä., NH 7,97

DER LEICHTESTE SIEG ZUR SEE

Der 27 Jahre währende Peloponnesische Krieg nahm ein nachgerade lächerliches Ende, als Sparta im Jahre 405 v.Chr. die Flotte Athens in der Schlacht bei Aigos Potamoi (den Ziegenflüssen) besiegte. Die gesamte Athener Flotte, 180 Trieren, war in die Dardanellen geschickt worden, um Getreidelieferungen zu schützen, die aus dem Schwarzen Meer erwartet wurden. Aus unerfindlichen Gründen entschieden sich die Generäle dafür, die Schiffe an einem abgelegenen Strand an Land zu ziehen. Er lag über drei Kilometer von der nächsten Stadt entfernt, in der die Besatzungen proviantieren konnten.
Am gegenüberliegenden östlichen Ufer lief gleichzeitig die spartanische Flotte unter Führung von König Lysander ein und behielt die Entwicklung der Dinge genauestens im Auge. Am nächsten Morgen lief die Athener Flotte aus, um einen Kampf zu provozieren, aber

vergebens. Die Spartaner wichen
ihnen aus. Frustriert kehrten die
Athener an ihren Strand zurück.
Ruderer und Soldaten schlenderten
in die Stadt, um Verpflegung zu
kaufen. Das wiederholte sich vier
Tage hintereinander, aber am
fünften Tag, als die Landstraße
voller Athener auf dem Weg zum
Einkaufen war, griffen die Spartaner
über den Sund an. Ohne einen
einzigen Mann zu verlieren, gelang
es ihnen, nahezu der gesamten
Athener Flotte habhaft zu werden.
Die neun Schiffe, denen es
gelungen war zu entkommen, liefen
kurz das Lager der Spartaner an und
nahmen von dort die Segel mit, die
man zurückgelassen hatte. Trotzdem war der Sieg Spartas so
vollkommen, daß Athen im Jahr
darauf kapitulierte.

Xenophon, Hell. 2,1,27

53 *Karthagischer Krieger*

DIE GRÖSSTE ANZAHL GEFALLENER FEINDE

Plinius zögert, die Zahl gefallener
Feinde als – in der Tat sehr
zweifelhaften – Beweis für Caesars
Größe anzuführen, berichtet dann
aber doch, daß während der
Feldzüge des Heerführers
1 192 000 Feinde ihr Leben gelassen
haben sollen. Das wird noch
übertroffen von Pompejus, der sich
damit brüstete, daß 12 183 000 Menschen vor seinen Waffen kapituliert
hätten.

Plinius d.Ä., NH 7,92; 7,97

DIE GRÖSSTE ABRÜSTUNG

Die umfassendste Zerstörung von
Waffen fand 149 v.Chr. in Karthago
statt. Obwohl die militärische
Macht der Stadt seit der Zeit
Hannibals rapide abgenommen
hatte, stellte die blühende Küstenmetropole für die Römer angeblich
eine Bedrohung dar. Wenn die

Forderung, die Waffen auszuliefern, nicht erfüllt werde, drohten sie damit, die Stadt ins Landesinnere zu verlegen. Daraufhin lieferte Karthago innerhalb weniger Tage 200 000 Rüstungen und 2000 Katapulte aus. Nachdem die Übergabe abgeschlossen war, erklärte Rom der Stadt trotzdem den Krieg, da sie von vornherein ihre Vernichtung beabsichtigt hatten.

Polybios 36,6, 6–7; Diodor 32,6,1–2; Appian, Lib. 80

DIE SCHNELLSTE AUFRÜSTUNG

Zur schnellsten Aufrüstung kam es wenig später, nachdem sich die Karthager entschlossen hatten, nun erst recht Widerstand zu leisten. Jede freie Fläche in der Stadt, sowohl die Innenhöfe von Tempeln als auch die Marktplätze, wurde in Waffenwerkstätten verwandelt, in denen Männer und Frauen in Schichten rund um die Uhr arbeiteten. Jeden Tag wurden 100 Schilde, 300 Schwerter, 500 Speere und 1000 Geschosse für Katapulte hergestellt, dazu so viele Katapulte, wie sich nur zusammenzimmern ließen. Da es keine Fasern und Sehnen für den Federmechanismus der Katapulte gab, schnitten die Frauen sich dafür ihr Haar ab. Nach dreijähriger Belagerung kulminierte der Krieg in bittern und grauenhaften Straßenkämpfen, bevor Karthago schließlich 146 v.Chr. fiel. Die Römer machten dem Erdboden gleich, was von der Stadt noch übrig war, und pflügten dann Salz in die Erde, damit dort nie mehr etwas gedeihen solle.

Appian, Lib. 93

GELD UND GESCHÄFTE

DER REICHSTE MANN BABYLONS
Im 5. Jahrhundert v. Chr. lebte in Babylon ein Satrap – ein persischer Statthalter –, der so wohlhabend war, daß er 800 Hengste und 16 000 Stuten besaß. Außerdem hatte er so viele Hunde, daß für das tägliche Hundefutter eine Nahrungsmenge nötig war, die für vier Städten ausgereicht hätte.

Herodot 1,192

DER TEUERSTE SEIFENKAUF
Demetrios Poliorketes, der König von Makedonien, vergeudete rund 6500 Kilo Silber, um Seife für seine Geliebten zu kaufen – Geld, das er von den Athenern um 300 v. Chr. erpreßt hatte.

Plutarch, Vit. Demetr. 27

DER GRÖSSTE IN BAR BEZOGENE GELDBETRAG
Als Caesar während des Bürgerkriegs in Rom einzog, war die Stadt so reich wie nie. Um seine Feldzüge zu finanzieren, entnahm er der Staatskasse 15 000 Goldbarren, 30 000 Silberbarren und Münzen in einem Wert von 30 Millionen Sesterzen.

Plinius d. Ä., NH 33,56

DER REICHSTE MANN ROMS
Der römische Politiker und Heerführer Marcus Licinius Crassus wird am häufigsten genannt, wenn es um Reichtum geht. Plinius berichtet, daß er Grundbesitz im Wert von 200 Millionen Sesterzen besaß – nach heutigen Maßstäben gemessen, war Crassus also sicher Milliardär.

Plinius d. Ä., NH 33,134

VERMÖGEND NACH ANSICHT DES VERMÖGENDSTEN
Besagter Crassus war der Ansicht, richtig reich sei nur, wer mit seinem Jahreseinkommen eine eigene Legion finanzieren könne. Folglich war laut Plinius König Ptolemaios von Ägypten der reichste Mann, da er mit eigenen Mitteln 8000 Reiter

aufstellen und 1000 Gäste zu einem Gastmahl einladen und bei jedem neuen Gang den Wein aus einem frischen Goldpokal servieren lassen konnte.

Plinius d.Ä., NH 33,134; Seneca d.J., Vit.Beat. 21

DER REICHSTE PRIVATSEKRETÄR ROMS

Narcissus, der Schreiber des Kaisers Claudius, besaß unter den freigelassenen Sklaven das größte Vermögen. Er soll über mehr als 400 Millionen Sesterzen verfügt haben – auch er nach heutigen Maßstäben gewiß ein Milliardär. Das Geld hatte er laut Cassius Dio von Städten und Königen als Geschenk erhalten.

Cassius Dio 61,34,4; Plinius d.Ä., NH 33,134

DIE GRÖSSTEN PRIVATEN SCHULDEN

Pompejus' Handlanger, der berüchtigte Bandenführer Milo, hatte private Schulden in Höhe von 70 Millionen Sesterzen. Plinius fand das vollkommen absurd.

Plinius d.Ä., NH 36,104

185 GELD UND GESCHÄFTE

DAS TEUERSTE PRIVATE BEGRÄBNIS

Der freigelassene Sklave Isidorus war im Jahre 8 v.Chr. so wohlhabend, daß sein Nachlaß 4116 Sklaven, 3600 Paar Ochsen, Rinderherden mit 257000 Tieren und 60 Millionen Sesterzen in Münzen umfaßte. Seine Bestattungsfeier war Plinius zufolge so großartig, daß sie eine Million Sesterzen, also mehrere Millionen Euro, kostete – eine Summe, die Isidorus selbst dafür festgelegt hatte.

Plinius d.Ä., NH 33,135

DER TEUERSTE PRIVATE PALAST

Clodius kaufte sich in Rom einen Palast, der laut Plinius 14,8 Millionen Sesterzen wert war. Das fand Plinius nur mit den verrückten Pyramiden der alten Ägypter vergleichbar.

Plinius d.Ä., NH 36,103–104

DIE HÖCHSTE GAGE EINES GLADIATORS

Als Kaiser Commodus in der Arena auftrat, erhielt er dafür eine Million Sesterzen am Tag aus einem Fonds der Gladiatoren. Was die anderen Kämpfer genau verdienten, sei unbekannt, aber sicher bedeutend weniger, schreibt Cassius Dio. Die

GELD UND GESCHÄFTE

Geschichte zeige nur, daß Commodus vollkommen verrückt gewesen sei, denn ein Kaiser solle nicht als Gladiator auftreten. Zusätzlich zur Gage habe jener noch Geld aus der Kasse der Gladiatoren gestohlen.

Cassius Dio 73,19,3

DIE ERSTAUNLICHSTE GEBÜHR

Um 70 n. Chr. kam Vespasian auf die Idee, daß man auf den Betrieb öffentlicher Toiletten Gebühren verlangen könnte. Sein Sohn Titus fand das unerhört. Der Kaiser wandte dagegen ein, das Geld stinke schließlich nicht.

Sueton, Vesp. 23; Cassius Dio 65,14,5

DAS HÖCHSTE KOPFGELD

Kaiser Augustus hatte es auf einen gewissen Corocotta aus Spanien, einen Verbrecher, abgesehen. Er versprach demjenigen eine Belohnung von einer Million Sesterzen (mehrere Millionen Euro), dem es gelingen würde, den Spanier lebend gefangenzunehmen und zu ihm zu bringen. Als sich der Schurke daraufhin stellte, überlegte es sich der Kaiser anders: Er gab dem Dieb selbst die Belohnung.

Cassius Dio 56,43,3

DER TEUERSTE BAUGRUND

Im Jahre 54 v. Chr. mußte Iulius Caesar 100 Millionen Sesterzen für ein Stück Land nordwestlich des Forum Romanum zahlen. Der Baugrund war 12 000 Quadratmeter groß, der Preis betrug demnach 8000 Sesterzen (also mehrere zehntausend Euro) pro Quadratmeter. Das schloß natürlich auch die Mietshäuser ein, die man für den Neubau abreißen mußte.

Plinius d.Ä., NH 36,103

DIE SCHLIMMSTE ARCHÄOLOGISCHE PLÜNDERUNG DER ANTIKE

Im Jahre 44 v. Chr. ließ Iulius Caesar eine Kolonie in Korinth gründen, das 102 Jahre lang, seit der Zerstörung durch die Römer, unbewohnt gewesen war. Die Siedler machten sofort eine Reihe aufregender Entdeckungen, als sie begannen, die Ruinen abzutragen und neue Keller auszuheben. Diese «Archäologen» waren so beeindruckt von der Qualität der Bronzeskulpturen und der Terrakottareliefs, die zutage kamen, daß sie sämtliche Gräber plünderten. Die Antiquitäten wurden anschließend zu hohen Preisen in Rom verkauft. Dort waren die korinthischen Urnen bald sehr in

Mode. Diese Neuheit nutzte sich jedoch rasch ab, und immer weniger und außerdem häßlichere Urnen kamen auf den Markt.

Strabon 8,6,23

DER HÖCHSTE PREIS FÜR EINEN EUNUCHEN

Der Kastrat Paezon wurde zum Wahnsinnspreis von 50 Millionen Sesterzen verkauft, was sicher einer dreistelligen Millionensumme in Euro entspricht. Das Geschäft habe nicht so sehr mit der Schönheit des Sklaven als mit der Wollust des Käufers zu tun gehabt, bemerkt Plinius.

Plinius d.Ä., NH 7,129

DER AM GROSSZÜGIGSTEN BELOHNTE ZEUGE

Livius Geminius bezeugte, er habe Drusilla, die Schwester Caligulas, nach ihrem Tode zum Himmel schweben gesehen. Dafür bekam er eine Million Sesterzen als Belohnung.

Cassius Dio 59,11,4

DER HÖCHSTE SCHADENSERSATZ

Als Marc Aurel von einem achtjährigen Kriegszug nach Rom zurückkehrte, muß ihn ein unglaublich schlechtes Gewissen geplagt haben. Er ließ nämlich an die gesamte Bevölkerung 800 Sesterzen pro Kopf austeilen. Kein Kaiser vor ihm hatte laut Cassius Dio je so eine Summe an das Volk verschenkt.

Cassius Dio 72,32,1

DER GRÖSSTE EINBRUCH DES GOLDPREISES

Irgendwann im 2.Jahrhundert v.Chr. wurde in der Nähe von Aquileia in Norditalien ein ungewöhnlich reiches Goldvorkommen entdeckt. Bereits einen halben Meter unter der Erdoberfläche stieß man auf bohnengroße Goldklumpen. Goldgräber von der gesamten Halbinsel eilten dorthin, und keine zwei Monate später war der Goldpreis in Italien um ein Drittel gesunken. Die örtliche Bevölkerung schickte daraufhin alle Glücksritter weg, um das Gold im Monopolbetrieb zu fördern.

Polybios 34,10,10

DER TEUERSTE SKLAVE

Das Leben eines Sklaven war nichts wert, aber ein Sklave, der Grammatiker war, konnte für seinen Eigentümer ein Vermögen darstellen. Diese Erfahrung machte Attius von Pisaurum. Er verdiente

700 000 Sesterzen – einen Millionenbetrag in Euro! –, als er seinen Sklaven Daphnis verkaufte.

Plinius d.Ä., NH 7,128

DAS TEUERSTE TAUBENPAAR

Wenn die Farbe stimmte und die Tiere gesund waren, konnte man im letzten Jahrhundert v. Chr. in Rom ein Taubenpaar für 200 Sesterzen verkaufen. Besonders schöne Exemplare erzielten Preise von bis zu 1000 Sesterzen. Der geizige Ritter Lucius Axius zögerte einmal, die 400 Denare zu bezahlen, die ein Züchter forderte. Der Züchter hielt dagegen, es gebe Römer, die in ihrem Taubenschlag Tauben für 100 000 Sesterzen hätten.

Varro, Rust. 3,7,10–11

DIE TEUERSTE RATTE

Bei Hannibals langer Belagerung von Casilinum, die die Einwohner nur überlebten, weil sie genügend Nüsse als Notration hatten, soll eine Ratte für 200 Denare verkauft worden sein. Diese Summe entsprach zu dieser Zeit mehreren Jahreslöhnen. Der Käufer überlebte die Belagerung, der Verkäufer verhungerte.

Frontin, Str. 4,5,20

DER VERSCHWENDERISCHSTE KAISER

Caligula gab innerhalb von drei Jahren mindestens 2,7 Milliarden – nach Cassius Dio 2,3 oder 3,3 Milliarden – Sesterzen aus. (Zum Vergleich: Das Vermögen, das Kaiser Augustus nach seinem Tode hinterließ, betrug 1,4 Milliarden Sesterzen.) Einmal ließ Kaiser Caligula vom Dach der Basilica Julia tagelang Münzen hinabwerfen. Ein weiteres Beispiel für seine Verschwendungssucht waren seine sogenannten Dreißigruderer. Die Heckpartien dieser Schiffe waren mit Edelsteinen verziert, die Segel waren prächtig bemalt, es gab geräumige Bäder, Salons und an Bord angepflanzte Obstbäume. Auf diesen Schiffen soll sogar Wein gezogen worden sein. Der Kaiser selbst lag zu Tisch, aß und trank und erfreute sich an Tanz und Musik.

Sueton, Calig. 37,2; Cassius Dio 59,2,6

DAS MISSGLÜCKTESTE VERSUCH, GELD EINZUTREIBEN

Nero gab eine Milliardensumme – angeblich 2,2 Milliarden Sesterzen – für Geschenke aus. Deswegen war Rom nach seinem Tod bankrott. Um wieder Geld in die Kassen zu bekommen, forderte man die

Geschenke daher zurück. Die Empfänger sollten jedoch einen Zehntel des Wertes behalten dürfen. Man schickte dreißig Ritter als Geldeintreiber los. Aber es gab nichts zu pfänden. Die meisten, die Geschenke erhalten hatten, hatten selbst sowohl ihr Kapital als auch ihren Grundbesitz verpraßt. Die treibende Kraft hinter dem Projekt war Neros Nachfolger Galba, der nicht lange auf dem Thron verweilte, da er durch die Rückforderung der Geschenke viel Haß auf sich zog.

Tacitus, Hist. 1,20; Plutarch, Vit. Galb. 16

DER KULTIVIERTESTE UND ZUGLEICH VERSCHWENDUNGSSÜCHTIGSTE KAISER

Nero fing Fische mit vergoldeten Netzen, in die Purpurfäden gewoben waren. Seine Maultiere waren mit silbernen Hufschuhen ausgestattet, und die Maultiertreiber waren in feinste Wolle aus Apulien gekleidet. Der Kaiser besaß nur ein Vorbild, seinen Vor-Vorgänger Caligula. Sueton berichtet, Nero hätte es erbärmlich und geizig gefunden, Buch zu führen. Es sei viel feiner und beweise außerdem Größe, sein Erbe einfach zu verschwenden.

Sueton, Ner. 30

DER TEUERSTE STAATSBESUCH

Im Jahre 66 n. Chr. besuchte Tiridates, ein parthischer Prinz und armenischer König, Kaiser Nero in Rom. Vor seinem Einzug in der Hauptstadt hatte er mit seinen 300 parthischen Reitern eine Reise durch Italien unternommen. Diese mußten verköstigt werden. Die Reise dauerte neun Monate und kostete die Steuerzahler 800 000 Sesterzen am Tag.

Cassius Dio 63,2,2

DER HEUCHLERISCHSTE KÖNIG ARMENIENS

Als Tiridates, der König von Armenien, im Jahre 66 n. Chr. als Zeichen seiner Würde von Nero ein Diadem entgegennahm, kommentierte er dies sinngemäß dahingehend, der Kaiser sei ein betrüblicher Zeitgenosse. Über den General des Kaisers, Corbulo, sagte er, der hätte nur einen Fehler – und das sei sein Herr. Er pries hingegen den Kaiser für seinen tüchtigen Sklaven. Auf diese Weise erwarb der König laut Cassius Dio durch Schmeichelei 200 Millionen Sesterzen – Geld, das er für den Aufbau seiner Stadt Artaxata sehr gut gebrauchen konnte.

Cassius Dio 62,3–6

GELD UND GESCHÄFTE 190

IN KÜRZESTER ZEIT VERPRASSTES VERMÖGEN

Es gelang Vitellius, innerhalb weniger Monate 900 Millionen Sesterzen nur für Gastmähler auszugeben, was nach heutiger Kaufkraft mehreren Milliarden Euro entspräche. Er zechte und feierte in einem bis dato nicht gekannten Maße.

Tacitus, Hist. 2,95; Cassius Dio 64,3,2

EIN BEISPIEL ÜBERTRIEBENEN LUXUS

Die zweite Frau Kaiser Neros, Poppaea, ließ ihren Lieblingspferden Hufschuhe aus Gold anziehen. Laut Plinius soll es sich bei den Empfängern der Wohltat allerdings um Maultiere gehandelt haben.

Plinius d.Ä., NH 33,140

DER HEUCHLERISCHSTE STOIKER

Der Lehrer der Weisheit Seneca d.J. tadelte oft die Reichen. Er selbst aber besaß ein stattliches Vermögen von 300 Millionen Sesterzen. Ebenso ließ er sich über die Extravaganz anderer aus, besaß aber selbst 500 Tische aus sündteurem Zitronenbaumholz und Elfenbein.

Cassius Dio 61,10,3

DIE UNDANKBARSTEN SCHULDNER

Seneca lieh den Briten 40 Millionen Sesterzen. Diese wollten das Geld aber gar nicht haben. Laut Cassius Dio ging es Seneca hingegen um die Zinsen. Als er im Jahre 61 n.Chr. das Geld zurückforderte und nicht zurückbekam, kam es in der Provinz zu Kämpfen.

Cassius Dio 62,2,1

DAS HÖCHSTE HONORAR FÜR EINE REDE

Der Redner Isokrates schrieb einmal eine Verteidigungsrede, die er für 20 Talente verkaufte. Das entspricht über 500 Kilo Silber. Dem Käufer ging es sicher darum, eine gute Verteidigung zu erhalten, da damals jeder vor dem Gericht von Athen selbst auftreten und sich verteidigen mußte.

Plinius d.Ä., NH 7,110

DAS GROSSZÜGIGSTE ALMOSEN FÜR DIE ARMEN ROMS

Während Roms Saturnalien, die im Dezember gefeiert wurden und während derer man sich beschenkte, aber auch die gesellschaftlichen Verhältnisse umkehrte, verteilte Claudius unter den Ärmsten der Stadt 300 Sesterzen

GELD UND GESCHÄFTE

54 Kaiser Claudius (41 bis 54 n. Chr.) – nach einem Bildnis in den Vatikanischen Museen, Sala Rotonda, Inv. Nr. 550

pro Kopf. Den Bedürftigsten unter ihnen wurden sogar noch größere Geldgeschenke ausgehändigt, wie Cassius Dio betont.

Cassius Dio 60,25,7–8

DER GROSSZÜGIGSTE NACHLASS

Tiberius hinterließ den Bürgern von Rom Geld, und zwar 45 Millionen Sesterzen, die von Caligula verteilt wurden. Darüber hinaus bekam jeder noch 240 Sesterzen – ein Geschenk, das man eigentlich an dem Tag erhielt, da man die *toga virilis* anlegte – eine Zeremonie, mit der der Übergang von Jungen- ins Mannesalter begangen wurde.

Cassius Dio 59,2,2

DIE EINTRÄGLICHSTEN FÄLSCHUNGEN

Kein Betrug war laut Plinius so lohnend wie das Fälschen von Edelsteinen. Er beschreibt auch, wie es gemacht wurde. Sardonix erhielt man, indem man verschiedenfarbige Steine zusammenklebte, und Bergkristall ließ sich färben, so daß er aussah wie Smaragd.
In dem berühmten «Stockholm Papyrus» sind eine Reihe solcher Anleitungen aufgeführt, wie sich Edelsteine fälschen lassen.

Plinius d.Ä., NH 37,197

DIE GROSSZÜGIGSTE RENTE

Um die Zeit von Christi Geburt erhielt ein Soldat, der 16 Jahre lang in der kaiserlichen Leibwache gedient hatte, 20 000 Sesterzen Rente. Ein normaler Soldat erhielt nach zwölf Jahren Dienst etwa dreizehn Jahreslöhne Entlassungsgeld – was soviel ausmachte, das man sich davon ein großes Stück Land in der Provinz kaufen konnte.

Cassius Dio 55,23,1

GELD UND GESCHÄFTE

DIE RUINÖSESTE AUKTION

Als Caligula zahlungsunfähig war, ließ er diverse Ausrüstungsgegenstände, die bei Gladiatorenkämpfen übriggeblieben waren, versteigern. Der Kaiser trieb die Preise selbst in so schwindelnde Höhen, daß den Käufern anschließend kaum etwas anderes übrig blieb, als sich das Leben zu nehmen. Am schlimmsten erging es einem Senator namens Apponius Saturninus: Caligula machte den Auktionator darauf aufmerksam, daß der Senator eingenickt war. Als Saturninus erwachte, stellte er fest, daß er vollkommen ruiniert war. Er hatte – gewissermaßen im Schlaf – dreizehn Gladiatoren zu einem Preis von neun Millionen Sesterzen ersteigert.

Sueton, Calig. 38,4; Cassius Dio 59,14,1–4

DIE ÜBERFLÜSSIGSTE STEUERERHÖHUNG

Im Jahre 192 n.Chr. fiel es Commodus ein, die Steuern um 2 Goldstücke pro Bürger, Männer, Frauen und Kinder, zu erhöhen. Diese sollten laut Cassius Dio einmal im Jahr, am Geburtstag des Kaisers, gezahlt werden. Mit dem Geld finanzierte er Gladiatorenkämpfe und ließ wilde Tiere gegeneinander hetzen.

Cassius Dio 73,16,3

DIE SCHLIMMSTE FINANZKRISE

Im Jahre 33 n.Chr. hatte der Wucher – d.h. die Geschäftspraxis, Geld gegen hohe Zinsen zu verleihen – solche Ausmaße angenommen, daß die Volkstribunen, die über die Interessen des einfachen Volkes wachten, einen Zinshöchstsatz von 10 Prozent durchsetzten. Bald wurde dieser nochmals auf die Hälfte gesenkt,

55 Gladiatoren mit Schiedsrichter – in Anlehnung an ein Mosaik des 4. Jahrhunderts v.Chr. von der Via Appia bei Rom

und schließlich durften überhaupt keine Kredite mehr vergeben werden. Der Prätor, der diese Beschlüsse durchsetzen mußte, wurde von zwei Seiten angegriffen: von verschuldeten Bürgern, die Kredite aufnehmen wollten, und vom Senat, da die Senatoren selbst diese Art von Zinsgeschäften betrieben hatten. Er wandte sich an Kaiser Tiberius und konnte erwirken, daß der Beschluß 18 Monate aufgeschoben wurde. Da begannen jedoch alle, ihr Geld zurückzufordern. Es fehlte daraufhin Kapital, und alle wurden neuen Geldverleihern in die Arme getrieben. Wegen der gigantischen Transaktionen, die in Gang kamen, brachen die Immobilienpreise ein. Die Vermögen schmolzen zusammen, Bürger wurden um ihre Stellung und ihr Ansehen gebracht, alles versank im Chaos. Wer jedoch liquide war, konnte Landgüter und Villen zu Spottpreisen kaufen. Schließlich sah sich der Kaiser gezwungen, aus der Staatskasse, also gewissermaßen aus seiner eigenen Brieftasche, zinslos 100 Millionen Sesterzen zu verleihen unter der Bedingung, daß der Staat Grundeigentum im doppelten Wert als Sicherheit erhielt. So kehrte allmählich das Vertrauen in den Geldwert zurück.

Tacitus, Ann. 6,16–17

DIE RENTABELSTE VOGELZUCHT

Drosseln waren das Federvieh, das bei den Römern besonders häufig auf die Teller kam. Auf den Landgütern bei Rom wurden sie in großem Stil gezüchtet. Daß es sich um ein lukratives Geschäft handelte, bezeugt Varro. Ein Hof im Sabinerland verkaufte jährlich 5000 Drosseln zum Preis von drei Denaren das Stück – was drei Tageslöhnen eines einfachen Arbeiters entsprach.

Varro, Rust. 3,2,15

DIE EXKLUSIVSTE VOGELZUCHT

Der Pfau wurde im ersten Jahrhundert n. Chr. nach Italien eingeführt und konnte, ehe er größere Verbreitung erlangte, seine Züchter reich machen. Die Vögel wurden als Zierde von den reichen Römern gehalten, wurden aber auch von Feinschmeckern geschätzt. Mit einem Bestand von hundert Vögeln konnte man bis zu 40 000 Sesterzen Gewinn erzielen, besonders erfolgreiche Züchter brachten es sogar auf 60 000 Sesterzen.

Varro, Rust. 3,6

DIE GROSSZÜGIGSTE GABE AN KINDER

Als Caesar einmal in die Heimat zurückkehrte, verteilte er je 400 Sesterzen an alle Kinder in Rom.

Cassius Dio 51,21,3

DAS HÖCHSTE ÄRZTEHONORAR

Kleombrotos von Keos heimste ein Rekordhonorar ein, nachdem er König Antiochos Soter (erste Hälfte 3.Jahrhundert v.Chr.) das Leben gerettet hatte. Hundert Talente, ungefähr 2500 Kilo Silber, kostete die Behandlung, die jedoch König Ptolemaios bezahlen mußte.

Plinius d.Ä., NH 7,123

DIE GRÖSSTE UNTERSTÜTZUNG DER ÄRMSTEN IN ITALIEN

Kaiser Nerva verteilte Grundstücke in einem Wert von 60 Millionen Sesterzen – also nach heutigen Maßstäbern weit über 100 Millionen Euro – an die Ärmsten im Lande. Der Durchschnittspreis für ein größeres Landgut betrug damals laut Plinius d.J. 5 Millionen Sesterzen.

Plinius d.J., Ep. 3,19; Cassius Dio 68,2,1

DIE GRÖSSTE BESTECHUNGSSUMME DER ANTIKE

Sie soll 40 000 Talente betragen haben, also etwa 1000 Tonnen Silber. Der besiegte Perserkönig Dareios III. soll damit und mit dem Angebot, dem Eroberer seine Tochter zur Frau zu geben, versucht haben, Alexander den Großen von einem Vorrücken durch Persien abzuhalten. Der kriegslüsterne Alexander lehnte ab. Er antwortete, daß die Welt genausowenig von zwei Herren beherrscht, wie das Universum von zwei Sonnen beschienen werden könne.

Diodor 30,21,4

56 Das Siegel des Dareios mit der Inschrift: «Ich bin Daraios, der König.»

DIE SKANDALÖSESTE AUKTION

Sie fand am 28. März 193 n.Chr. am Tor der Kaserne der Prätorianerergarde statt. Die Prätorianer hatten den Kaiser Pertinax ermordet, da sie mit ihrem Sold nicht zufrieden waren. Als sie merkten, daß die Bevölkerung der Stadt auf ihre Landgüter flüchtete und es nicht wagte, Widerstand zu leisten, ließen sie bekanntgeben, der Kaiserthron sei zu verkaufen. Den Meistbietenden würde man unter größten Sicherheitsvorkehrungen zum Kaiserpalast geleiten. Zwei reiche Senatoren eilten herbei und überboten sich gegenseitig, bis Didius Julianus den Zuschlag für den Thron erhielt. Die *Historia Augusta* berichtet, daß er jedem Mann 25 000 Sesterzen versprochen habe. Da die Garde zu dieser Zeit wahrscheinlich aus 6000 Soldaten bestand, kaufte sich Julianus den Kaisertitel also für 150 Millionen Sesterzen. Zwei Monate später wurde er ermordet, da er den enormen Betrag nicht hatte auszahlen können.

Cassius Dio 74,11; Herodian 2,6; H.A., Did.Jul. 3,2

DIE GRÖSSTE KRIEGSBEUTE

Im Palast von Susa fand Alexander der Große etwa 40 000 Talente an Münzen und außerdem noch 5000 Talente Purpur, der dort seit 190 Jahren lagerte. Die Farbe war noch genauso schön wie am Tag der Herstellung. Man hatte den Glanz dadurch so haltbar gemacht, da man den Purpur mit Honig und Olivenöl vermischt hatte.

Plutarch, Vit. Alex. 36

DIE HÖCHSTEN UND DIE NIEDRIGSTEN ZINSEN

Der gute Kaiser Antoninus Pius ließ Geld zu einem Zins von vier Prozent verleihen – dem niedrigsten je gewährten Zinssatz, wie sich in der *Historia Augusta* nachlesen läßt. Er wollte damit so vielen Menschen wie möglich mit seinem Vermögen helfen.

Im Jahre 50 v.Chr. gelang es Scaptius, der Bevölkerung von Salamis auf Zypern 48 Prozent Zinsen abzunehmen. Frech – fand Cicero, der der Meinung war, die üblichen 12 Prozent hätten ausgereicht.

H.A., Antoninus Pius 2,8; Cicero, Att. 5,21,10–11

DIE LÄNGSTE AUKTION

Die längste Auktion der Antike währte zwei Monate und fand um 170 n.Chr. auf dem Trajansforum in Rom statt. Der lange und teure Kriegszug Marc Aurels gegen die germanischen Markomannen und Quaden hatte die Staatskasse geleert. Als weitere Mittel benötigt wurden, um den Krieg zu beenden, konnte sich der Kaiser nicht überwinden, die Provinzen noch höher zu besteuern. Er ließ das Inventar des kaiserlichen Palastes versteigern, um die Staatskasse zu füllen. Unter dem Auktionsgut befanden sich die goldbestickten Seidenumhänge seiner Frau und eine Juwelensammlung, die Kaiser Hadrian gehört hatte.

H.A., Marc. 17,1–5

LUXUS UND EITELKEIT

DER GRÖSSTE WEIHRAUCH-VERBRAUCH
In Babylon verbrauchte man im 5. Jahrhundert v. Chr. laut Herodot fast 26 Tonnen Weihrauch pro Jahr.

Herodot 1,183

DIE AM MEISTEN ÜBERTEUERTE DELIKATESSE
Um 200 v. Chr. mußte man mindestens hundert Schafe und eine Kuh für eine Tonne geräucherten Fisch zahlen. Plutarch berichtet, daß Cato das unverhältnismäßig fand und der Meinung war, daß die Tatsache, daß es überhaupt Käufer gegeben habe, deutlich mache, welcher Luxus und Überfluß zu dieser Zeit in Rom geherrscht habe.

Plutarch, Quaest. 4,4,668b-c

DIE ERSTE DUSCHE
Sergius Orata hieß ein ungewöhnlich erfolgreicher Unternehmer, der um 100 v. Chr. lebte. Er ließ als erster eine Austernzucht anlegen – und er erfand die Dusche. Diese Neuerung wurde in Villen eingebaut, die er dann mit sehr hohem Gewinn verkaufte. Einige seiner Zeitgenossen fanden diese Erfindung entsetzlich, da sie der Meinung waren, daß Orata mit ihr dem Meergott Neptun ins Handwerk pfusche.

Valerius Maximus 9,1,1; Plinius d. Ä., NH 9,168

DIE TEUERSTE SCHMUCKSAMMLUNG
Lollia Paulina, Caligulas dritte Ehefrau, hatte eine große Menge Perlen geerbt, die die Heerführer in ihrer Familie in den Provinzen geraubt hatten. Selbst bei einfachen Festen soll sie Schmuck im Wert von 40 Millionen Sesterzen getragen haben, was nach heutigen Vorstellungen mehr als 100 Millionen Euro entsprechen würde. Perlen und Smaragde funkelten in ihrem Haar, an ihren Ohren, an ihrem Hals und an ihren Fingern. Wäre es nicht besser gewesen, die

LUXUS UND EITELKEIT 198

Generäle, die all das nach Rom gebracht hatten, von ihren Triumphwagen zu zerren, statt sie Siege mit diesem Ergebnis erringen zu lassen? Das fragte sich Plinius.

Plinius d.Ä., NH 9,117–118

DER HÖCHSTE PREIS FÜR EIN GEMÄLDE

König Attalos von Pergamon erwarb von Aristeides von Theben ein Gemälde für 100 Talente Silber. Attalos teilt diesen Rekord mit Kaiser Augustus, der 150 Jahre später Apelles' Gemälde *Die Geburt der Aphrodite* aus Kos erhielt, als er der Stadt eine Tributzahlung in dieser Höhe erließ. Das Gemälde wurde im Tempel des vergöttlichten Caesars in Rom angebracht, wo es mit der Zeit durch Feuchtigkeit schwer beschädigt wurde. Caesar nimmt den zweiten Platz unter den Kunstspekulanten der Antike ein, da er 80 Talente für zwei Gemälde eines Timomachos bezahlte. Auf dem einen war der mythische Griechenheld Ajax dargestellt, auf dem anderen die kolchische Königstochter Medea. Sie waren in Caesars Venustempel in Rom zu bewundern.

Strabon 14,2,19; Plinius d.Ä., NH 7,126; 35,136

DER SCHLIMMSTE SNOB ROMS

Quintus Hortensius lebte im 1.Jahrhunderts v.Chr. in Rom und galt als der schlimmste Snob der Stadt. Bevor er ausging, stand er lange vor dem Spiegel und arrangierte umständlich jede einzelne Falte seiner Toga, damit sie richtig fiel. Einmal stieß ihn jemand versehentlich an, und seine Kleidung geriet etwas in Unordnung, woraufhin Hortensius den arglosen Passanten wegen beleidigenden Verhaltens verklagte. Eine knittrige Falte war für Hortensius eine tödliche Schmach.

Gellius 1,5,3; Macrobius 3,13,4–5

DIE TEUERSTEN SILBERBECHER

Der berühmte Künstler Mentor verfertigte zwei Silberbecher, die der Redner Lucius Crassus für 100 000 Sesterzen kaufte. Doch wagte er es dann nicht, aus den so teuer erworbenen Bechern auch wirklich zu trinken. Am teuersten aber im Verhältnis zur Größe war ein kleiner Silberbecher, der nur 55 Gramm wog. Auf ihm war Odysseus bei der Plünderung Trojas abgebildet. Er fand für – sage und schreibe – 10 000 Denare einen Abnehmer.

Plinius d.Ä., NH 33,147, 156

57 *Wie man eine Toga, das römische Obergewand, umlegte ...*

DIE GRÖSSTE UND TEUERSTE TONSCHALE

Kaiser Vitellius bestellte eine riesige, für seine üppigen Gastmähler geeignete Tonschale. Die Hersteller brannten diese in einem eigens dafür gebauten Ofen, der einen Durchmesser von 3 Metern hatte. Die Schale kostete eine Million Sesterzen, schreibt Plinius, der uns mit diesem Beispiel zeigen möchte, wie die Extravaganzen der Mächtigen auch das einfache Handwerk auf Irrwege führt.

Plinius d. Ä., NH 35,163

DER TEUERSTE STOFF DER WELT

Als leuchtendes Leinen wurde ein äußerst ungewöhnlicher Stoff aus kurzen Fäden bezeichnet, für den genausoviel Geld verlangt wurde wie für außergewöhnlich gute Perlen. Dieses Material war nämlich, so heißt es, unbrennbar. Plinius sah selbst glühende Servietten auf dem Feuer liegen. Das Feuer reinigte sie noch besser, als Wasser es vermocht hätte. Auf griechisch hieß dieser Stoff *asbeston linon*, unverbrennbares Garn. Das Gewächs, aus dem es gewonnen wurde, vermutete man in den Wüsten Indiens, aber natürlich handelte es sich bei dem Grundstoff des Gewebes um ein Mineral und nicht um eine Pflanze.

Plinius d. Ä., NH 19,19–20

DER GRÖSSTE VERBRAUCH VON PARFÜM UND WEIHRAUCH BEI EIN UND DERSELBEN GELEGENHEIT

Zur schlimmsten Vergeudung von Parfüm und Weihrauch kam es laut Plinius im Jahre 65 n. Chr. beim Begräbnis von Poppaea Sabina, der zweiten Frau des Kaisers Nero. Was

LUXUS UND EITELKEIT 200

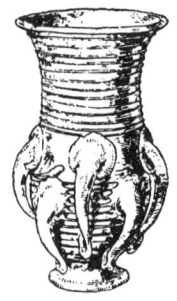
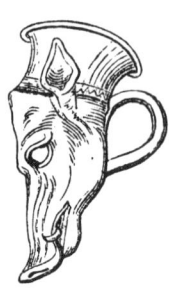

58 Aufwendig gestalteter römischer (links) und griechischer (rechts) Becher

bei diesem Anlaß in Rauch aufging, entsprach der gesamten Jahresproduktion Arabiens.

Plinius d.Ä., NH 12,82–83

DER TEUERSTE UMHANG

Ein Mann aus Sybaris ließ sich einen so phantastisch luxuriösen Umhang anfertigen, daß er nicht wagte, ihn zu tragen, sondern es für das beste hielt, ihn im Heratempel zu deponieren. Doch Dionysios I. plünderte den Tempel und verkaufte den Umhang für 120 Talente, also für rund 3000 Kilo Silber, in Karthago.

Athenaios, Deipn. 12,541

DER TEUERSTE BECHER AUS FLUSSSPAT

Der teuerste Becher aus Flußspat wurde von Nero zu einem Preis von einer Million Sesterzen erworben. So viel habe der Kaiser ausgegeben, um trinken zu können, ereifert sich Plinius.

Plinius d.Ä., NH 37,20

DIE TEUERSTE KURIOSITÄT

Für 70000 Sesterzen – was vielleicht etwa dem dreifachen Betrag in Euro entsprechen würde – hatte ein Konsul einen Becher aus Flußspat erworben, der ein Fassungsvermögen von etwa anderthalb Litern hatte. Der Konsul war so entzückt von seinem Pokal, das er an dessen Rand nagte, wenn er trank. Diese Spuren des Gebrauchs hätten den Wert aber nur noch erhöht, meint Plinius und führt aus, daß es zur Zeit des Konsuls keinen wertvolleren Becher aus Flußspat gegeben habe. Den gestiegenen Preis nennt er jedoch nicht.

Plinius d.Ä., NH 37,18

201 LUXUS UND EITELKEIT

DER TEUERSTE TISCH

Große Tische aus Zitronenbaumholz waren bei wohlhabenden Römern, wie bereits erwähnt wurde, sehr begehrt. Cicero erwarb einmal einen solchen Tisch für eine halbe Million Sesterzen. Der höchste Preis, der jemals für ein solches Möbel erzielt wurde, betrug jedoch 1,3 Millionen Sesterzen. Für diese Summe hätte man auch ein großes Landgut kaufen können, meint Plinius d.Ä., und fügt noch hinzu, daß eben jener Tisch inzwischen schon ein Raub der Flammen geworden sei.

Plinius d.Ä., NH 13.91–93

DIE TEUERSTE WEINKELLE AUS BERGKRISTALL

Als Beispiel für die absurde Bergkristallmode erwähnt Plinius eine respektable Ehefrau, die nicht einmal als sonderlich vermögend gegolten habe. Sie habe aber dennoch eine kleine Weinkelle für 150 000 Sesterzen gekauft.

Plinius d.Ä., NH 37,29

DIE TEUERSTE WEINKELLE AUS FLUSSSPAT

Der ehemalige Konsul Titus Petronius hatte 300 000 Sesterzen für eine Weinkelle aus Flußspat bezahlt. Ehe er Selbstmord beging, schlug er sie in Stücke, um Nero nicht die Möglichkeit zu geben, sich an seiner Tafel an dem wertvollen Stück zu erfreuen.

Plinius d.Ä., NH 37,20

DER TEUERSTE IMPORT

Schätzungsweise hundert Millionen Sesterzen im Jahr vergeudete das Römische Reich, um Importe aus Indien, Arabien und China zu finanzieren. Das war, so klagt Plinius d.Ä., der enorme Betrag, den das Imperium und die Frauen Roms für Überfluß und Luxus verschwendeten.

Auf einem erhaltenen Papyrus läßt sich beispielsweise nachlesen, daß eine einzige, in Alexandria verzollte Schiffslast mit Luxusgütern den Wert von sieben Millionen Sesterzen hatte. Im ersten Jahrhundert n.Chr. waren aber jedes Jahr etwa 120 solcher Schiffe zwischen dem Roten Meer und Indien unterwegs.

Plinius d.Ä., NH 12,84

DIE GRÖSSTE UND TEUERSTE PERLE

Antonius und Kleopatra gefiel es, äußerst luxuriös und extravagant zu leben. Einmal wettete Kleopatra, daß sie für ein einziges Bankett 10 Millionen Sesterzen ausgeben könne. Nachdem das Fest eine Weile im Gange war, stellte Antonius zufrieden fest, daß sie die vereinbarte Summe nicht erreichen würde. Daraufhin erklärte Kleopatra, daß schon allein ihr eigenes Essen die angekündigte Summe bei weitem überschreiten werde. Sie nahm darauf einen Ohrring ab, in den eine der größten Perlen der damaligen Zeit eingearbeitet war, ließ ihn in einen Becher mit Essig fallen und trank diesen aus, sobald sich die Perle aufgelöst hatte. Bevor Kleopatra diese Prozedur auch noch mit der zweiten Perle wiederholen konnte, einigten sie sich darauf, daß Antonius die Wette verloren habe. Nachdem das Paar von Augustus besiegt worden war (31 v. Chr. in der Schlacht bei Actium), teilte man diese Perle in zwei Teile und befestigte sie an den Ohren der Venusstatue im Pantheon in Rom. Wie groß die Perle eigentlich war, ist unklar, aber Plinius schreibt, daß nur wenige Perlen mehr als 15 Gramm wiegen. Außerdem lassen sich Perlen nicht einfach wie eine Brausetablette in Essig auflösen. Wahrscheinlich betrog Kleopatra die Zuschauer: Sie verschluckte die Perle, um sie dann neuerlich an sich zu nehmen, nachdem sie auf natürlichem Wege wieder zum Vorschein gekommen war.

Plinius d.Ä., NH 9,119–121

DER TEUERSTE BETTÜBERWURF

Vier Millionen Sesterzen bezahlte Kaiser Nero für einen Bettüberwurf aus sogenanntem babylonischem Stoff. Er bestand aus verschiedenfarbigen Fäden und war nach der Stadt benannt, in der er zuerst in Mode gekommen war.

Plinius d.Ä., NH 8,196

DER TEUERSTE PARFÜMBESTANDTEIL

Für drei Hektogramm Narde – einem wertvollen Duftstoff – wurde laut Plinius ein Preis von 100 Denaren gefordert; dies entsprach dem Preis von etwa fünf Zentnern Getreidemehl oder 300 Laib Brot. Der Markt orientierte sich in der Preisfestlegung an der Größe der Blätter und der Kügelchen, die man aus ihnen zusammenknetete – große, kleine oder «Mikrokügelchen». Letztere waren die teuersten.

Plinius d.Ä., NH 12,43–44

DER HÖCHSTE, JE FÜR EINE NACHTIGALL ERZIELTE PREIS

Eine weiße Nachtigall kostete 6000 Sesterzen. Der Käufer, offenbar ein Schmeichler, wollte sie der Ehefrau Caligulas, Agrippina, zum Geschenk machen.

Plinius d.Ä., NH 10.84

Titus gezeigt. Fünf Jahre später konnte man zum geradezu «ermäßigten» Preis von 800 000 Sesterzen Ableger des Baumes erwerben – nach heutigen Maßstäben gerechnet in jedem Falle ein Millionenbetrag in Euro.

Plinius d.Ä., NH 12,117–118

DAS TEUERSTE HOLZ

Das Holz des Balsambaumes enthielt den meistgeschätzten Parfümduft überhaupt, wuchs aber nur in der Gegend von Jericho und in den königlichen Gärten von Judäa. Es gab nur wenige Bäume, und ihr Saft sickerte auch nur tropfenweise heraus; auch dauerte es deswegen einen ganzen Sommer, bis man drei Liter gesammelt hatte. Nach dem Einzug in Jerusalem im Jahre 70 n.Chr. wurden die Bäume nach Rom gebracht und im Triumphzug von Vespasian und

DIE LUXURIÖSESTEN SNACKS

Als Alexander der Großen es mit seinen Freunden einmal so richtig krachen lassen wollten, ließ er das Dessert, das aus Nüssen, Feigen und anderen Leckereien bestand, in

59 Szene aus dem Triumphzug des (späteren) Kaisers – 79 bis 81 n. Chr.) Titus, der unter seinem Vater Vespasian siegreich Krieg gegen Judaea führte (67 bis 70 n. Chr.); das Bild zeigt den nach der Einnahme Jerusalems erbeuteten Siebenarmigen Leuchter und andere Schätze aus dem Tempel. Umzeichnung des Reliefs im Ehrenbogen des Titus am Forum Romanum

LUXUS UND EITELKEIT

Blattgold hüllen. Verblüfft sahen die Gäste mit an, wie die Generäle den Knabberspaß auspackten und das Gold anschließend auf den Fußboden warfen. Die Sklaven, die nach dem Fest aufräumten, durften behalten, was sie fanden.

Athenaios, Deipn. 4,155c-d

DAS TEUERSTE GEWÜRZ

Kardamom aus Indien kostete 60 Denare das Pfund – den Tageslohn von 60 einfachen Arbeitern. Noch teurer war jedoch gemahlener Zimt aus demselben Land, dessen Preis sich zwischen einem und 400 Denaren pro Pfund bewegte. Ein Pfund Zimtstangen kosteten 60 Denare. Es gebe nichts Besseres als Glühwein mit Zimt, meint Plinius, der Preis sei jedoch unglaublich hoch.

Plinius d.Ä., NH 12,48–49; 12,129

DAS TEUERSTE OBST

Im ersten Jahrhundert n.Chr. waren Pfirsiche sehr teuer, da diese in Italien noch recht neu und daher rar waren. Für einen Pfirsich wurden bis zu 30 Sesterzen verlangt – also das 60fache eines Laib Brots. Plinius fand den Preis angesichts der schlechten Haltbarkeit der Frucht besonders erstaunlich: Zwei Tage nach dem Pflücken war sie bereits verdorben.

Plinius d.Ä., NH 15,40

DER TEUERSTE FISCH

Zur Zeit Caligulas soll laut Plinius ein ehemaliger Konsul alle Verschwender Roms herausgefordert haben, indem er 8000 Sesterzen für eine Meeräsche bezahlte. Macrobius gibt den Preis mit 7000 und Juvenal mit 6000 Sesterzen an. Er schreibt auch, der Fisch hätte knapp zwei Kilo gewogen. Bedenke man, daß im Roten Meer schon einmal ein Exemplar von fast 26 Kilo gefangen worden sei, dann schwindele es einen bei dem Gedanken, welchen Preis die Epikureer der Hauptstadt wohl für eine solche Riesenmeeräsche gezahlt hätten, schreibt Plinius.

Plinius d.Ä., NH 9,67-68; Juvenal 4,15–16; Macrobius 3,16,9

DAS TEUERSTE EI

Im letzten Jahrhundert v.Chr. waren die Pfauen in Italien noch eine recht neue Erscheinung, und man war deswegen bereit, fünf Denare – fünf Tageslöhne – für ein einziges Ei zu bezahlen. Ein Pfau koste 50 Denare, teilt Varro mit.

LUXUS UND EITELKEIT

Fünfhundert Jahre später gab es laut Macrobius für Pfauen überhaupt keinen Markt mehr.

Varro, Rust. 3,6; Macrobius 3,13,1–2

DER HÖCHSTE PREIS, DER JE FÜR EINEN HUND BEZAHLT WURDE

Im 5. Jahrhundert v. Chr. besaß Alkibiades einen großen und schönen Hund, für den er 700 Drachmen bezahlt hatte. Ein Tagelöhner auf der Akropolis verdiente damals eine Drachme am Tag.

Plutarch, Vit. Alk. 9

DER HÖCHSTE PREIS FÜR EIN TIER

Der vielleicht höchste Preis, der je für ein Tier bezahlt wurde, betrug 400 000 Sesterzen. Senator Quintus Axius bezahlte sie laut Plinius für einen Esel. Esel seien immerhin nützlich und außerdem zur Zucht von Maultieren notwendig, meint er und berichtet ferner, daß der Gewinn, der mit Eselinnen erzielt werden könne, jede Kriegsbeute übersteige.

Plinius d. Ä., NH 8.167

DER HÖCHSTE PREIS FÜR SPRECHENDE VÖGEL

Augustus hatte mehrere Raben und Papageien erworben, die «Ave Caesar» sagen konnten. Der teuerste hatte ihn 20 000 Sesterzen gekostet.
Ein Schuster sah das als seine Chance, reich zu werden, und erwarb einen Raben. Sein Schüler schien jedoch zu beschränkt zu sein, diese zwei Worte zu lernen. Verzweifelt klagte der Schuster daraufhin immer wieder laut: «Opera et impensa periit» («Mühe und Kosten waren vergeblich»). Schließlich gelang es ihm dann aber doch, dem Vogel den schlichten Gruß beizubringen. Als er ihn Augustus vorführte, war der Kaiser nicht mehr interessiert und erklärte, er habe bereits eine ausreichende Anzahl sprechender Vögel. In diesem Augenblick krächzte der Rabe die Worte, die er am häufigsten gehört hatte: «Opera et impensa periit!» Augustus mußte lachen und kaufte den Raben dann doch.

Macrobius 2,4,29–30

DAS TEUERSTE PARFÜM

Laut Plinius war das Kriterium für ein richtig gutes Parfüm, daß auch gänzlich in Gedanken vertiefte Leute auf den Duft aufmerksam würden und sich umdrehten. Ein solcher Duft kostete 400 Denare für ein paar Gramm. Und das nur, um andere zu erfreuen, da man sich ja doch nicht selbst riechen könne!, empört sich Plinius.

Plinius d.Ä., NH 13,20

NÄGEL AUS GOLD

Die Höflinge Alexanders des Großen ahmten den Luxus der Perser, nachdem deren Reich erobert war, rasch nach. Manche trieben es sogar noch ärger als die einstigen Herren. Ein Mann namens Hagnon etwa hielt seine Schuhe mit Nägeln aus Gold zusammen. Plinius erwähnt das als Beispiel für Verschwendung übelster Art.

Plinius d.Ä., NH 33,50; Plutarch, Vit. Alex. 40; Athenaios, Deipn. 12,539b-e

DIE WEICHESTEN KISSEN

Für Kaiser Heliogabal mußten Kissen mindestens mit Kaninchenpelz oder mit den zartesten Daunen von den Flügelunterseiten der Rebhühner gefüllt sein. Der antiken Quelle zufolge wechselte er seine Kissen oft.

H.A., Heliog. 19,9

DAS LUXURIÖSESTE NACHTGESCHIRR

Heliogabal entleerte seinen Darm in Goldgefäße und pinkelte in Nachttöpfe aus Flußspat oder Onyx. Falls er je einen Thronerben bekommen würde, dann solle die Amme diesen lehren, es genauso zu machen, wünschte sich der Kaiser.

H.A., Heliog. 32,2–3

DAS BESTE PARFÜM

In der alten Welt hielt man Parfüm von der Insel Delos für das beste. Später schätzen die Römer Tropfen aus Mendes in Ägypten noch mehr. Dort hatte man zum einen mehrere Düfte gemischt, zum anderen, und das war mehr wert, variierte die Stärke der Essenz von Ort zu Ort.

Plinius d.Ä., NH 13,4

DIE BESTE WIMPERNTUSCHE

Zur Herstellung verwendete man Pech, also den Stoff, der bei der Herstellung von Teer übrigbleibt. Plinius nennt es *ampelitis* und vergleicht es mit Erdpech. Dieses Mittel ließ sich auch dazu verwenden, das Haar schwarz zu färben.

Plinius d.Ä., NH 35,194

DIE LUXURIÖSESTE KÖRPERLOTION

Bei der Erörterung der Frage, welche Milch sich wofür verwenden lasse, kommt Plinius darauf zu sprechen, daß Eselsmilch die Haut der Frauen angeblich weißer mache. Aus diesem Grund führte Neros zweite Ehefrau Poppaea immer, wohin sie sich auch begab, fünfhundert Eselinnen mit Fohlen mit sich, damit sie in Eselsmilch baden konnte. Die Milch glätte auch ihre Falten, behauptete sie.

Plinius d.Ä., NH 11,238

DIE GRÖSSTE SCHUHSAMMLUNG

Heliogabal trug kein Paar Schuhe zweimal. Falls das stimmt, dann trug er in seinen vier Jahren als Kaiser fast 1500 Paar Schuhe.

H.A., Heliog. 32,1

DIE VERRÜCKTESTEN FANS

Die Sportler der Antike rieben sich mit Olivenöl ein, ehe sie sich auf die mit Sand bestreute Wettkampfstätte begaben. Anschließend beseitigten sie die sandige Schmiere, indem sie sie mit einem Spatel, einem sogenannten Streichriemen, abkratzten. Es kam vor, daß die Leiter der Sportanlagen den abgekratzten Sand aufsammelten. Sie verkauften ihn und erzielten einen Preis von bis zu 80000 Sesterzen. Der Kundenkreis bestand wahrscheinlich aus Fans, die glaubten, daß so etwas von der Kraft ihrer Lieblingsathleten auf sie überginge.

Plinius d.Ä., NH 15,19

207 LUXUS UND EITELKEIT

DIE TEUERSTE HAARTÖNUNG

Über Marc Aurels Mitregenten Lucius Verus erzählt man sich mehrere wenig schmeichelhafte Geschichten. Verus war besonders stolz auf sein blondes Haar. Damit es noch goldener glänzte, puderte er es gar mit Goldstaub.

H.A., Verus 10,7

DAS FEINSTE PARFÜM DER WELT

Der Gipfel allen Luxus sei das Parfüm, erklärt Plinius und zählt dann die Bestandteile von «Königssalbe» auf, die ursprünglich von den Herrschern des Partherreiches verwendet wurde. Sie enthielt unter anderem den Saft der Wüstendattel, indische Kostwurzel, syrischen Zimt, Kardamom, indische Narde, Königsminze, Myrrhe, Harz vom Storaxbusch, Balsam, Ladanum, syrisches Ried und Schilf, wilde Weintrauben, Serichatum, Rosenholz, Safran, Gladiolus, Majoran, Lotus, Honig und Wein. Nichts davon wachse in Italien und das meiste auch nicht im übrigen Europa, meint Plinius fassungslos.

Plinius d.Ä., NH 13,18

DIE UNNÖTIGSTE VERWENDUNG VON PARFÜM

Kaiser Nero parfümierte sogar seine Fußsohlen, manch anderer folgte seinem Beispiel. Man frage sich, schreibt Plinius, ob andere das bemerkten und ob die Düfte an diesen entlegenen Stellen des Körpers überhaupt einen Genuß darstellen könnten. Noch schlimmer sei allerdings die neue Angewohnheit, die Adler und Standarten der Legionäre zu parfümieren, als könne man damit das andere Laster wettmachen, wie etwa die Verwendung von Haargel unter den Helmen.

Plinius d.Ä., NH 13,22–23

DIE TEUERSTEN DINGE DER WELT

Nachdem er auf ungefähr 1500 Druckseiten – gezählt nach heutigem Format – die Welt und alles, was darin ist, beschrieben hat, wendet sich Plinius d.Ä. schließlich den teuersten Dingen zu: Aus dem Meer sind es die Perlen – besonders die aus Indien und Ceylon –, von der Oberfläche der Erde der Bergkristall und aus ihrem Inneren Diamanten, Smaragde und Flußspat. Bei den Pflanzen ist es das Silphion, unter den Blättern die Narde, zudem die Seide aus dem Land der Serer, der Seidenleute – also China (die Römer glaubten, daß Seidenfäden von Blättern an Bäumen gesammelt wurden). Der Zimtbusch galt als besonders wertvoll, und unter den Baumsäften waren Bernstein, Balsam und Myrrhe besonders begehrt. Der kostbarste von Landtieren gewonnene Stoff war Elfenbein, von den Meerestieren Schildpatt. Von den Meerestieren lieferte darüber hinaus die Purpurschnecke die wertvollste Farbe. Das Gold nennt Plinius erst an zehnter, Silber gar erst an zwanzigster Stelle.

Plinius d.Ä., NH 37,204

LASTER UND LUST

DER EITELSTE GENERAL
Otho, dem im Sommer 69 n.Chr. eine kurze Karriere als Kaiser zuteil wurde, war sehr in sich selbst verliebt: Er hatte die Angewohnheit, sich selbst und seine Rüstung in einem kleinen Spiegel zu betrachten, ehe er den Befehl zum Angriff gab.
Juvenal 2,99–133

DIE WIDERLICHSTEN SCHMEICHLER
Von allen heuchlerischen Parasiten, die sich um die Tyrannen der Antike scharten, waren die kriecherischen Speichellecker, die Dionysios I. von Syrakus umgaben, sicher die schlimmsten. Daß sie sich beim Essen ungeschickt benahmen und auf dem Tisch herumtasteten, um ihrem Beschützer, der selbst kurzsichtig war, Gelegenheit zu geben, ihnen zu helfen, damit er sich dadurch überlegen fühlen konnte, mag ja gerade noch angehen. Wenn der Tyrann jedoch ausspuckte, streckten sie auch noch den Kopf vor, um den Speichel aufzufangen. Wenn sie dann die Spucke oder sogar das Erbrochene des Herrschers aufleckten, versicherten diese Heuchler, der Geschmack sei süßer als der von Honig.
Athenaios, Deipn. 6,249–250

DER SELBSTZUFRIEDENSTE RÖMER
Italien besitzt ein angenehmes Klima. Daraus abzuleiten, daß sich seine Bevölkerung am besten eigne, die ganze Welt zu regieren, meint Vitruv, gehe dann doch zu weit. Er findet außerdem, die Menschen im Süden besäßen zwar eine rasche Auffassungsgabe, die Sonne stumpfe aber ihr Gemüt ab. Die Menschen in den kalten Ländern im Norden seien zwar tapfer und furchtlos, aber dafür auch ohne Instinkt und entsprechend unvorsichtig. Nicht so die Römer. Sie wohnten im Zentrum der Welt und seien

daher mit allen Fähigkeiten am besten ausgestattet.

Vitruv, Arch. 6,1

DER EXTREMSTE TIERFREUND

Ein Mann namens Poliarchos in Athen begeisterte sich auf eine ungesunde Art für seine Hunde und Kampfhähne. Wenn eines seiner Lieblingstiere starb, lud Poliarchos seine Freunde ein, dem aufwendigen Begräbnis beizuwohnen. Anschließend ließ er Grabsteine mit Inschriften aufstellen. Das Ganze galt als unerhört lächerlich.

Aelian, VH 8,4

DER VERSCHWENDERISCHSTE GÄRTNER

Quintus Hortensius, der schlimmste Snob Roms, hegte ein großes Faible für Platanen. Deswegen goß er sie mit erlesenem Wein. Er soll sich sogar einmal von einem Prozeß entfernt haben, um rechtzeitig zu Hause zu sein und einen frischgepflanzten Baum zur gewohnten Stunde mit Wein gießen zu können. Der Kollege, der ihn dann in dem Prozeß vertrat, war kein Geringerer als Cicero.

Macrobius 3,13,3

DER SCHLIMMSTE GEIZHALS

Die Römer verwendeten nur selten Besteck bei ihren Mahlzeiten und aßen das heiße Essen direkt, wenn es aus der Küche kam, mit den Fingern. Athenaios erzählt von einem Mann, der ganz ohne Schamgefühl übte, seine Hände in heißes Wasser zu stecken, wenn er im Badehaus war. Außerdem gurgelte er mit dem heißen Wasser. Auf diese Art und Weise härtete er seine Hände und seine Kehle ab und konnte sich die besten und größten Stücke nehmen, wenn das Essen aufgetischt wurde, während die anderen Gäste noch darauf warteten, daß die Speise abkühlte.

Athenaios, Deipn. 1,5 e-f

DER FÜRCHTERLICHSTE FAULPELZ

Seneca erzählt von einem Neureichen, dessen Schatzkiste ebenso wohlgefüllt wie sein Kopf leer war. Calvisius Sabinus war so vergeßlich, daß er sich anstrengen mußte, um sich daran zu erinnern, wer Odysseus eigentlich war. Er wollte jedoch gebildet wirken und fand, daß er auf eine gute Methode gekommen sei, um das zu erreichen. Statt unter Anstrengung Dinge zu lernen, verschaffte er sich Zugang zu Information. Für 100000 Sesterzen das Stück kaufte Sabinus eine Schar Sklaven, die Experten für die verschiedenen Dichter waren. Einer konnte sogar die Ilias und die Odyssee auswendig. Fortan behelligte er seine Gäste damit, daß er ständig Verse zitierte und die Anwesenden nach Autor und Quelle befragte. Eines Tages wies einer der Gäste, der der unsinnigen Fragerei überdrüssig war, ihn darauf hin, daß er für den Preis der Sklaven eine ganze Bibliothek hätte kaufen können. Aber Sabinus war der Meinung, daß das, was jemand aus seinem Haushalt wisse, als sein persönliches Wissen gelte.

Seneca d.J., Ep. 27,5–8

DAS SCHLIMMSTE BEISPIEL KOLLEKTIVER GIER

Als sich die Verwandten eines verstorbenen Offiziers in Pollentina weigerten, zu dessen Andenken Gladiatorenkämpfe auszurichten, wurden die Bewohner der Stadt so wütend, daß sie das Begräbnis verhinderten. Als diese Nachricht Kaiser Tiberius erreichte, geriet er so außer sich, daß er sofort Soldaten aussandte, die den größten Teil der Bewohner festnahmen und versklavten.

Sueton, Tib. 37,3

DIE SITTSAMSTE SODOMIE

Krathis, ein Hirte aus Sybaris, setzte es sich in den Kopf, mit seiner süßesten Ziege zu schlafen. Anschließend ging er laut Aelian dann immer wieder zu ihr, wenn ihn die Lust überkam. Er brachte ihr Geschenke mit – besonders gute Zweiglein, Ackerwinde und Harz. Letzterer sollte vor allem bewirken, daß sie aus dem Maul besser roch, wenn er sie küssen wollte. Krathis breitete auch weiches Laub für das Tier aus, damit es anschließend besser schlafen konnte. Das gefiel dem mächtigsten Bock der Herde nicht. Der wurde so wütend, daß er Krathis, als dieser schlief, mit den Hörnern den Schädel zerschmetterte. Als die Sybariten, die für ihre besonderen Vorlieben bekannt waren, davon hörten, wurden sie von edlen Gefühlen erfüllt. Sie errichteten ein Grabmal zu Ehren des Hirten und benannten den Fluß der Stadt nach ihm.

Aelian, NA 6,42

60 Tierliebende Silene, Innenbild einer Trinkschale um 530 v. Chr.

DIE MEISTEN SEXPARTNER

Ein plausibler Kandidat als Rekordhalter ist Commodus, der sich bei Banketten und in den Bädern des kaiserlichen Palastes mit dreihundert Konkubinen vergnügte, die sowohl unter Prostituierten als auch unter freien Frauen wegen ihrer Schönheit ausgesucht worden waren. Außerdem umgab er sich mit dreihundert homosexuellen Jünglingen, die er sowohl von einfachen als auch feineren Leuten erworben hatte.

H.A., Comm. 5,2–4

DIE WAHNSINNIGSTE GIER

Der Kampf zwischen den konservativen und den reformfreundlichen Parteien nahm im Jahre 121 v.Chr. mit dem Tod von Gaius Gracchus ein fürchterliches Ende. Der Konsul Opimius hatte bekanntgeben lassen, daß derjenige, der ihm den Kopf des Aufrührers liefere, mit dem Gewicht des Kopfes in Gold belohnt würde. Die antiken Quellen sind sich nicht einig, wer sich auf dieses Geschäft einließ, aber einiges deutet darauf hin, daß es sich um einen Mann namens Septumuleius handelte. Nachdem Gaius, von seinen Verfolgern in die Enge getrieben, sich von einem Sklaven hatte töten lassen, gelang es Septumuleius, des Kopfes habhaft zu werden und diesen mit nach Hause zu nehmen. In einem Anfall von Gier, der sich laut Plinius eher als Golddurst beschreiben läßt, hatte er zuvor das Gehirn entfernt und den Schädel anschließend mit Blei gefüllt. Laut Plutarch wog der Kopf so 5,8 Kilo. Der Betrug kam natürlich ans Tageslicht, und der Missetäter wurde bis an sein Lebensende verachtet.

Diodor 34/35,29; Plinius d.Ä., NH 33,48; Plutarch, Vit. C.Gracch. 17

DER LÄNGSTE AKT DER ANTIKE

Plinius stellt fest, daß alle Tiere feste Paarungszeiten hätten, die Men-

213 LASTER UND LUST

schen sich jedoch rund um die Uhr paaren könnten. Messalina, die wegen ihres liederlichen Lebenswandels berüchtigte Frau Kaiser Claudius', strebte einen Triumph besonderer Art an: Sie forderte die berühmteste Prostituierte Roms zu einem Durchhaltewettbewerb heraus. Mit 25 «Runden» in 24 Stunden siegte Messalina in diesem Wettstreit.

Plinius d.Ä., NH 10,171–172

DIE ZÜGELLOSESTE KAISERIN

Cassius Dio war der Ansicht, eben jene Messalina sei die zügelloseste Frau ihrer Zeit gewesen. Im Alter von 14 Jahren heiratete sie ihren Cousin Claudius, der Kaiser und 34 Jahre älter war als sie. Valeria Messalina reichte es nicht aus, selbst ein ausschweifendes Leben zu führen; sie zwang andere verheiratete Frauen, sich ebenso liederlich zu verhalten, und brachte sie sogar dazu, im kaiserlichen Palast Ehebruch zu begehen, während ihre Männer lüstern zuschauten. Solche Männer belohnte Messalina mit Ämtern, während diejenigen, denen es nicht gefiel, ihre Frauen in den Armen anderer zu sehen, auf alle erdenkliche Weise vernichtet wurden.

Es sei verständlich, schreibt Cassius Dio, daß Claudius diese Schandtaten nie bemerkt habe, denn seine Frau habe ihn mit schönen Jungfrauen versorgt, mit denen er buchstäblich alle Hände voll zu tun gehabt habe.

Cassius Dio 60,18,1–3

DER GRÖSSTE PANTOFFELHELD

Claudius ließ seine Frau Messalina gewähren. Einmal interessierte sich Messalina für Mnestor, den ehemaligen Liebhaber des ermordeten Caligula. Dieser hatte jedoch keinerlei Interesse an ihr. Da lag Messalina ihrem Mann so lange in den Ohren, bis dieser Mnestor schließlich bat, seiner Frau zu Willen zu sein.

Cassius Dio 60,22,4–5

DIE GATTIN, DIE SICH AM HÄUFIGSTEN PROSTITUIERTE

Als genüge es ihr nicht, Ehebrecherin zu sein, nahm Messalina für die Dienste, die sie in ihrem Palast ihren Liebhabern erwies, auch noch Geld. Es heißt, daß sie mit jedem freigelassenen Sklaven der Stadt intim gewesen sei.

Cassius Dio 61,31,1–2

LASTER UND LUST 214

DAS OBSZÖNSTE GEREDE

Die obszönsten Worte entstammten dem Munde Heliogabals. Der junge Kaiser pflegte den alten Männern im Senat von seinen sexuellen Abenteuern zu erzählen. Seine Reden waren so obszön, daß die Alten erröteten. Er fragte, ob sie ähnliche Erfahrungen gemacht hätten wie ihr Kaiser und ob sie wie er schon einmal einen Mann geheiratet hätten. Der Kaiser begleitete seine Reden gerne mit unanständigen Gesten. Er war es auch, der allzu freizügige Reden bei den Weinfesten einführte mit der Begründung, daß Wein und Sex zusammengehörten.

H.A., Heliog. 10–11

DER ERSTAUNLICHSTE TRANSVESTIT

Das müßte Sporos gewesen sein. Erst versuchte Nero, ihn zu kastrieren, dann ihn von einem Mann in eine Frau verwandeln zu lassen. Als offenbar beides nicht glückte, heiratete Nero ihn. Er veranstaltete eine große Hochzeitszeremonie mit allem, was dazugehörte. Dann führte Nero Sporos als seine rechtmäßige Ehefrau mit allem Prunk nach Hause. Spötter äußerten daraufhin, es wäre für die Menschheit besser gewesen, wenn Neros Vater Domitius eine solche Ehefrau gehabt hätte.

Sueton, Ner. 28

DER PERVERSESTE ALTE

Der alte Kaiser Tiberius ließ auf Capri kleine Lusthäuser bauen, in denen er sich seinen heimlichen Begierden hingab. Dort trafen sich Mädchen und Jungen mit unnatürlichen Neigungen. Tiberius teilte sie in Dreiergruppen ein und sah ihnen dann zu, wenn sie sich miteinander vergnügten. Wenn es den jungen Leuten an Phantasie fehlte, dann konnten sie sich von Gemälden von Paaren beim Liebesspiel anregen lassen. Im Park lagen indessen weitere junge Leute, die als Nymphen und Faune verkleidet waren.

Sueton, Tib. 43–44

DIE TEUERSTE PROSTITUIERTE

Im 4. Jahrhundert v. Chr. war die berühmte Prostituierte Lais in der griechischen Hafenstadt Korinth tätig. Als der Redner Demosthenes sie aufsuchte, um sie nach dem Preis für ihre Dienste zu fragen, verlangte sie 10 000 Drachmen, was 27 Jahreslöhnen eines Handwerkers auf der Akropolis entsprach. Schokkiert soll Demosthenes geantwortet haben: «Ich kaufe mir zu diesem Preis kein schlechtes Gewissen.»

Gellius, NA 1,8

DIE GRÖSSTE SITTENLOSIGKEIT IN EINEM KAISERLICHEN PALAST

Heliogabal eröffnete um 220 n.Chr. in seinem Palast ein Bordell für seine Freunde und Bekannten – einschließlich der Sklaven.

H.A., Heliog. 24,2

DER MISSLUNGENSTE GESCHLECHTSVERKEHR

Männer, die sich in hübsche Statuen verliebten oder genauer gesagt, sexuell von ihnen erregt wurden, werden in der antiken Literatur immer wieder erwähnt. Auf Samos gab es ein Werk des Bildhauers Ktesikles, das genau diese Wirkung hervorrief. Als sich ein gewisser Kleisophos nachts im Tempel einschließen ließ und sich erwartungsfroh der Göttin näherte, erwies sich der parische Marmor aber als gefühllos und kalt.

Athenaios, Deipn. 13,606

DAS SCHLAFZIMMER MIT DEN MEISTEN SPIEGELN

Bei seiner Beschreibung optischer Erscheinungen kommt Seneca darauf zu sprechen, wie verschiedene Arten von Spiegeln einen Finger so stark verzerren könnten, daß er so groß wirke wie ein Arm. Der berüchtigte Wüstling Hostius Quadra machte sich das zunutze. Neben seinem Bett stellte er einen Spiegel dieser Art auf. Immer wenn er sich von einem Mann besteigen ließ, konnte er in den Spiegel schauen und die Illusion genießen, daß dessen Organ viel größer war als in Wirklichkeit. Sein ganzes Schlafzimmer war mit Spiegeln angefüllt, so daß Männer und Frauen bei den liederlichsten Exzessen aus allen Winkeln zu betrachten waren. Die Möglichkeit, sich nicht nur körperlich, sondern auch durch das Zuschauen zu verlustieren, hielt dieser Sexbesessene für den höchsten Genuß.

Als Quadra schließlich von seinen eigenen Sklaven, die seine Übergriffe nicht länger ertragen konnten, erschlagen wurde, schritt Kaiser Augustus ein und sorgte dafür, daß die Täter straffrei ausgingen. Man könne nur hoffen, daß er vor seinen Spiegeln ermordet worden sei, schließt Seneca seinen Bericht.

Seneca d.J., QNat. 1,16

DAS OBSZÖNSTE PARFÜM

Demetrios Poliorketes, der König Makedoniens, war sehr angetan von einer Flötenspielerin namens Lamia. Bei einem Fest versuchte er, ihre Aufmerksamkeit zu gewinnen, indem er ihr alle Düfte seiner beeindruckenden Parfümsammlung vorführte. Aber das Mädchen ließ sich nicht beeindrucken. Daraufhin nahm der König ein Stück indische Narde, rieb sein Geschlecht damit ein und fragte sie, ob dieses Parfüm nicht alle anderen Düfte bei weitem übertreffe. Lamia erwiderte, es gebe nichts, was mehr stinken würde. Demetrios ließ ihr das durchgehen, wies aber darauf hin, dieses Parfüm entstamme königlichen Drüsen.

Athenaios, Deipn. 13.577 e-f

DER SKANDALÖSESTE TOD

Daß Männer beim Beischlaf starben, war auch vor 2000 Jahren nichts Ungewöhnliches, aber daß es zwei Ritter gleichzeitig erwischte, während sie Sex mit ein und demselben Mysticus – einem laut Plinius ungewöhnlich gutaussehenden Pantomimentänzer – hatten, das war dann doch skandalös.

Plinius d.Ä., NH 7,184

DIE GRÖSSTE SEXSEKTE ROMS

Im Jahre 186 v.Chr. waren die Bacchanalien in Rom, bei denen man in geschlossener Gesellschaft exzessiv den Weingott feierte, vollkommen außer Kontrolle geraten. Anfänglich hatten nur Frauen an dem Kult teilgenommen, aber mit der Zeit hatten auch Männer Zugang erhalten, und schließlich vergnügte man sich auch mit den eigenen Geschlechtsgenossen. Die Kunde darüber, was während dieser Zusammenkünfte vor sich ging, kam schließlich auch dem Konsul zu Ohren, als ein unglücklich verliebtes Sklavenmädchen sein Herz ausschüttete. Als man der Angelegenheit nachging, kam heraus, daß etwa 7000 Personen an den Orgien beteiligt waren. Wem von diesen es gelang, vor den Festnahmen aus der Stadt zu fliehen, der wurde von den Behörden aufgespürt und ihm wurde vor Gerichten in der Provinz der Prozeß gemacht. Der Senatsbeschluß darüber, wie die Feste danach ablaufen sollten, wurde auf einer Bronzetafel vermerkt, die heute im Archäologischen Museum der Stadt Wien aufbewahrt wird.

Livius 39,8–19

VERRÜCKTHEITEN UND STREICHE

AUSSER SICH VOR TRAUER

Als Hephaistion, der beste Freund Alexanders des Großen, im Jahre 324 v.Chr. starb, verlor Alexander vor Trauer beinahe den Verstand. Sie hatten sich seit ihrer Kindheit gekannt und waren dann kriegführend durch Persien bis nach Indien gezogen. Als sein Kamerad plötzlich Fieber bekam und starb, trauerte Alexander so sehr, daß er zu Ehren des Toten allen Pferden und Maultieren Mähnen und Schweife abschneiden ließ. Außerdem ließ er den Arzt kreuzigen, dem es nicht gelungen war, Hephaistion zu heilen. Für lange Zeit verbot Alexander jegliche Musik im Kriegslager. Er stürzte sich – vielleicht selbst den Tod suchend – in jedes Gefecht, das sich bot, und schlachtete dabei zahlreiche Feinde ab. All das, laut Plutarch, um seinem toten Freund Ehre zu erweisen.

Plutarch, Vit. Alex. 72

DER GRÖSSTE SCHIFFSNARR

Der Athener Thrasyllos war auf die fixe Idee verfallen, daß alle Schiffe, die den Hafen von Piräus anliefen, sein Eigentum seien. Tagelang führte er Buch über Ankunft und Abfahrt und über die Waren, die ausgeladen wurden, als gehörte alles ihm. Sein Bruder brachte ihn schließlich zu einem Arzt, dem es in der Tat gelang, seinen Patienten zu heilen. Anschließend erklärte Thrasyllos jedoch, er sei nie so glücklich gewesen wie in der Zeit seiner Krankheit.

Athenaios, Deipn. 12,554 e-f;
Aelian, VH 4,25

DER FRÜHESTE REINLICHKEITSFANATIKER

Der Reichtum eines gewissen Anaxarchos mündete in recht exzentrisches Verhalten. Der Bäcker, der ihm sein Brot backte, erhielt die Anweisung, Mundschutz und Handschuhe zu tragen, weil sonst

Schweiß und Atemluft in Kontakt
mit dem Teig kommen könnten.

Athenaios, Deipn. 12,548b-c

DIE WILLKÜRLICHSTE VERWANDTSCHAFT

Als Caligula bankrott war, ließ er sich systematisch von reichen alten Menschen adoptieren, damit sie seine Verwandten wurden. Er sprach sie mit Vater und Mutter an oder mit Großvater und Großmutter. Er ließ sich zu ihren Lebzeiten von ihnen aushalten und riß ihr Vermögen als Erbe an sich, wenn sie endlich gestorben waren.

Cassius Dio 59,15,6

DAS GRAUSAMSTE KIND

Einen Vorgeschmack darauf, wie grausam Kaiser Commodus mit der Zeit werden würde, gab er bereits, als er erst zwölf Jahre alt war. Als er bei einem Thermenbesuch einmal der Auffassung war, das Wasser sei nicht warm genug, befahl er, den Vorsteher der Thermen in den Ofen, mit dem das Wasser beheizt wurde, werfen zu lassen. Der Sklave, der diesen Befehl ausführen sollte, warf jedoch ein Ziegenfell in die Flammen, um den Jungen glauben zu machen, sein Befehl sei ausgeführt, sobald sich der

Gestank des verbrannten Fells in den Thermen verbreitete.

H.A., Comm. 1,9

DIE GRÖSSTE GRAUSAMKEIT VÄTERN GEGENÜBER

Caligula zwang oft die Väter zuzusehen, wenn ihre Söhne hingerichtet wurden. Als einmal ein alter Mann ausrichten ließ, er sei zu schwach, um in die Arena zu kommen, ließ Caligula ihm als Gipfel des Zynismus eine Sänfte schicken. Ein anderes Mal lud Caligula einen Mann zum Abendessen ein, der gerade der Hinrichtung seines Sohnes hatte beiwohnen müssen, so daß dieser gezwungen war, unmittelbar nach dem grausamen Tod seines Kindes zu essen, zu lachen und fröhlich zu sein.

Sueton, Calig. 27,4

DER ABARTIGSTE KAISER

Nero machte es sich zur Gewohnheit, sich nach Einbruch der Dunkelheit verkleidet in die Stadt zu begeben und Leute zu erschrekken. Nach Ansicht von Sueton ließ sich dies nicht mehr als Dummer-Jungen-Streich abtun, sondern war ein Ausweis seines schlechten Charakters. Der Kaiser verprügelte beispielsweise Leute, die nach einer Abendgesellschaft auf dem Weg nach Hause waren. Wenn sie versuchten, sich zu verteidigen, verletzte er sie und warf sie in einen Abwasserkanal.

Sueton, Ner. 26,1

DIE GRÖSSTE ANZAHL IN DER ARENA GETÖTETER RITTER

Nero zwang einmal dreißig Personen aus der Ritterschaft, als Gladiatoren in der Arena auf Leben und Tod zu kämpfen. Das empfand die römische Oberschicht als eine ungeheure Schmach.

Cassius Dio 61,9,1

DAS SCHLIMMSTE MASSAKER IN ALEXANDRIA

Bei einem Besuch in Alexandria im Mai 215 n.Chr. ließ Caracalla, um Unruhen zu unterdrücken, alle Jünglinge töten, die sich in der Stadt, in der etwa eine halbe Million Menschen lebten, aufhielten. Unter Vorspiegelung falscher Tatsachen lockte er die Waffenlosen auf einen großen Platz. Nachdem er die Reihen abgeschritten hatte, rief er seine Soldaten, die sogleich begannen, die Jungen mit ihren Schwertern niederzumetzeln. Die Familien mußten dem Blutbad hilflos zusehen.

Die Schergen des Kaisers hoben eine tiefe Grube aus, in die man die toten und sterbenden Jünglinge warf. Einige der jungen Männer klammerten sich im Todeskampf an die Soldaten und zogen diese im Fall mit. So wurden auch diese lebendig begraben, als man die Grube rasch zuschaufelte und mit einem Haufen Erde bedeckte.

Herodian 4,9

DER ERFOLGREICHSTE RELIGIÖSE SCHWINDLER DER ANTIKE

Zwischen 150 und 170 n.Chr. begründete ein Scharlatan und Betrüger namens Alexander in Kleinasien eine ungewöhnlich erfolgreiche Sekte. Der Mann hatte den größten Teil seines Lebens unstet in verschiedenen Städten verbracht und entschied sich schließlich dafür, sich in Chalkedon niederzulassen, weil die Menschen dort angeblich besonders stur waren. Als erstes ließ er eine Bronzetafel anfertigen, auf der eine Inschrift verkündete, daß der Gott der Heilkunde Asklepios bald wiederkehren würde. Er vergrub die Tafel heimlich, gab dann vor, sie durch göttliche Fügung entdeckt zu haben, und brachte die Leute so dazu, dem Gott einen Tempel zu errichten. Dann fing er eine Schlange – das dem Gott der Heilkunde zugeordnete Tier –, die er in ein leeres Gänseei setzte. Am folgenden Tag begann er, in fremden Zungen zu reden, so daß er eine große Menschenschar zum Bauplatz des Tempels lockte, wo er dann – wiederum scheinbar ganz zufällig – das Ei fand. Verzückt erlebte die Versammlung mit, wie die Schlange in seinen Händen geboren wurde. Mit diesem Betrug gewann Alexander zahllose Anhänger. Er fertigte nun aus Leinen und Korken eine künstlichen Schlange mit einem Menschenkopf, die er vorführte, wenn er in der düsteren Tempelkammer Besucher empfing. Alexander hatte sich damit selbst zum höchsten Priester des Kultes der heiligen Schlange erhoben, die unter dem Namen Glykon bekannt wurde. Fragen konnten an ein «Orakel» auf versiegelten Papyrusrollen gestellt werden. Alexander öffnete das Siegel mit einer heißen Nadel und konnte so den Gläubigen verblüffende Antworten geben. Bald verlieh der findige Alexander der Schlange Glykon auch eine Stimme. An Fäden aus Roßhaar bewegte Alexander ihr Maul, so daß es aussah, als spreche sie. Im Nebenzimmer sprach ein Komplize des Hochstaplers durch ein langes Rohr, das aus den Kehlen von Kranichen gefertigt war und im Schlund der Schlange endete. Bald gelangte die Kunde von dem Orakel nach Rom, und immer mehr Menschen strömten herbei.

61 Asklepios, der Gott der Heilkunst mit der Schlange, die heute noch als Äskulapschlange manches Apothekenschild ziert; das Bild entstand in Anlehnung an die charakteristische Askleposikonographie.

221 VERRÜCKTHEITEN UND STREICHE

Lukian, der diese Geschichte überliefert hat, blieb jedoch skeptisch und stellte das Orakel mit einer langen Reihe von Fragen auf die Probe, machte sich damit aber nur beim Volk verhaßt. Als Alexander schließlich starb, scheint es einigen Eingeweihten gelungen zu sein, den Bluff fortzusetzen. Münzen und Inschriften aus dieser Zeit beweisen, wie berühmt Glykon war. Ohne Lukians Bericht würden wir heute nicht wissen, wie seine Täuschungsmanöver funktionierten.

Lukian, Der falsche Alexander

DAS EKELHAFTESTE ESSEN

Commodus fürchtete und haßte den römischen Senat gleichermaßen. Deswegen ließ er den Senatoren einmal edelste Speisen vorsetzen, in die er jedoch zuvor hatte Exkremente mischen lassen.

H.A., Comm. 11,1

DIE KLEBRIGSTE ORGIE IN PARFÜMÖL

Antiochos IV. Epiphanes («der Hervorleuchtende») von Syrien, der auch Epimanes («der vollkommen Verrückte») genannt wurde, liebte es, sich unter seine Untertanen zu mischen und mit Geld um sich zu werfen, wenn er nicht gerade zusammen mit Schauspielern nackt auf einer Bühne tanzte oder mit großen Marionetten hantierte. Einmal, als er sich in einem öffentlichen Badehaus befand, meinte jemand, der König müsse sehr glücklich darüber sein, sich so teure Düfte leisten zu können. Erfreut über diese Schmeichelei befahl Antiochos, eine Kanne mit fast sieben Litern parfümierten Öls über dem Mann ausgießen zu lassen. Alle wälzten sich daraufhin in der klebrigen Schmiere, und auch der König landete laut lachend auf seinem Hinterteil.

Polybios 26,1; Athenaios, Deipn. 10,438 d-f

FAST TOT UND DOCH ÜBERLEBT

Als Commodus um 182 n. Chr. einmal eine Laus über die Leber gelaufen war und er deswegen einen gewissen Sextus Condianus zum Tode verurteilt hatte, trank dieser gewitzte Mann eine Unmenge Hasenblut. Anschließend ging er reiten und ließ sich so vom Pferd fallen, als sei er gestürzt. Nach dem Sturz erbrach er soviel Hasenblut, daß alle, die ihn sahen, glaubten, er liege im Sterben. So auch der Kaiser. Sextus wurde in sein Zimmer gebracht und nutzte die Gelegenheit, von dort zu verschwinden. Er konnte nie wieder dingfest gemacht werden, obwohl immer wieder Nachrichten eingingen, er sei irgendwo im Reich gesehen worden.

Cassius Dio 73.6.1–5

AM WENIGSTEN IN DER SONNE

Von allen Zechern, die die Nacht zum Tage gemacht hatten, war Sextus Papinius der schlimmste. Um neun Uhr abends, wenn die meisten Bürger bereits zu Bett gegangen waren, war aus seinem Haus Peitschenknallen zu hören. Allen war klar, daß der Herr des Hauses mit seinen Sklaven die Abrechnung des Tages durchging. Um Mitternacht hörte man Papinius im ganzen Viertel, wenn er seine Stimme trainierte. Um zwei Uhr nachts knarrten Wagenräder, wenn er ausfuhr, und bei Morgendämmerung waren die Rufe und das Lärmen seiner Sklaven zu hören, wenn sie ihrem Herrn einen Trunk nach dem Bade servierten. Seine Hauptmahlzeiten gingen bis zur Morgendämmerung, während es doch üblich war, Mahlzeiten vor Sonnenuntergang zu beenden.

Seneca d.J., Ep. 122,15–16

DAS SCHLIMMSTE DELIRIUM

Wenn Heliogabal seine Freunde unter den Tisch getrunken hatte, dann ließ er seine zahmen Bestien holen. Sobald die Trunkenbolde ihren Rausch ausgeschlafen hatten, sahen sie sich von Löwen, Leoparden und Bären umgeben. Manch einer ist vor Schreck auf der Stelle gestorben.

H.A., Heliog. 25,1

DIE GRÖSSTE ANZAHL VON KAHLKÖPFEN IM THEATER

Während eines Festes für die Blumengöttin Flora, das jedes Jahr Ende April stattfand, sann ein Veranstalter darauf, möglichst viele Männer mit Glatze im Publikum zu versammeln. Damit wollte er sich über Kaiser Tiberius lustig machen, der kahlköpfig war. Der Herrscher fand das recht harmlos und ließ sich wegen des Streichs nichts weiter anmerken.

Cassius Dio 58,19,2

DER GESPENSTISCHSTE SCHERZ

Bei einem Fest ging ein Mann namens Anaxilaos mit einem Weinkelch herum, der mit glühenden Kohlen und Schwefel gefüllt war. Im

Schwefelschein wirkte er wie ein lebender Toter.

Plinius d.Ä., NH 35,175

DER BLUMIGSTE TOD

Kaiser Heliogabal lebte für seine Exzesse. Es verging kein Tag, an dem er nicht neue Ausschweifungen ausprobiert hätte. Es war nichts Ungewöhnliches, die Feststimmung dadurch zu erhöhen, daß man Blütenblätter auf die Teilnehmer eines Gastmahls herabregnen ließ. Wie immer übertrieb Heliogabal: Er ließ so viele Veilchen in den Saal herabstreuen, daß seine Gäste schließlich in einem Blumenmeer erstickten.

H.A., Heliog. 21,5

DIE GRÖSSTE ANZAHL VON ÜBERRASCHUNGSGESCHENKEN

Heliogabal teilte oft im Losverfahren Geschenke an die Teilnehmer seiner Gastmähler aus. Die Gaben waren sehr unterschiedlich: Der eine erhielt vielleicht zehn Kamele, ein anderer zehn Goldbarren. Es konnte aber auch passieren, daß ein Gast mit zehn Hühnereiern beschenkt wurde oder mit zehn toten Fliegen.

H.A., Heliog. 22,1

DAS GEFÜHL, DEM TOD AM NÄCHSTEN GEWESEN ZU SEIN

Wenn Kaiser Heliogabal richtig gute Laune hatte, dann ließ er beim Dessert seine zahmen Tiger und Löwen vorführen. Die Tiere sprangen zu den Gästen auf die Kissen und versetzten diese in Todesangst, was der junge Kaiser äußerst amüsant fand. Die Tiere waren zwar «waffenlos», besaßen also keine Zähne mehr, sie müssen aber auch extrem gut dressiert gewesen sein.

H.A., Heliog. 21

HELDENTATEN

DER TAPFERSTE RÖMER

Für diesen Titel kämen so viele Kandidaten in Frage, daß es nicht leicht sei, eine Entscheidung zu treffen, schreibt Plinius. Seine Wahl fällt dann aber doch auf Marcus Sergius – auch wenn dessen Ruhm angesichts der Tatsache, daß sein Urenkel der Umstürzler Catilina gewesen sei, ein wenig verblasse: Auf seinem zweiten Feldzug verlor Sergius seine rechte Hand und bei zwei weiteren Schlachten wurde er insgesamt 23 mal verwundet; besonders an Armen und Beinen

62 Tintenbehältnis an einem Köcher für Schreibfedern, Schreibtafel und Stilus (Griffel, um auf Wachstäfelchen zu schreiben)

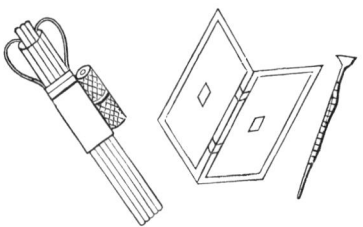

trug er schwere Verletzungen davon. Dies hielt ihn jedoch nicht davon ab, immer wieder in neue Schlachten zu ziehen. Zweimal wurde er von Hannibal gefangengenommen, beide Male gelang ihm die Flucht – das eine Mal, nachdem er zwanzig Monate lang in Ketten gelegen hatte. Zweimal wurden die Pferde, auf denen er ritt, von Lanzen durchbohrt. Er ließ sich eine Rechte aus Eisen anfertigen. Darauf gelang es ihm, die Belagerung von Cremona aufzuheben, Placentia zu verteidigen und zwölf feindliche Lager in Gallien einzunehmen. All das hatte Sergius selbst in einer Rede angeführt, die er als Prätor hielt, weil seine Kollegen ihn aufgrund seiner Behinderung von den Opferritualen ausschließen wollten.

Plinius d.Ä., NH 7,104–105

DER FLEISSIGSTE SCHÜLER

Als der Vesuv im Jahre 79 n. Chr. ausbrach, zog der damals 18jährige

Plinius d.J. ein Buch des Historikers Livius hervor, um darin zu lesen. Erst als um ihn herum die Häuser einstürzten, beschloß er, in seiner Lektüre innezuhalten.

Plinius d.J., Ep. 6,20

DER GLÜCKLICHSTE TOD

Nachdem Hannibal im Jahre 216 v.Chr. in der Schlacht bei Cannae die römischen Legionen hatte abschlachten lassen, gab es in Rom allen Grund zu Trauer und Angst. Doch gerade eine glückliche Ausnahme brachte einer Mutter den Tod: Als ihr totgeglaubter Sohn plötzlich wohlbehalten in der Tür stand, war sie vor Freude so überwältigt, daß sie auf der Stelle starb. Das führt Plinius d.Ä. als Beispiel für einen sehr glücklichen Tod an.

Plinius d.Ä., NH 7,180; Gellius, NA 3,15

DER WEITESTE PFEILSCHUSS

Mithridates VI. soll vom Dach des Artemis-Tempels in Ephesos einen Pfeil abgeschossen haben, der ein Stadion, also etwa 180 Meter weit, geflogen sein soll. Auf einer Inschrift in der Stadt Olbia am Schwarzen Meer wird jedoch ein Anaxagoras erwähnt, der bei einem örtlichen Schützenwettbewerb siegte. Ihm gelang es angeblich, einen Pfeil rund 500 Meter weit zu schießen.

Strabon 14,1,23

DER SPRACHENKUNDIGSTE MANN

Für einen gebildeten Römer galt es als ausreichend, Latein und Griechisch zu beherrschen. Ein Mensch mit erstaunlichen Sprachkenntnissen soll jedoch König Mithridates VI. von Pontos gewesen sein. Er sprach alle 25 Sprachen seiner Untertanen, benötigte also nie einen Dolmetscher. Er darf als der sprachenkundigste Mensch der Antike gelten.

Plinius d.Ä., NH 7,88; Gellius, NA 17,17

DER FOLGENSCHWERSTE SCHLUCK

Es gibt unzählige Arten, auf die selbst die erfolgreichsten Menschen ihre Tage beschließen können. Der Senator Fabius erstickte an einem Haar, als er ein Glas Milch trank.

Plinius d.Ä., NH 7,44

DER SCHNELLSTE RITT DURCH DIE WILDNIS

Im Sommer 330 v.Chr. wollte Alexander der Große um jeden

Preis den besiegten Perserkönig Dareios III., der sich mit seiner Armee auf der Flucht befand, in seine Gewalt bringen. Mit großen Teilen seiner Reiterei gelang es Alexander, innerhalb einer Woche 400 Kilometer durch die Wüsteneien jenseits des Kaspischen Meeres zurückzulegen. Sie fanden schließlich Dareios, der von seinen eigenen Männern niedergestochen und tot zurückgelassen worden war.

Arrian, Anab. 3,20–21

DER WAGHALSIGSTE SCHWIMMER

Einmal sah sich Hannibals Armee gezwungen, einen tiefen Fluß zu durchqueren, aber da man keine Boote oder Material für Flöße besaß, gelang es nicht, die Elefanten auf die andere Seite zu bringen. Da befahl Hannibal einem seiner Leute, den größten und stärksten Elefanten am Ohr zu verletzen und sich dann in den Fluß zu werfen. Der wütende Elefant verfolgte seinen Peiniger ins Wasser, die gesamte Herde folgte ihm. Der Trick war gelungen. Der Soldat schwamm, so schnell er konnte, voran, und die Elefanten gelangten so auf die andere Uferseite.

Livius 21,28,5; Frontin, Str. 1,7

EIN BEMERKENSWERTES BEISPIEL TÖCHTERLICHER LIEBE

Eine Frau aus dem Volke, die gerade ein Kind bekommen hatte, besuchte ihre Mutter, die in einem römischen Gefängnis eingesperrt war. Die Wärter durchsuchten die Besucher jedes Mal gründlich, um sicherzustellen, daß sie den Gefangenen nichts zu essen mitbrachten. Diese Frau jedoch begann in der Zelle ihre Mutter zu stillen. Das «Vergehen» wurde entdeckt. Man sah darin aber ein so unerhört schönes Beispiel von Kindesliebe, daß man die Mutter freiließ. Mutter und Tochter bekamen zudem für den Rest ihres Lebens eine Rente zugesprochen. Das Gefängnis wurde abgerissen und an seiner Stelle ein Tempel für die Göttin Pietas errichtet.

Plinius d. Ä., NH 7,121

DIE BEWUNDERUNGSWÜRDIGSTEN KRIEGSGEGNER

Von den Kantabrern in Spanien hieß es, sie seien hart im Nehmen. Einmal, als die Römer eine Gruppe gefangener Kantabrier kreuzigten, stimmten diese, am Kreuz hängend, Siegesgesänge ihrer Heimat an.

Strabon 3,4,18

DAS LÄNGSTE FREIWILLIGE IM-BETT-LIEGEN

Bei seiner Beschreibung verschiedener Arten von Eiern fällt Aristoteles plötzlich ein berüchtigter Zecher in Syrakus ein. Dieser legte Hühnereier in einer Kuhle unter seine Matratze und soff dann so lange, bis die Eier ausgebrütet waren.

Aristoteles, HA 6,559b.2–5

EIN UNFREIWILLIGER SELBSTMORD

Ein trauriges Beispiel ist laut Plinius der Tod des Gaius Proculeius, eines engen Freundes von Kaiser Augustus. Um seiner schweren Magenschmerzen Herr zu werden, trank er Gips – und starb daran.

Plinius d.Ä., NH 36,183

DIE GRÖSSTE SIMULTANKAPAZITÄT

Iulius Caesar war nicht nur tapfer, standhaft und verfügte zudem über einen brillanten Intellekt, sondern seine angeborene Vitalität und Schnelligkeit verliehen ihm auch laut Plinius eine andere einzigartige Fähigkeit: Caesar konnte nämlich zugleich lesen, schreiben, diktieren und zuhören. Er diktierte seinen Sekretären vier Briefe gleichzeitig. Diese Fähigkeit hatte er auch als Kriegsherr: Er konnte das Heer in fünfzig Schlachten lenken.

Plinius d.Ä., NH 7,91–92

DER VERFRESSENSTE KAISER

Kaiser Vitellius war ein unglaublicher Gierschlund. Am schlimmsten war laut Sueton, daß er sich nicht beherrschen konnte. Während mancher Zeremonie zu Ehren der Götter geschah es, daß er Bratenstücke oder Kuchen, die gerade geopfert werden sollten, an sich riß. Auf Reisen kehrte er in Wirtshäuser ein und verschlang die Speisen, die gerade vom Feuer kamen. Er hatte aber auch gegen angenagte Reste vom Vortag nichts einzuwenden.

Sueton, Vit. 13

DER ABWEGIGSTE SELBSTMORD

Als eine Römerin Eitergeschwüre am Glied ihres Mannes entdeckte, riet sie ihm, sich das Leben zu nehmen. Sie folgte ihm in den Tod, indem sie sich an ihm festband. Gemeinsam sprangen sie aus dem Schlafzimmerfenster in den See, der direkt darunter lag.

Plinius d.J., Ep. 6,24

EIN RICHTIGER OBSTESSER

Von einem gewissen Clodius Albinus, der mit Septimius Severus um den Kaiserthron rivalisierte, hieß es, er esse unvorstellbar viel Obst: Wenn er Hunger bekäme, dann verspeise er schon mal fünfhundert getrocknete Feigen, hundert Pfirsiche aus Kampanien, zehn Melonen und sieben Kilo Trauben.

H.A., Clod. 11,2–3

DER SCHLIMMSTE FRESSER
Selten gab sich der strenge Kaiser Aurelian Vergnügungen hin. Zu den wenigen Dingen, die ihm ungeheuren Spaß bereiteten, gehörte es jedoch, einem richtigen Esser dabei zuzusehen, wie er sein Talent vorführte. Einmal aß ein solcher an ein und demselben Tag ein Wildschwein, hundert Brote, ein Schaf und ein Schwein und beendete das Mahl dann, indem er sich mit Hilfe eines Trichters einen ganzen Schlauch Wein einflößte.

H.A., Aurel. 50,4

DIE SCHLIMMSTE FRESSERIN
Als die berühmteste Fresserin galt eine gewisse Aglaïs, eine Trompeterin, die auch in der Dionysos-Parade aufgetreten war, die Ptolemaios II. in Alexandria veranstaltet hatte. Zum Abendessen verputzte sie fünf Kilo Fleisch und vier normale Tagesrationen Brot, dazu trank sie einen ganzen Krug Wein.

Aelian, VH 1,26; Athenaios, Deipn. 10,415a-b

DER HUNGRIGSTE TRIUMVIR
Während eines Feldzuges um 40 v. Chr. litt der römische Heerführer Antonius ebensolchen Hunger wie seine Soldaten. Auf ihrem Weg durch die Alpen lebten sie nur von Wasser, Beeren und Wurzeln und sogar von Baumrinde.

Plutarch, Vit. Ant. 17

DER GRÖSSTE TRANSPORT
Plutarch erzählt von einem gigantischen Transport von Gütern, der 331 v. Chr. in Persepolis begann. Alexander der Große ließ von dort seine Kriegsbeute, hauptsächlich Möbel, auf zehntausend Eselspaaren und fünftausend Kamelen abtransportieren.

Plutarch, Vit. Alex. 37

DIE MAGERSTE KOST FÜR BELAGERTE
Als Hannibal im Jahre 216 v. Chr. Casilinum belagerte, schickten die Römer den in der Stadt Eingeschlossenen Lebensmittel auf

Flößen auf dem die Stadt passierenden Fluß. Die Karthager spannten daraufhin eine Kette über das Wasser, um diese Flöße aufzuhalten. Die Römer gaben jedoch nicht auf und warfen statt dessen Nüsse ins Wasser. Das war eine karge Kost, doch überlebten die Eingeschlossenen dadurch solange, bis Hannibal aufgab und weiterzog.

Livius 23,19; Frontin, Str. 3,14,2

DIE DÜNNSTE SUPPE

Als Sulla um 80 v.Chr. Athen belagerte, war der von Mithridates ernannte Gouverneur der Bevölkerung gegenüber so stur und grausam, daß er diese lieber verhungern ließ, als auch nur einen Fingerbreit nachzugeben. Um die Belagerung zu überleben, kochten die Athener Suppe aus Mutterkraut (*Chrysanthemum Parthenium*), das auf den Hängen der Akropolis wuchs, sowie aus Schuhen und Ölschläuchen aus Leder.

Plutarch, Vit.Sull. 13

DIE STRENGSTE DIÄT FÜR EINEN KAISER

Schnittlauch sei in Mode gekommen, schreibt Plinius d.Ä., und führt an, daß Nero an gewissen Tagen im Monat nichts anderes zu sich nehme. Mit dieser Diät wolle er seine Singstimme verbessern.

Plinius d.Ä., NH 19,108

63 Die Ruine der Säulenhalle des Xerxes in Persepolis

HELDENTATEN 230

DER DURSTIGSTE KAISER

Der römische Kaiser Maximinus Thrax, der ein Riese und ungehobelter Kerl gewesen sein soll, konnte eine ganze Amphora Wein (rund 26 Liter) am Tag trinken. Ebenfalls Erstaunliches leistete auf diesem Gebiet ein gewisser Novellius Torquatus aus Mailand, der Kaiser Tiberius dadurch beeindruckte, daß er 10 Liter ohne abzusetzen trank.

Plinius d.Ä., NH 14,144–145; H.A., Max. 4,1

REKORD IM FLEISCHESSEN

Diesen Rekord hielt ebenfalls Maximinus Thrax. Es wurde behauptet, daß er zwischen 13 und 19 Kilo Fleisch am Tag verspeisen konnte.

H.A., Max. 4,4

DER GESCHICKTESTE BOGENSPANNER

Ein Junge, der ohne Arme zur Welt gekommen war, konnte zur Zeit Caesars einen Bogen nur mit den Zehen spannen. Laut Cassius Dio hatte der Diktator den Jungen aus Indien erhalten. Das Kind hatte gelernt, die Füße so zu verwenden wie die Hände. Er konnte mit den Füßen auch Trompete spielen.

Cassius Dio 54,9,8

DIE LÄNGSTE TRAUER

Eine gewisse Pomponia Graecina soll nach dem von Claudius' Ehefrau Messalina befohlenen Mord an Caligulas Schwester Julia Livilla vierzig Jahre lang Trauer getragen haben.

Tacitus, Ann. 13,32

DER LÄNGSTE SCHACHT, DEN FRAUEN INNERHALB KÜRZESTER ZEIT GRUBEN

Im Jahre 272 v.Chr. rückte Pyrrhos auf Sparta vor. Dort beschloß der Rat, alle Frauen eiligst nach Kreta zu schicken. Doch Archimidia ermahnte den Rat mit dem Schwert in der Hand, niemanden wegzuschicken, sondern im Gegenteil, Pyrrhos mit Hilfe der Frauen zu besiegen. In der Nacht gruben die Frauen einen 2 Meter tiefen und 3,5 Meter breiten Schacht, der genausolang war wie das feindliche Lager, d.h. 256 Meter. Die Frauen ließen darin Wagen mit den Rädern im Schlamm versinken – und das alles, damit Pyrrhos' Kriegselefanten am nächsten Morgen auf harten Widerstand treffen sollten.

Plutarch, Vit. Pyrrh. 27

HELDENTATEN

DIE GRÖSSTE ANZAHL VON DOLMETSCHERN

Im Kaukasus wurden so viele Sprachen gesprochen, daß die römischen Händler, die Geschäfte in den östlichen Grenzgebieten des Reiches trieben, einen Stab von 130 Dolmetschern benötigten.

Plinius d. Ä., NH 6,15

ZWEI TROMPETEN GLEICHZEITIG BLASEN

Ein Mann namens Herodoros war Trompeter in der Armee der griechischen Stadt Megara. Er war zwar nur 1,5 Meter groß, aber trotzdem sehr geachtet, da er zwei Trompeten gleichzeitig blasen konnte.

Athenaios, Deipn. 10, 414.415.415a

DIE MEISTEN MÄNNER, DIE SICH GLEICHZEITIG AM RÜCKEN KRATZTEN

Einmal, als Kaiser Hadrian in die Thermen ging, traf er dort einen alten Soldaten, der sich den Rücken an der Wand rieb. Als der Kaiser wissen wollte, was er dort tue, antwortete der Veteran, daß er sich keinen Sklaven leisten könne, der ihm, wie es üblich war, diesen Dienst erweise. Hadrian schenkte ihm sofort einige Sklaven sowie Geld für ihren Unterhalt.

Als der Kaiser das nächste Mal die Thermen besuchte, stand dort eine ganze Schar älterer Männer, die sich den Rücken an der Wand rieben. Der Kaiser befahl ihnen streng, sich in einer Reihe aufzustellen und einander gegenseitig den Rücken zu kratzen.

H.A., Hadr. 17, 6–7

DIE SCHNELLSTE SEGELFAHRT

Am schnellsten segelte ein Gouverneur in Ägypten, der die Strecke vom Messina-Sund nach Alexandria innerhalb von sechs Tagen zurücklegte. Das entspricht

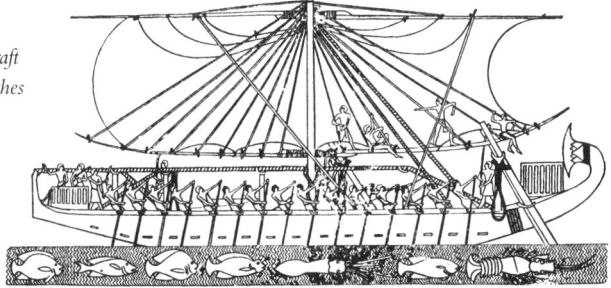

64 Durch Ruderkraft verstärktes ägyptisches Segelschiff

einer Durchschnittsgeschwindigkeit von knapp sechs Knoten. Plinius kommentiert entrüstet, daß die Menschheit, die damit beschäftigt sei, die Welt hin- und herzuschaffen, einfach immer mehr Segel auf ihren Schiffen hissen würde. Von Gibraltar nach Ostia, der Hafenstadt Roms, könne man in nur sieben Tagen gelangen.

Plinius d.Ä., NH 19,3–5

DIE WEITESTE DIPLOMATISCHE MISSION

Unter Claudius' Regierung kam eine Gesandtschaft aus Ceylon nach Rom. Der König dieser Insel war beeindruckt, daß die römischen Münzen alle das gleiche Gewicht hatten, unabhängig davon, welcher Kaiser auf ihnen zu sehen war. Über ein so ehrliches Volk wollte er mehr wissen.

Die weitgereisten Besucher sollen auch sehr verblüfft gewesen sein, als sie die Sternbilder des Großen und Kleinen Bären sahen, aber was sie am meisten erstaunte, war, daß ihr Schatten nach Norden fiel und nicht nach Süden.

Plinius d.Ä., NH 6,84–87

DER ERFOLGLOSESTE VERSUCH, EINEM PFERD DEN SCHWANZ AUSZUREISSEN

Quintus Sertorius war Prätor in Spanien gewesen, stand aber im römischen Bürgerkrieg zwischen Marius und Sulla auf der falschen Seite und wurde von einem Sullaner 81 v.Chr. vertrieben. Dann trat er mit einer eigenen Armee auf. Um den ihm folgenden Spaniern zu demonstrieren, wie die römischen Legionen funktionierten, ließ er zwei Pferde holen. Das eine war ein wunderbar starkes Tier, das andere ein alter Gaul. Darauf rief er zwei Männer zu sich, einen Kraftprotz und einen Schwächling. Der Starke sollte dem schwachen Pferd mit einem Ruck den Schwanz ausreißen, der Schwache dem starken Pferd Schwanzhaar um Schwanzhaar. Als dieser längst mit seiner Aufgabe fertig war, hatte der Starke es immer noch nicht geschafft. Quintus Sertorius wollte damit zeigen, daß sich die Römer nicht mit einem großen Feldzug besiegen ließen, sondern nur in einzelnen Schlachten.

Frontin, Str. 4,7,6

HELDENTATEN

DER LÄNGSTE SANDTRANSPORT
Als sich die Armee Alexanders des Großen aufgemacht hatte, um das Perserreich einzunehmen, schleppten die Makedonen und Griechen allerhand Dinge mit, die sie in der Fremde nicht missen wollten. Die beiden Generäle Perdikkas und Krateros wollten beispielsweise nicht darauf verzichten, ihre Gymnastik überall auf die gewohnte Art zu betreiben. Aus diesem Grund mußten eine große Anzahl Kamele griechischen Sand durch den ganzen Orient schleppen, der dann auf provisorischen Sportplätzen verteilt und bei der Weiterreise immer wieder aufgesammelt wurde.
Aelian, VH 9.3; Athenaios, Deipn. 12.539c

DER MANN, DER AM HÄUFIGSTEN BADETE
Kaiser Commodus badete sieben- bis achtmal am Tag. Deswegen pflegte er auch direkt in den Thermen zu speisen.
H.A., Comm. 11,5

EINE SELTSAME SPEISESITTE
Auch Kaiser Carinus pflegte zu übertreiben; beispielsweise hatte er die Angewohnheit, bei Tisch solche Unmengen von Äpfeln und Melonen reichen zu lassen, daß man gewissermaßen darin badete.
H.A., Carinus 17

DER ERSTE RÖMER AUF DEM OZEAN
Drusus, Livias Sohn und Bruder des Tiberius, der später Kaiser wurde, segelte als erster römischer Feldherr auf dem nördlichen Ozean.
Sueton, Claud. 1,2

DAS LÄNGSTE BESÄUFNIS
Dionysios I. soll einmal 90 Tage lang betrunken gewesen sein, was laut Aristoteles, der in seinem verlorengegangenen Werk über die Verfassung von Syrakus darauf zu sprechen kommt, seinem Augenlicht geschadet habe.
Plutarch, Vit. Dion 7; Athenaios, Deipn. 10,435d-e

DER TÖDLICHSTE WETTBEWERB
Alexander der Große ließ im Jahre 325 n. Chr. ein Wett-Trinken ausrichten, um den indischen Fakir zu ehren, der den Makedonen nach Babylon gefolgt war und dort seine irdische Existenz beendete, indem er auf einen Scheiterhaufen stieg. Getrunken wurde unvermischter Wein, und der erste Preis war ein Talent, also etwa 26 Kilo Silber.

HELDENTATEN 234

Von den Teilnehmern starben 35 recht bald, sechs weitere später. Zum Sieger wurde ein gewisser Promachos erklärt, der 13,5 Liter getrunken hatte. Aber auch er starb nach vier Tagen.

Athenaios, Deipn. 10.437

DIE WUNDERBARSTE RETTUNG

Ein anonymer Autor berichtet im 4. Jahrhundert v. Chr., daß es einigen Jungen gelungen sei, sich zusammen mit ihren Eltern vor einem Ausbruch des Vulkans Ätna auf Sizilien zu retten. Da die Jünglinge aber auf der Flucht ihre Eltern auf dem Rücken trugen, kamen sie nicht schnell genug vom Fleck, sondern wurden von den Lavaströmen eingeschlossen. Diese teilten sich aber auf wunderbare Weise, so daß Kinder und Eltern unverletzt davonkamen.

Aristoteles, Mir. Ausc. 154

DER GRÖSSTE LÄRM

Der größte Lärm der Antike war vermutlich im Jahre 196 v. Chr. in dem kleinen Ort Isthmia in der Nähe von Korinth zu hören. Der römische Heerführer Titus Quinctius Flamininus, der im Jahr zuvor den makedonischen König Philipp V. besiegt hatte, ließ seine Entscheidung über Griechenlands Zukunft bei den Wettkämpfen zu Ehren Poseidons bekanntgeben. Ein Herold schritt ins Stadion und rief aus, daß alle griechischen Städte, die zu Makedonien gehört hätten, fortan frei seien und auch keine Steuern mehr zahlen müßten. Zudem würden die Römer ihre Truppen aus Griechenland zurückziehen. Die Versammelten trauten erst ihren Ohren nicht, aber dann stieg ein so ohrenbetäubender Jubel auf, daß die Vögel in der Luft davon zur Erde fielen. So berichtet es Valerius Maximus. Polybios, der damals noch ein ganz kleiner Junge war, schreibt, daß das Gebrüll so unbeschreiblich laut gewesen sei, daß niemand, der nicht selbst dabei war, sich dies vorstellen könne.

Polybios 18,46; Valerius Maximus 4,8,5

DER SELTSAMSTE FISCHFANG

Es geschah einmal, daß ein Tintenfisch der Nahrung, die ihm das Meer zu bieten hatte, überdrüssig wurde. Er schwamm durch einen Abwasserkanal in die süditalische Stadt Puteoli und tauchte im Keller eines Hauses auf, in dem spanische Kaufleute ihren gesalzenen Fisch lagerten. Das Monster zerschlug die großen

HELDENTATEN

Tongefäße mit seinen Fangarmen, tat sich an ihrem Inhalt gütlich und verschwand wieder im Meer. Als die Kaufleute in den Keller kamen und sahen, daß der größte Teil ihres Lagers verschwunden war, waren sie vollkommen ratlos, da die Türen verschlossen gewesen waren. Sie beschlossen, einen Wächter in dem Keller zurückzulassen. In der nächsten Nacht kehrte der Tintenfisch zurück, und der entsetzte Wächter eilte, um Hilfe zu holen. Die Kaufleute trauten ihren Ohren nicht, schlichen dann aber bewaffnet hinunter in den Keller. In einem gewaltigen Kampf gelang es ihnen, dem Tintenfisch seine Arme abzuschlagen und das Ungeheuer schließlich zu töten. Daß sie an Land, vielmehr gar in einem Haus einen so gigantischen Tintenfisch gefangen hatten, war eine sensationelle Nachricht.

Aelian, NA 13,6

SPORT UND PFERDERENNEN

DER ERSTE SIEGER DER ERSTEN OLYMPIADE

Koroibos aus Elis siegte bei den ersten Olympischen Spielen im Jahre 776 v.Chr. in der damals einzigen Disziplin, dem Laufen.

Pausanias 5,8,6; 8,26,4

DER ERSTE OLYMPISCHE FAUSTKAMPF

Bei den 23. Olympischen Spielen im Jahre 688 v.Chr. siegte ein gewisser Onomastos aus Smyrna in der heutigen Türkei beim ersten Faustkampf.

Pausanias 5,8,7

DER UNERFAHRENSTE BOXER, DER EINEN SIEG ERRANG

Glaukos aus Karystos nahm im 5.Jahrhundert v.Chr. an seinen ersten Olympischen Spielen teil. Sein Vater hatte ihn dorthin mitgenommen. Einmal hatte er beobachtet, wie sein Sohn beim Befestigen einer Pflugschar die Hände statt eines Hammers benutzt hatte. Deswegen meinte der Vater, daß sein Sohn gute Chancen besäße, im Faustkampf zu siegen. Nachdem der Junge etliche Runden gekämpft und einiges eingesteckt hatte, stand er vor seinem letzten Gegner. Er blutete aus so vielen Wunden, daß niemand glaubte, er werde es schaffen, als sein Vater rief: «Vergiß nicht die Pflugschar!» Da versetzte er seinem Gegner einen solchen Hieb, daß dieser umfiel, der Wettkampf entschieden war, und Glaukos hatte gesiegt.

Pausanias 6,10,1–2

DER JÜNGSTE SIEGER

Ab dem Jahre 632 v.Chr. führte man eine Art Junioren-Olympiade ein, an der Jünglinge unter 18 Jahren teilnehmen konnten. Der jüngste Sieger aller Zeiten war ein Zwölfjähriger aus Messene, der Damiskos hieß. Im Jahre 368 v.Chr. siegte er beim Wettlauf der Jungen.

Pausanias 6,2,10

DIE ERSTEN OLYMPISCHEN RINGKÄMPFE

Bei den 18. Olympischen Spielen im Jahre 708 v.Chr. siegte ein gewisser Eurybatos aus Lakonien bei den ersten Ringkämpfen.

Pausanias 5,8,7

DAS ERSTE REITERLOSE PFERDERENNEN

Pheidolas von Korinth ließ seine Stute an einem Pferderennen der Olympischen Spiele teilnehmen. Direkt nach dem Start warf das Pferd seinen Reiter ab und kam als erstes ins Ziel. Dort angekommen, so Pausanias, verstand das Tier, daß es gesiegt hatte, und blieb stehen.

Pausanias 6,13,9

DIE GRÖSSTE ANZAHL VON SIEGERN

Theagenes von Thasos lebte in der ersten Hälfte des 5. Jahrhunderts v.Chr. und galt damals als der erfolgreichste Sportler aller Zeiten. 1200 oder sogar 1400 Siegerkränze soll er errungen haben. Zwar fanden überall in Griechenland das ganze Jahr über Wettkämpfe und Spiele statt, aber trotzdem war etwa ein Sieg pro Woche nötig, um auf diese beachtliche Zahl zu kommen.

Pausanias 6,11,5

237 SPORT UND PFERDRENNEN

DIE ERSTE FRAU, DIE BEI DEN OLYMPISCHEN SPIELEN SIEGTE

Im 4. Jahrhundert v.Chr. gewann Kyniska als erste Frau mit ihren Gespannen ein Pferderennen. Die hocherfreute Siegerin war die Tochter des Spartanerkönigs Archidamos.

Pausanias 3,8,1

DIE GRÖSSTE ANZAHL VON PFERDEWAGEN

Alkibiades aus Athen nahm laut Plutarch mit sieben Pferdegespannen an den Olympischen Spielen teil. So viele hatten vor ihm weder Bürger noch Könige aufgeboten.

Plutarch, Vit. Alk. 11

DAS EXTREMSTE WILDWASSERRENNEN

Der Oberlauf des Nils ist voller Stromschnellen und Klippen. Die Menschen, die hier lebten, waren unglaublich waghalsig. Seneca erzählt, daß zwei Männer in ein kleines Boot stiegen – der eine zum Rudern, der andere, um das Boot während der wilden Fahrt immer wieder leerzuschöpfen. Sie steuerten geschickt durch die schäumenden Strudel und an allen Untiefen vorbei, nur um schließlich in einen tosenden Wasserfall einzutauchen.

SPORT UND PFEREDRENNEN 238

Als die Zuschauer die beiden bereits verloren glaubten, tauchten sie wie von einem Katapult abgefeuert wieder an der Wasseroberfläche auf. Dann konnten sie sich aber endlich auf ruhigerem Wasser weitertreiben lassen.

Seneca d.J., QNat. 4A, 2,6

DIE ZEITSPARENDSTEN SPORTARTEN

Seneca d.J. empfahl, bei der körperlichen Ertüchtigung Zeit zu sparen. Denn man sollte möglichst viel Muße für das Studium der Philosophie haben. Laufen, Diskuswerfen, Hoch- und Weitsprung, alles, was rasch ermüdete und schnell vorbei war, schien ihm daher am besten. Reiten empfahl er ebenfalls, aber auch Spazierengehen, denn dabei konnte man noch eine Unterhaltung führen.

Seneca d.J., Ep. 15

DER ERSTE WETTKAMPF FÜR FRAUEN

Um 150 n.Chr. veranstalteten 16 Jungfrauen einen Wettlauf. Sie liefen mit offenem Haar und mit der über den Knien geschürzten Tunika. Die Siegerinnen erhielten genau wie die Männer bei den Olympischen Spielen Kränze aus Ölbaumblättern. Frauen durften aber an den Olympischen Spielen nicht aktiv teilnehmen. Sie hatten ein eigenes Fest, die Heraia, das alle vier Jahre in Olympia stattfand.

Pausanias 5,16,2-3

DER ERSTE BETRUG BEI OLYMPISCHEN SPIELEN

Dieser wurde bei den 98. Spielen im Jahre 388 v.Chr. aufgedeckt. Die Faustkämpfer Agetor, Prytanis und Phormion waren bestochen worden, so daß der Sieger bereits vor dem Kampf feststand. Inschriften an den Sockeln der Götterstatuen in Olympia hielten fest, wer im Laufe der Jahre geschummelt hatte. Die Statuen wurden mit den Strafgeldern der betreffenden Sportler bezahlt. Eine der Inschriften erinnert daran, daß die Siege bei den Olympischen Spielen durch die Schnelligkeit der Füße und die Kraft des Körpers, jedoch nicht mit unlauteren Mitteln errungen werden sollten.

Pausanias 5,21,3-4

DER FEIGSTE OLYMPIADETEILNEHMER

Im Jahre 25 n.Chr. bekam ein Mann aus Alexandria namens Sarapion solche Angst vor seinen

Gegnern, daß er sich am Tag vor den Spielen davonmachte und sich versteckte. Laut Pausanias war dies das einzige Mal, daß ein Teilnehmer wegen Feigheit mit einer Geldstrafe belegt wurde.

Wenn man bedenkt, daß die Disziplin, in der er hätte antreten sollen, Pankration war, eine Art Catchen, wird die Sache für einen heutigen Betrachter vielleicht nachvollziehbar. Bei dem Pankration war alles erlaubt, außer Kratzen und die Finger in die Augen des Gegners zu drücken oder ihn an den Geschlechtsteilen zu reißen. Eine gängige Methode, die häufig zum Sieg führte, war, dem Gegner die Finger zu brechen.

Pausanias 5,21,18

DIE LANGWEILIGSTE OLYMPIADE DER WELTGESCHICHTE

Diese fand im Jahre 67 n. Chr. statt, als sich Nero auf einer Rundreise durch Griechenland befand. Er plünderte nicht nur berühmte Kunstwerke aus heiligen Stätten, sondern nutzte natürlich auch die Gelegenheit, um sich als Teilnehmer bei den Olympischen Spielen anzumelden. Obwohl der Kaiser beim Wagenrennen mit seinem zehnspännigen Wagen umstürzte, wurde er zum Sieger in allen Disziplinen erklärt. Zuschauer und Aktive, die sich vier Jahre lang auf die Spiele gefreut und vorbereitet hatten, mußten jetzt wieder vier Jahre auf echten Sport warten.

Sueton, Ner. 24

DER AGGRESSIVSTE VERLIERER

Im Jahre 676 v. Chr. wurde der Sieg des Faustkämpfers Kleomedes für ungültig erklärt, da er in dem Kampf seinen Gegner getötet hatte. Als er – wieder zu Hause in Astypalaia – diesen Bescheid erhielt, drehte Kleomedes durch und ging auf eine Schule los, in der sich zu diesem Zeitpunkt sechzig Jungen befanden. Er riß die Pfeiler nieder und brachte das Gebäude zum Einsturz.

Pausanias 6,9,6–8

DER ERFOLGREICHSTE WEITSPRUNG

Für den Weitsprung sind aus der Antike nur zwei Ergebnisse überliefert. Einer Inschrift aus Delphi zufolge soll ein gewisser Phaillos aus Kroton um 480 v. Chr. 55 delphische Fuß, also rund 16 Meter, weit gesprungen sein. Der Spartaner Kionis sprang Mitte desselben Jahrhunderts etwa

17 Meter weit.
Selbst wenn man berücksichtigt, daß die Weitspringer der Antike mit Hanteln in den Händen Anlauf nahmen, wirkt der Wert unglaublich hoch. Es gibt die Theorie, daß die Griechen eine Art Dreisprung betrieben; das würde die Rekordweiten der Sprünge erklären.

DER FANATISCHSTE FAN

Bei den Pferderennen Roms waren den vier Mannschaften vier Farben zugeordnet: Grün, Blau, Rot und Weiß. Jede Mannschaft hatte Anhänger, die die eigene Mannschaft im Circus nicht nur mit Rufen anfeuerten, sondern sich auch mit den Anhängern der anderen Mannschaften prügelten. Als ein gewisser Felix, ein sehr beliebter Wagenlenker der Roten, umgekommen war und eingeäschert werden sollte, warf sich ein verzweifelter Anhänger auf den Scheiterhaufen, wo er zusammen mit seinem Idol verbrannte. Damit dieser Vorfall nicht noch zum Ansehen der Roten beitragen würde, ließen die Anhänger der gegnerischen Mannschaften verbreiten, der Mann sei lediglich von dem vielen Weihrauch ohnmächtig geworden.

Plinius d. Ä., NH 7,186

DER FAUSTKÄMPFER, DER AM BESTEN EINSTECKEN KONNTE

Eurydamas von Kyrene ließ sich von seinem Gegner beim Kampf alle Zähne ausschlagen und verschluckte sie, damit niemand etwas merken solle.

Aelian, VH 10,19

65 Der nach seinem Fundort – nahe der Konstantin-Thermen in Rom – benannte Thermenboxer, der ein Meisterwerk griechischer Bronzekunst ist und im 3. Jahrhundert v. Chr. entstanden sein dürfte.

DIE GRÖSSTE ANZAHL PFERDE-RENNEN AN EINEM GEBURTSTAG

An Caligulas 25. Geburtstag, dem 31. August 37 n.Chr., feierte man den Kaiser bis Sonnenuntergang mit 40 Pferderennen.

Cassius Dio 59,7,2

DER GESCHICKTESTE WAGENLENKER

Annikeris hieß ein ungewöhnlich talentierter Wagenlenker, der im 4. Jahrhundert v.Chr. lebte. Er konnte die Akademie von Athen mehrfach umrunden und seinen Wagen dabei immer in genau derselben Spur halten. Das machte auf alle großen Eindruck, *nicht* aber auf Platon, der das für eine nutzlose Pedanterie hielt.

Aelian, VH 2,27

DIE GRÖSSTE HEUCHELEI SPORTLICHER BESCHEIDENHEIT

Kaiser Nero führte eine Art Spiel nach griechischem Vorbild ein, das alle fünf Jahre stattfand. Es bestand aus drei Teildisziplinen: Musik, Sport und Reiten. Ehemalige Konsuln leiteten die Wettkämpfe. Nero selbst empfing einen Siegerkranz für seine Redekunst und seine Dichtung. Als er außerdem noch den Preis für den besten Gesang und das Kitharaspiel erhalten sollte, lehnte er freundlich ab. Er ließ diesen Kranz statt dessen der Statue des Augustus aufsetzen.

Sueton, Ner. 12,2–3

DIE MEISTEN SIEGE BEI PFERDERENNEN

Der Spanier Appuleius Diocles scheint bei den Rennen in Rom die meisten Siege als Wagenlenker errungen zu haben. Diocles war 104 n.Chr. geboren worden und konnte, als er im Alter von 42 Jahren in Ruhestand ging, auf eine phantastische Karriere zurückblicken. Das Wort «Karriere» geht übrigens auf das lateinische *currere* (laufen) und *currus* (Wagen, Rennwagen) zurück. In seinen 24 aktiven Jahren nahm er an 4257 Rennen teil und siegte bei 1462 Rennen.
Im Circus Maximus konnten zwölf Wagen gleichzeitig an den Start gehen. Es war erlaubt, die Gegner von der Bahn zu drängen. Auch aus diesem Grund ist es vollkommen unglaublich, daß es Diocles gelang, mehr als jedes dritte Rennen zu gewinnen. Nachdem er erst sechs Jahre lang für die weiße Mannschaft angetreten war, wurde er von den Grünen abgeworben. Aber die

Zeit in diesem Stall war nicht so erfolgreich. Von 130 bis 146 trat er dann jedoch siegreich für die rote Mannschaft an. Einmal soll er mit einem Siebenspänner gesiegt haben. Üblich und bei den Wagenlenkern am beliebtesten waren sonst Wagen mit einem Pferd. Die Inschrift, auf der sich all das nachlesen läßt, erwähnt auch, daß Diocles insgesamt 35 Millionen Sesterzen an Preisgeldern erhielt.

CIL 6,10048

TIERHETZE UND GLADIATORENSPIELE

DIE ERSTEN ELEFANTEN IN ROM

Im Jahre 275 v.Chr. wurden zum ersten Mal Elefanten in Rom gezeigt. Sie waren bei Kämpfen gegen Pyrrhos fünf Jahre zuvor erbeutet worden. Schon bald waren Elefanten in der Stadt ein recht normaler Anblick. Um Christi Geburt ließ Germanicus Elefanten vorführen, die tanzen und auf dem Seil balancieren konnten.

Plinius d.Ä., NH 8,4–5; 8,16

DIE ERSTE GIRAFFE IN ROM

Die erste Giraffe oder der erste Kamelleopard, wie das Tier bei den Römern hieß, konnte bei Spielen bewundert werden, die Iulius Caesar veranstaltete. Das Tier galt wegen seines Aussehens und nicht wegen seiner (geringen) Wildheit als interessant. Deswegen nannte man es auch das «wilde Schaf», was in unserer Sicht vielleicht nicht unbedingt die augenfälligsten Merkmale des Tieres hervorhebt. Bemerkt sei hier jedoch, daß die Giraffe heute als *Giraffa camelopardalis* bezeichnet wird.

Plinius d.Ä., NH 8,69

DER ERSTE TIGER IN ROM

Er wurde von Kaiser Augustus am 7. Mai des Jahres 11 v.Chr. vorgeführt, bei der Einweihung des Marcellus-Theaters. Eine indische Gesandtschaft hatte Augustus einige Tiger zum Geschenk gemacht, als dieser sich im Jahre 20 v.Chr. auf Samos aufgehalten hatte. Es ist jedoch unklar, weshalb so viele Jahre vergingen, bis die seltenen Tiere gezeigt wurden – falls es denn dieselben Exemplare waren.

Plinius d.Ä., NH 8,65; Cassius Dio 54,9,7–8

DIE GRÖSSTE ANZAHL IN EINER ARENA GETÖTETER TIERE

Im Jahre 107 n.Chr. feierte Kaiser Trajan seinen Sieg über Dacien, das etwa auf dem Gebiet des heutigen Rumänien liegt. 123 Tage lang traten bei diesen Spielen insgesamt 10 000 Gladiatoren auf, und

66 Der Bau des Colosseums in Rom wurde unter Kaiser Vespasian begonnen; sein Sohn Titus hat es im Jahre 80 n. Chr. eingeweiht.

11 000 Tiere mußten ihr Leben lassen, also etwa 90 Tiere am Tag. Als sich Ende des 19. Jahrhunderts das moderne Rom entwickelte, stieß man auf eine riesige Grube, in die man nach den erwähnten Kämpfen die Kadaver geworfen hatte. Der Gestank war auch noch nach fast 2000 Jahren furchtbar. Die Tierhetzen sind auch der Grund, warum im Colosseum im 18. Jahrhundert exotische Blumen wuchsen, die nicht zu Italiens natürlicher Flora gehören. Das waren die letzten Spuren der Tiere, die die Römer aus Nordafrika für die Spiele eingeführt hatten: Die Samen kamen vermutlich aus der Losung der Tiere.

Cassius Dio 68,15,1

DIE ERSTE HYÄNE IN ROM

Im Jahre 202 n. Chr., als Septimius Severus Kaiser war, wurde zum ersten Mal eine Hyäne in einer Arena Roms gezeigt. Sie blieb jedoch nicht lange am Leben, sondern wurde zusammen mit einem Elefanten und 60 Wildschweinen abgeschlachtet.

Cassius Dio 77,1,3-4

DIE GRÖSSTE ANZAHL VON TIGERN, DIE BEI EINER GELEGENHEIT ABGESCHLACHTET WURDEN

Diese 51 Tiger wurden unter der Regierung des Heliogabal während einer seiner vielen Hochzeiten getötet. Cassius Dio meint, so etwas habe es noch nie zuvor gegeben.

Cassius Dio 80,9,2

TIERHETZE UND GLADIATORENSPIELE

DIE GRÖSSTE ZAHL VON LANDTIEREN, DIE IM WASSER UMKAMEN

Kaiser Titus ließ das Colosseum mit Wasser füllen. Pferde und Stiere mußten dann in dem feuchten Element um ihr wenig wahrscheinliches Überleben kämpfen.

Cassius Dio 66,25,2

DAS SELTENSTE TIER IN ROM

Unter der Regierung von Kaiser Septimius Severus wurden Tiere gezeigt, die «Sonnenpferde» genannt wurden. Ihr Fell war gezeichnet wie das von Tigern, und angeblich kamen sie von Inseln im Roten Meer. Es handelte sich aber wohl um Zebras. Eines von ihnen wurde bei Spielen unter Caracallas Regierung getötet.

Cassius Dio 76,14,3; 78,6,2

DIE MEISTEN BÄREN AUF ENGEM RAUM

Als Gordian I., der 238 n.Chr. in Rom Kaiser wurde, noch Ädil war, veranstaltete er auf eigene Kosten zwölf Gladiatorenspiele. Einmal wurden dabei tausend Bären gezeigt.

H.A., Gord. 3,5–6

DIE ERSTEN FREIEN LÖWEN IN EINEM CIRCUS

Lucius Sulla war der erste, der Löwen im Circus frei herumlaufen ließ, und zwar einhundert Löwenmännchen. Davor waren Löwen immer nur in Fesseln vorgeführt worden. Bei der folgenden Tierhatz wurden sie sogleich von Speerwerfern gejagt, die König Bocchus aus Mauretanien mit den Löwen mitgeschickt hatte.

Seneca d.J., Brev.Vit. 13,6

DIE GRÖSSTE ANZAHL UNGEWÖHNLICHER TIERE, DIE IN DER ARENA GETÖTET WURDEN

Als Rom im Jahre 248 n.Chr. sein tausendjähriges Jubiläum feierte, ließ Kaiser Philippus Arabs 22 Elefanten, 10 Elche, 60 zahme Löwen, 30 zahme Leoparden, 10 Hyänen, 6 Nilpferde und ein Nashorn vorführen und töten. Außerdem wurden noch 10 weitere Löwen, 10 Giraffen, 20 Esel, 40 Pferde und eine große Anzahl anderer Tiere getötet.

H.A., Gord. 33,1–3

DIE GRÖSSTE ANZAHL VON LÖWEN

Pompejus ließ 600 Löwen vorführen, Iulius Caesar 400 dieser Tiere.

Plinius d.Ä., NH 8,53

DIE GRÖSSTE ANZAHL KROKODILE IM CIRCUS

Im Jahre 2 v.Chr. veranstaltete Kaiser Augustus Spiele mit 37 Krokodilen im Circus Flaminius in Rom. Dort hatte man eigens zu diesem Zweck ein Bassin ausgehoben.

Cassius Dio 55,10,8

DAS ÜBERRASCHENDSTE ERSCHEINEN VON MEERESUNGEHEUERN IN EINER ARENA

Im Jahre 58 n.Chr. ließ Nero für Gladiatorenkämpfe eines seiner Theater mit Meerwasser füllen. Plötzlich schwammen zwischen den entsetzten Gladiatoren Fische und Meeresungeheuer umher. Eine Seeschlacht zwischen Athenern und Persern wurde sodann inszeniert. Kurz darauf wurde das Wasser wieder aus der Arena abgelassen, und die Spiele gingen mit Kämpfen Mann gegen Mann und mit Schlachten zwischen größeren Gruppen weiter.

Cassius Dio 61,9,5

MITLEID MIT ELEFANTEN

Pompejus ließ im Jahre 55 v.Chr. bei einer Vorführung in einem Circus 20 Elefanten auftreten. Eine blutige Angelegenheit: Die Zuschauer fanden es besonders amüsant zuzusehen, wie die Elefanten die speerbewaffneten Nordafrikaner in die Luft warfen, ungefähr so, wie Jongleure ihre Keulen in die Luft schleudern. Schließlich gaben die Elefanten jedoch auf und versuchten, die Herzen der Zuschauer durch klägliches Trompeten zu erweichen. Das rührte das Publikum so sehr, daß sich alle weinend erhoben und Pompejus verfluchten. Er habe auch recht bald seine Strafe erhalten, fügt Plinius noch lakonisch hinzu.

Plinius d.Ä., NH 8,21

DIE HARMLOSESTE TIERHETZE

Im Unterschied zu seinem blutdürstigen Cousin Heliogabal schickte Kaiser Severus Alexander Hundewelpen in die Arena. Dort trafen diese auf Ferkelchen, die ebenfalls nur spielen wollten. Die Kämpfe zwischen den Rebhühnern waren nicht viel heftiger. Kurz darauf ließ der Kaiser Vögelchen aus einem Käfig, die ein wenig hin und her flogen.

H.A., Alex.Sev. 41,5

DIE GRÖSSTE ANZAHL BÄREN, DIE VON EINEM KAISER GETÖTET WURDEN

Commodus erschoß an einem Tag von einer Balustrade im Colosseum aus einhundert Bären.

Cassius Dio 73,18,1

67 Kaiser Commodus (180 bis 192 n. Chr.) stilisierte sich selbst gerne als Herkules mit den Attributen des Halbgotts – Löwenfell und Keule. Zeichnung nach der Büste von Esquilin im Konservatorenpalast

DIE WUNDERBARSTE RETTUNG

Eine beliebte Geschichte, die sich bei verschiedenen römischen Autoren findet, handelt von einem Sklaven namens Androclus und einem ungewöhnlich großen und starken Löwen:

Androclus war dem Statthalter der Provinz Africa entflohen und hatte sich in einer Höhle in der Wildnis versteckt, als plötzlich ein Löwe in sein Versteck hinkte. Das prächtige Tier war verletzt. Es hatte einen Dorn in der Pfote stecken, die es dem Sklaven entgegenhielt. Androclus zog den Dorn heraus und verband die Wunde. Das Tier war ihm darauf sehr zugetan. Der Löwe schleifte seine Beute in die Höhle, sie teilten redlich das Fleisch. Sie sollen drei Jahre lang zusammen in der Höhle gewohnt haben, bis Androclus dieses Lebens überdrüssig wurde und sich wieder auf den Weg machte.

Unglücklicherweise wurde er schon bald gefangengenommen und zu den Gladiatorenkämpfen nach Rom geschickt. Ungefähr zur selben Zeit hatten Jäger den Löwen gefangen, und auch dieser wurde nach Rom geschickt. Der Tag kam, da Androclus in die Arena geschickt wurde. Dort stand er zitternd und wartete auf sein schreckliches Ende. Als aber der Löwe in die Arena gelassen wurde, geschah etwas Unerwartetes. Mit wedelndem Schweif kam das Tier auf Androclus zugelaufen und begann, dem vor Entsetzen fast Bewußtlosen Hände und Füße zu lecken. Da erkannte er den Löwen wieder, und die beiden begrüßten sich wie alte Freunde. Das Publikum war vollkommen außer sich vor Erstaunen. Androclus wurde zu Kaiser Caligula gerufen, der eine Erklärung verlangte. Als er die Geschichte hörte, begnadigte er den Löwen und den Sklaven. Von diesem Tag an konnte man Androclus auf den Straßen Roms sehen, wie er mit dem Löwen an einer dünnen Leine spazierenging. Die Menschen schenkten ihm Geld und dem Löwen Blumen.

Gellius, NA 5,14

DER KAISER, DER DIE MEISTEN TIERE TÖTETE

Commodus war kein Mann für Freunde bedrohter Tierarten. Die Tiere, die er erschlug, sollten so selten wie möglich sein. Cassius Dio, der Zeuge eines solchen Gemetzels wurde, zählte die Tiere auf, die getötet wurden: drei Elefanten, sechs Nilpferde, Nashörner, eine Giraffe, ein Tiger und hundert Bären – bei einem einzigen Schauspiel. Herodian erwähnt noch Löwen und Leoparden, von denen einmal hundert Exemplare mit dem Fahrstuhl aus den Kellern der Arena gekommen seien.

Cassius Dio 73,10,3; 18,1; 19,1; Herodian 1,15,3–6

MENSCHEN ALS TIERFUTTER

Kaiser Caligula ließ Straftäter den Bestien vorwerfen. Dabei wurden aber nicht nur Schwerverbrecher den Tieren zum Fraß vorgeworfen, sondern auch Menschen, die etwa lediglich seine Schauspiele kritisiert oder ihn auf irgendeine andere Weise verärgert hatten.

Sueton, Calig. 27,1

DIE MEISTEN GLADIATORENKÄMPFE ÜBERLEBT

Diesen Rekord hält ganz sicher Commodus, der an 735 Kämpfen in der Arena teilgenommen haben soll. Einfache Gladiatoren standen üblicherweise weitaus weniger Kämpfe durch: Spätestens nach fünf oder zehn Kämpfen fanden sie meist den Tod. Der Grabstein eines gewissen Flamma (Flamme) trägt übrigens eine Inschrift, aus der hervorgeht, daß dieser 33 mal gekämpft, 21 mal gesiegt, 8 mal verloren hat und 4 mal begnadigt worden sei.

TIERHETZE UND GLADIATORENSPIELE

Anschließend scheint er in Rente gegangen zu sein.

H.A., Comm. 11,10–12

DIE GRÖSSTE ANZAHL TOTER GLADIATOREN

Claudius gefiel es weniger, Tiere in der Arena leiden zu sehen. Dafür war er es, der die meisten Gladiatoren sterben sah. Entweder mußten sie gegeneinander antreten, oder er sah zu, wie sie von wilden Tieren in Stücke gerissen wurden. Eine genaue Zahl ist nicht bekannt, aber laut Cassius Dio ließen die Römer, die ja einiges gewohnt waren, eine Statue des Kaisers Augustus entfernen, damit diesem der Anblick des Blutbads erspart bleiben solle.

Cassius Dio 60,13,1–3

DIE MUTIGSTEN GLADIATOREN

Von den 20 000 Gladiatoren, die Kaiser Caligula ausbilden ließ, mußten angeblich nur zwei nicht blinzeln, wenn sie sich mit einer Gefahr konfrontiert sahen. Plinius nennt das als Beispiel dafür, wie schwer es für den Menschen sei, nicht zu blinzeln. Nur dem Mutigsten sei es vergönnt, einen festen Blick zu behalten.

Plinius d.Ä., NH 11,144–145

DAS GRAUSAMSTE PAUSEN-PROGRAMM

In den Pausen zwischen den Tierhetzen wurden Sträflinge gezwungen, in der Arena aufeinander loszugehen. Das war als Unterhaltung für die Leute gedacht, die den ganzen Tag blieben. Letztlich war es reiner Mord, wie Seneca schreibt, der noch mißbilligend hinzufügt, daß viele Zuschauer diese Zwischenspiele für das Beste im Programm hielten. Auch Claudius meinte, das sei noch besser, als zuzusehen, wie ein Löwe einen Menschen zerfleische.

Seneca d.J., Ep. 7,3–5; Cassius Dio 60,13,1–3

EINE «KLEINE ZWISCHEN-MAHLZEIT»

Sueton berichtet, Claudius sei der erste gewesen, der einen weniger bedeutenden Gladiatorenkampf eine «kleine Zwischenmahlzeit» genannt habe. Als der zynische Kaiser diese «Mahlzeit» veranstaltete, lud er das Publikum wirklich zu einem improvisierten Mahl ein. Er war bei dieser Gelegenheit leutselig und ungezwungen und forderte alle auf, ihren Spaß zu haben und sich zu freuen. Er ging sogar so weit, einen Gladiator von weiteren Kämpfen zu befreien, nachdem dessen vier Kinder um sein Leben gefleht hatten. Das zeige, erläuterte er den Gästen seines Gastmahles, wie gut es sei, viele Kinder zu haben, denn Kinder könnten sogar einen Gladiator schützen.

Sueton, Claud. 21

DER MUTIGSTE GLADIATOREN-SELBSTMORD

Seneca ist voller Bewunderung für zwei Gladiatoren, deren Selbstmord auf eine fast philosophische Einsicht, wann es an der Zeit sei, das Leben zu beenden, schließen lasse.

Der eine war ein Germane, der, bevor er in die Arena mußte, noch einmal hatte austreten dürfen – das war der einzige Augenblick, in dem er unbewacht war. Sobald er allein war, nahm er einen Stock mit einem Schwamm, wie ihn die Römer statt Toilettenpapier benutzten, und drückte ihn sich in die Kehle, so daß er erstickte. Diese Methode sei vielleicht nicht sonderlich elegant, aber der Mann habe zweifellos sein Schicksal in die eigenen Hände genommen, stellt Seneca fest.

Sein Schicksalsgenosse ergriff beim Transport ins Amphitheater in einem Käfig auf einem Wagen die Gelegenheit, sich der Schmach, bei den Spielen vorgeführt zu werden, zu entziehen. Er tat so, als würde er mit dem Kopf nicken, und streckte diesen dabei durch die Gitterstäbe. Seine langen Haare verfingen sich in den Speichen des Rades, und es brach ihm das Genick.

Seneca d.J., Ep. 70,20–23

DIE AM WENIGSTEN KAMPFES-LUSTIGEN GLADIATOREN

Im Jahr 52 n.Chr. ließ Claudius auf dem Fuciner See in Mittelitalien eine riesige Seeschlacht veranstalten. Die Gladiatoren begrüßten ihn mit den Worten: «Die Todgeweihten grüßen dich!» Dann begannen sie zu kämpfen. Jedoch nur zum Schein. Statt sich gegenseitig mit ihren Schiffen zu rammen, fuhren sie langsam aneinander vorbei, ohne daß es zu größerem Blutvergießen gekommen wäre. Dann zwang Claudius sie jedoch, richtig zu kämpfen.

Cassius Dio 61,33,3–4

STUMME KÄMPFER IN EINER ARENA

Cassius Dio berichtet, daß es Caligula einmal an Verbrechern mangelte, die gegen die wilden

Tiere hätten kämpfen sollen. Da beschloß dieser perverse Kaiser, Leute aus dem Publikum teilnehmen zu lassen. Damit keiner ihre Angstschreie hören solle, als man sie in die Arena schob, ließ er ihnen vorher die Zungen abschneiden.

Cassius Dio 59,10,3

DIE GRÖSSTE RÜCKSICHTNAHME AUF DAS PUBLIKUM

Kaiser Probus setzte es sich in den Kopf, dem Volk einmal die Möglichkeit zu bieten, sich bei einer Tierhatz zu bereichern. Deswegen ließ er im Circus Maximus vorübergehend einen Wald anpflanzen. In diesen Wald wurden die Tiere gebracht – tausend Strauße und ebensoviele Hirsche und Wildschweine. Darüber hinaus so viele Rehe, Steinböcke, Schafe und andere Pflanzenfresser, wie nur aufzutreiben waren. Schließlich erhielt die Öffentlichkeit Zutritt, und jeder durfte so viele Tiere fangen, wie er konnte.

H.A., Probus 19,2–4

DIE GRÖSSTE ANZAHL ERKÄLTETER IN DER ARENA

Bei einem Seeschlachtspektakel im Circus Maximus im Jahre

68 Keilerei im Amphitheater von Pompeji – Zeichnung nach der zeitgenössischen Darstellung auf einem Wandgemälde des 1. Jahrhunderts n. Chr. aus Pompeji, Neapel, Archäologisches Nationalmuseum

TIERHETZE UND GLADIATORENSPIELE

89 n.Chr., als Domitian Kaiser war, zog eine fürchterlicher Sturm über die Arena hinweg. Der Herrscher verbot jedoch allen, nach Hause zu gehen. Alle außer dem Kaiser, der sich mit Wolldecken schützen konnte, erkälteten sich fürchterlich. Einige starben sogar. Um die Überlebenden zu entschädigen, lud Domitian zu einem prächtigen Gastmahl ein, das eine ganze Nacht dauerte.

Cassius Dio 67,8,2–4

DER SCHLIMMSTE STREIT AUF DER TRIBÜNE

Im Jahre 59 n.Chr. brachen bei Gladiatorenkämpfen in Pompeji Unruhen aus. Aus der nahegelegenen Stadt Nuceria seien Fans nach Pompeji gekommen, und wie in der Provinz üblich – schreibt Tacitus – folgten auf Beleidigungen bald Steinwürfe und schließlich üble Schlägereien. Die Pompejianer gingen siegreich aus dem Kampf hervor, aber viele Tote – auch Frauen und Kinder – waren zu beklagen. Pompeji durfte in den folgenden zehn Jahren keine Gladiatorenkämpfe mehr ausrichten. Die Fangruppen wurden aufgelöst und die Sponsoren des Landes verwiesen. Auf einem Wandgemälde in Pompeji sind die Krawalle verewigt.

Tacitus, Ann. 14,17

ESSEN UND TRINKEN

WENN DER KOCH SELBST ENTSCHEIDEN DARF

Straußenhirn und Lerchenzungen in allen Ehren, aber Delikatessen aus dem Meer waren beliebter. Der römische Gourmet Apicius schrieb im ersten Jahrhundert n. Chr. folgendes Rezept auf: Gehackte Austern, Muscheln und Seeigel werden mit feingemahlenen Pinienkernen, Weinraute und Sellerie in einer Pfanne gebraten, mit Pfeffer, Koriander und Kümmel gewürzt und, mit Olivenöl beträufelt, serviert.

Apicius, De re culinaria 9,14

DIE AM MEISTEN ÜBERSCHÄTZTE DELIKATESSE

Eine Speise, die in gewissen Kreisen als besondere Delikatesse galt, war die Haut von den Stoßzähnen der Elefanten. Das erklärt Plinius damit, daß die Feinschmecker glaubten, daß sie gewissermaßen Elfenbein äßen.

Plinius d.Ä., NH 8,31

DIE NAHRUNG DER GÖTTER

Nero meinte, daß Pilze die Nahrung der Götter seien. Cassius Dio erzählt, der Kaiser hätte gesagt, man müsse nur seinen Stiefvater Claudius betrachten. Er sei schließlich ein Gott geworden, nachdem er Pilze gegessen habe. Dazu muß man wissen, daß es vermutlich Nero war, der seinen Stiefvater vergiftete oder zumindest den Auftrag dazu gab.

Cassius Dio 61,35,4

DIE SELTSAMSTE MAHLZEIT

Der römische Tragödiendichter Clodius Aesopus soll eine Mahlzeit serviert haben, die nur aus Vögeln bestand, die sprechen oder eine besondere Melodie singen konnten. Diese sollen 6000 Sesterzen das Stück – nach heutigen Wertmaßstäben sicher mehr als den doppelten Betrag in Euro – gekostet haben.

Plinius d.Ä., NH 10,141

DER ÄLTESTE UND TEUERSTE WEIN

Das Jahr 121 v.Chr., als Lucius Opimius Konsul war, ging als der beste Jahrgang für italische Weine in die Geschichte ein. Noch zweihundert Jahre später habe man opimianischen Wein bekommen können, schreibt Plinius, aber er habe die Konsistenz von Honig gehabt und bitter geschmeckt, und man habe ihn nicht trinken können. Hätte man diese Masse jedoch anderem Wein zugesetzt, hätte sich dieser dadurch entscheidend verbessert. Der Preis für diesen Wein war so stark gestiegen, daß man zur Zeit Caligulas, also 160 Jahre nach der Ernte, 16960 Sesterzen für etwa zwei Liter bezahlen mußte. Was das für ein unglaublicher Preis war, wird deutlich, wenn man sich überlegt, daß dem Agrarschriftsteller Columella zufolge um die Mitte des ersten Jahrhunderts n.Chr. der Preis für einen Liter einfachen Tafelweins weniger als einen Sesterz betrug.

Columella, Rust. 3,3,10; Plinius d.Ä., NH 14,55–56

DIE MERKWÜRDIGSTE DELIKATESSE

Daß Vögel Larven essen, die unter der Rinde der Bäume leben, ist ganz natürlich, aber zur Zeit Plinius' galten diese Larven auch bei den Menschen als Luxus. Besonders beliebt waren die großen Larven, die sich unter der Eichenrinde fanden. Um diese Larven noch weiter zu mästen,

69 Katakombenmalerei

fütterte man sie mit Mehl, bevor sie als Delikatesse auf den Tisch kamen.

Plinius d.Ä., NH 17,220

DIE MEISTEN VÖGEL BEI EINEM FESTMAHL

Der Bruder von Vitellius lud diesen einmal zu einem Willkommensmahl ein, als er in Rom eintraf. Sueton berichtet, daß dieses Mahl um 60 n.Chr. als eines der üppigsten in die Geschichte einging. Serviert wurden 2000 Fische bester Qualität und 7000 Vögel.

Sueton, Vit. 13,2

DAS UNVERDAULICHSTE ESSEN

Kaiser Heliogabal glaubte, sich gegen alle möglichen Krankheiten immunisieren zu können, indem er Kamelfußballen, Hahnenkämme sowie Pfauen- und Nachtigallenzungen aß.

H.A., Heliog. 20,5

DAS ESSEN, DAS AM LÄNGSTEN AUFBEWAHRT WURDE

Bei seiner Beschreibung verschiedener Konservierungsmethoden erwähnt Plinius, daß man Bohnen, die im Krieg gegen Pyrrhos in einem Keller eingelagert worden seien, 220 Jahre später immer noch habe essen können.

Plinius d.Ä., NH 18,307

DIE EXTREMSTE MISCHUNG SELTENER ZUTATEN

Diese bot Kaiser Vitellius bei der Präsentation einer Schale – die so groß war, daß sie als Schild der Athena Poliouchos bezeichnet wurde –, als er darin Papageienfischleber, Fasan- und Pfauenhirn, Flamingozunge und Meeraalmilch darreichen ließ. Diese seltenen Zutaten wurden in der Schale miteinander vermischt.

Sueton, Vit. 13,2

DER GRÖSSTE KÄSE

Der beliebteste Käse in Rom kam aus der Gegend von Nîmes in Frankreich. Die größten Käselaibe stammten jedoch aus Luni im Grenzgebiet zwischen der Toskana und Ligurien; ein Laib wog bis zu 330 Kilo.

Plinius d.Ä., NH 11,240–241

DER STÄRKSTE WEIN

Einer der beliebtesten Weine im ersten Jahrhundert n.Chr. war der Falerner aus der Gegend von Capua. Dieser war auch der stärkste Wein überhaupt. Sein Alkohol-

gehalt war so hoch, daß er
entflammbar war.

Plinius d.Ä., NH 14,62

DER BESTE FISCH

Zur Zeit des Plinius galt bei
den Römern der Labrus oder
Lippfisch als der beste Speisefisch.
Er war von einem Admiral in das
Adriatische Meer eingeführt
worden. Er hatte einen Bestand
von der Küste vor Troja mitgebracht.
Der Mullus, die Meeräsche, kam
auf den zweiten Platz – ein Fisch,
der heute noch in Restaurants am
Mittelmeer serviert wird.

Plinius d.Ä., NH 9,62–64

DER UNGENIESSBARSTE HONIG

Um Edelsteine leuchtender und
klarer zu machen, kochten die
Römer sie in Honig. Am besten
eignete sich dafür angeblich der
Honig aus Korsika. Er eignete sich
auch für nichts anderes, da er so
sauer schmeckte.

Plinius d.Ä., NH 37,195

DIE EINSEITIGSTE KOST

An der Mündung des Rheins lebte
laut Caesar angeblich ein wildes
und unzivilisiertes Volk, das sich
ausschließlich von Fisch und
Vogeleiern ernährte.

Caesar, BGall 4,10

DIE GRÖSSTE MENGE GRATISWEIN

Als das spätere Schleckermaul
Lucullus noch ein Kind war, waren
größere Mengen Wein selbst bei
vermögenden Römern noch
ungewöhnlich. Als Erwachsener
konnte er diesen Mangel ausgleichen. Im Jahre 80 v. Chr. kehrte er
von einem erfolgreichen Feldzug
aus Kleinasien nach Rom zurück
und ließ als noble Geste über
300 000 Liter Wein an seine
Landsleute ausschenken.

Plinius d.Ä., NH 14,96

DIE DEMOKRATISCHSTE MAHLZEIT

Statt als Gastgeber die besten
Gerichte und teuersten Weine sich
und seinen Angehörigen vorsetzen
zu lassen – während sich die
einfacheren Gäste mit billigeren
Gerichten, kleineren Portionen und
schlechterem Wein begnügen
mußten, ganz zu schweigen von
den Sklaven, die nur das Schlechteste zu essen und zu trinken
bekamen –, hätten sich die
Reichen, so Plinius, etwas einfache-

res Essen und einfacheren Wein servieren lassen sollen, von diesen dann aber genug für alle Teilnehmer eines Mahles.

Plinius d.J., Ep. 2,6

DIE GRÖSSTE OBSTSCHLACHT

Das Lieblingsobst Alexanders des Großen waren Äpfel. Als er Babylonien erobert hatte, wo die Äpfel besonders schmackhaft waren, ließ er seine Schiffe mit diesen Früchten beladen und veranstaltete dann eine Seeschlacht, bei der sich die Soldaten mit Äpfeln bewerfen mußten. Dieses Spektakel fand man ganz bezaubernd.

Athenaios, Deipn. 7,277a

DIE GRÖSSTE ANZAHL VERGIFTETER BEI EINER MAHLZEIT

Laut Plinius wurden bei ein und derselben Mahlzeit 130 Personen vergiftet. Der Täter hieß Asprenas, aber über weitere Details schweigt sich Plinius aus.

Plinius d.Ä., NH 35,164

DER ENTTÄUSCHTESTE GASTGEBER

Das war Plinius d.J., als sein Freund Septicus zu einer Einladung nicht auftauchte. Das geplante Mahl bestand teilweise aus Leckereien wie einem Kopfsalat, drei Weinbergschnecken, zwei Eiern und Grießpudding mit Honigwein. Der Pudding wurde sogar mit einer Schneedecke serviert, die jedoch schmolz, als der Gast nicht erschien. Darüber freute sich der Gastgeber natürlich nicht sonderlich. Oliven, Mangold, Knoblauch und die vielen weniger schmackhaften Speisen verdarben hingegen nicht.

Plinius d.J., Ep. 1,15

DIE TEUERSTE MAHLZEIT

Caligula ließ Goldbrot und Goldfleisch servieren und trank selbst in Essig aufgelöste Perlen.

Sueton, Calig. 37,1

DIE HUNGRIGSTEN GÄSTE

Kaiser Heliogabal bot seinen Gästen bei einer Gelegenheit nur künstliche Speisen an. Sie bestanden aus Glas oder waren gestickt oder gemalt. Der Imperator hingegen schlug sich den Bauch voll. Es gefiel ihm zuzusehen, wie die Schnorrer allmählich immer hungriger wurden.

H.A., Heliog. 27,4–5

DAS SCHLECHTESTE SPEISEZIMMER

Lucullus begeisterte sich für Geflügel. Er besaß mehrere Aviarien, in denen sein fliegendes Essen fett werden konnte. Einen dieser Käfige ließ er gleichzeitig als Speisezimmer einrichten. Er wollte die lebenden Artgenossen jener Vögel betrachten können, die gebraten auf seinem Teller lagen. Dieses Vergnügen konnte jedoch die Belästigung durch den Gestank von Vogelkot im Raum nicht aufwiegen.

Varro, Rust. 3,4,3

FESTE UND TRIUMPHE

DAS TEUERSTE ZEHNTE JUBILÄUM
Als Septimius Severus im Jahre 202 n.Chr. zehn Jahre lang Kaiser gewesen war, ließ er Geschenke im Wert von 200 Millionen Sesterzen verteilen – unter anderem Getreide für das Volk. Auch die Prätorianergarde wurde reich beschenkt.

Cassius Dio 77,1,1

DIE GRÖSSTE ORGIE AUF OFFENER BÜHNE
Nero ließ als berüchtigter Lebemann im Jahre 64 n.Chr. Tigellinus den See des Agrippas für eine Orgie herrichten. In der Mitte befand sich ein Floß mit Lustknaben als Ruderern, auf dem das eigentliche Fest stattfand. Dort lagen Nero und seine intimste Gesellschaft auf purpurfarbenen Teppichen und weichen Kissen, während die übrigen Gäste um sie herum ihren Spaß hatten, denn auf dem See waren Gasthäuser, Verkaufsstände und Weinfässer verankert. Außerdem gab es Bordelle am Ufer. Dort konnten die Männer mit jeder beliebigen Frau schlafen, und zwar nicht nur mit Prostituierten, sondern auch mit Sklavinnen und Freien, Hetären und Jungfrauen sowie mit Verheirateten höherer und geringerer Abstammung. Die Frauen durften keinem Mann ein intimes Zusammensein verweigern. Auf diese Art verführten die Sklaven die Damen ihrer Herren. Gladiatoren verlustierten sich mit feinen Mädchen vor den Augen der Väter. Bei den hemmungslosen Ausschweifungen verloren viele ihr Leben; manche wurden erschlagen oder von Betrunkenen erdrosselt. Wenige Tage nach diesem Geschehen ergriff Nero übrigens die Gelegenheit, einen Mann zu heiraten. Es gab sowohl eine Mitgift als auch ein Ehebett. Die Hochzeitsnacht fand laut Tacitus vor den Augen aller Gäste statt.

Tacitus, Ann. 15,37; Cassius Dio 62,15,1–6

DER GRÖSSTE TRIUMPHZUG

Es läßt sich kaum noch beurteilen, welcher Triumphzug in der Geschichte Roms der größte war, aber der von Pompejus im Jahre 61 v.Chr., sein dritter, wird immer als kolossales Schauspiel beschrieben.

Pompejus hatte nicht nur alle Piratenflotten des Mittelmeers besiegt, sondern auch König Mithridates von Pontos sowie einige andere Herrscher unterworfen und die neue Provinz Syrien dem Imperium eingegliedert. Die Römer konnten Gold- und Silberstatuen der besiegten Könige sowie der Götter Athena, Ares und Apoll in Lebensgröße bewundern, darunter war eine vier Meter hohe Statue von Mithridates VI. Die besiegten Könige und Generäle wurden in der Tracht ihres Landes durch die Stadt geführt. Die Parade dauerte zwei volle Tage. Mitgeführt wurden auch Gemälde und Modelle der besiegten Völker und Städte. Es gab Wagen aus Gold und Silber, ein Spielbrett mit Würfeln aus Edelsteinen in einer Größe, wie man sie bisher nicht gesehen hatte, einen Mond aus Gold, der zehn Kilo wog, und das Modell eines Berges, ganz aus Gold mit Hirschen, Löwen und exotischen Obstbäumen, überwachsen von einer goldenen Weinranke. Das Modell einer Höhle, auf der eine Sonnenuhr montiert war, bestand aus Perlen. Ein Porträt zeigte Pompejus mit wehendem Haar und bestand ebenfalls ganz aus Perlen. Der Anblick dieser vielen Perlen führe dazu, daß man solchen Kaisern wie Caligula und Nero, die ihre Pantoffeln gerne mit Perlen verzierten, fast verzeihen könnte, findet Plinius.

Insgesamt siebenhundert erbeutete Schiffe liefen in Ostia ein, und als genüge das alles nicht, erhielten alle hohen Beamten eine Prämie von etlichen Millionen Sesterzen, und jeder Soldat bekam 6000.

Dieser Triumphzug war also besonders geglückt, im Gegensatz zu dem achtzehn Jahre zuvor. Damals hatte Pompejus in einem von Elefanten gezogenen Wagen in die Stadt einziehen wollen, aber das Stadttor war zu schmal gewesen. Dieses Ereignis läßt sich aber auch anders deuten: Vielleicht sollte so ausgedrückt werden, daß Rom für den erfolgreichen Heerführer zu klein geworden war.

Plinius d.Ä., NH 37,12–14; Appian, Mithr. 116–117

FESTE UND TRIUMPHE

DAS GRÖSSTE BANKETT

Der Perserkönig Xerxes feierte gerne in großem Stil. Wenn er und sein Gefolge durch eine Provinz zogen, dann war die Stadt, in der sie zu Abend aßen und frühstückten, anschließend ruiniert, berichtet Athenaios. Als der König seinen Geburtstag feierte, ließ er 15000 Gäste für 400 Talente – also im Gegenwert von rund 700 Gramm Silber pro Gedeck – verköstigen.

Athenaios, Deipn. 4,146a-b

DIE PRACHTVOLLSTE GEFANGENE

Im Jahre 273 n.Chr. zeigte Kaiser Aurelian mehrere prächtige Triumphwagen. In einem davon saß Königin Zenobia von Palmyra. Sie hatte den wunderschönen Wagen bauen lassen, als sie noch gehofft hatte, Rom einen Höflichkeitsbesuch abstatten zu können. Jetzt saß sie über und über mit goldenen Ketten behängt als Gefangene in dem Gefährt. Edelleute aus Palmyra, die lebend in Gefangenschaft geraten waren, sowie einige Rebellenführer aus Ägypten wurden ebenfalls gezeigt.

H.A., Aurel. 33–34

DIE GRÖSSTE UND MERKWÜRDIGSTE PARADE DER ANTIKE

Die prachtvollste Parade der Antike veranstaltete Ptolemaios II. um 270 v.Chr. in Alexandria zu Ehren des Weingottes Dionysos, um damit seine Macht und Stärke zu demonstrieren. Die Veranstaltung soll einen ganzen Tag lang gedauert haben.

Die Parade begann mit einem Abbild des Morgensterns und endete mit einem des Abendsterns. Gezeigt wurden alle exotischen Tiere und Kostbarkeiten, die das mächtige Ägypten aufzubieten hatte. Vierundzwanzig Wagen wurden jeweils von vier Elefanten gezogen, vor weitere Wagen waren paarweise 120 Ziegenböcke, 14 Antilopen und 16 Wildesel gespannt. In jedem Wagen stand ein als Wagenlenker verkleideter kleiner Junge mit einem Mädchen an seiner Seite. Es folgten 16 aufgezäumte Strauße sowie zwölf Kamele, die mit Gewürzen beladen waren, sowie nicht weniger als 2400 Hunde verschiedenster Rassen aus der gesamten bekannten Welt. Äthiopier schleppten 600 Elefantenstoßzähne und 2000 Ebenholzstämme. Andere führten Käfige mit Papageien,

Straußen und Fasanen vor. Auch 24 Löwen wurden mitgeführt – wahrscheinlich in beruhigendem Abstand zu den Hunderten von prächtigen Schafen unterschiedlichster Art, die ebenfalls präsentiert wurden. Ferner liefen 26 weiße Ochsen aus Indien mit sowie 14 Leoparden, 16 Panther, ein weißer Bär, eine Giraffe und ein Nashorn. Auf den Wagen selbst waren alle möglichen Kostbarkeiten ausgestellt. Überlebensgroße Götterfiguren und eine Statue von Alexander dem Großen glitten ebenfalls an den staunenden Zuschauern vorbei. Auf einem der Wagen befand sich eine neun Meter große Figur des Dionysos, auf einem Elefanten reitend. Der Gott war in einen Purpurmantel gehüllt und trug eine riesige goldene Krone. Seinem Wagen folgten 500 Mädchen in purpurnen Umhängen mit Gürteln aus Gold. Frauen waren mit vergoldeten Flügeln als Siegesgöttinnen verkleidet. 120 Jungen schwenkten Weihrauchgefäße, 40 Männer waren ganz und gar mit Purpur eingerieben und stellten Satyrn dar. Auch Tausende anderer Teilnehmer waren als mythologische Figuren verkleidet. Die meisten trugen zudem übergroße Gegenstände aus Gold, Silber und Elfenbein. Ein Chor von 600 Männern wurde von 300 Lautenspielern begleitet. Sie alle trugen Goldkränze auf dem Kopf.

Athenaios, der diese Angaben aus einer verlorengegangenen Schrift über die Geschichte Alexandrias zitiert, beschreibt seitenlang dieses aufwendige Spektakel. Abschließend sei hier nur noch hinzugefügt, daß die Parade von 57 600 Fußsoldaten und 23 200 Kavalleristen begleitet wurde. Allein das Honorar für die Teilnehmer und Organisatoren der Festlichkeiten betrug 2230 Talente, also weit über 50 000 Kilo Silber.

Athenaios, Deipn. 5,197–203

DAS WILDESTE GELAGE

In der Stadt Akragas auf Sizilien lag ein berühmtes Haus, das nach dem Kriegsschiff *Triere* genannt wurde. Der Grund dafür war, daß eine Gruppe junger Männer einmal derart gezecht hatte, daß sie schließlich glaubten, sich auf einem Schiff auf einem stürmischen Meer zu befinden. Volltrunken hatten sie begonnen, die Möbel aus den Fenstern zu werfen, um das vermeintliche Schiff von Ballast zu befreien. Daraufhin hatte sich eine

Menschenmenge vor dem Haus versammelt und das «Strandgut» weggeschleppt. Als am Tag darauf das Militär erschien, um herauszufinden, was die jungen Leute eigentlich trieben, war die Gesellschaft immer noch nicht nüchtern. Sie riefen den Soldaten zu, sie hätten erst die halbe Strecke ihrer Reise zurückgelegt. Die Zecher hielten die Vertreter der öffentlichen Ordnung jedoch für Meergötter und versprachen ihnen als Dank dafür, daß sie sich ihnen in «Seenot» gezeigt hätten, einen Altar zu errichten, sobald sie wieder Land unter den Füßen hätten. Der Exzeß wurde nicht geahndet, doch mußten die jungen Männer Mäßigung geloben.

Athenaios, Deipn. 2,37

DIE BARTLOSESTE FEIER

Als sich Nero zum ersten Mal den Bart abrasierte, war ihm das so wichtig, daß er ein neues Fest begründete. Er nannte es Juvenalia, Spiele der Jugend. Der Kaiser legte seine Barthaare in eine kleine goldene Kugel und opferte diese Jupiter.

Cassius Dio 62,19,1

DAS TEUERSTE FEST

Natürlich war es Kaiser Heliogabal, der zu dem teuersten Fest einlud. Normalerweise kosteten seine Empfänge laut einer antiken Quelle rund 100000 Sesterzen. Aber einmal ließ er es richtig krachen und gab drei Millionen für ein einziges Fest aus. Bei dieser Gelegenheit beklagte der Zyniker das allgemeine Elend auf den Plätzen Roms, wenn er mit seinen zahllosen Ochsenkarren mit teuren Speisefischen gefahren käme.

H.A., Heliog. 24,3–4

DAS BUNTESTE FEST

Heliogabal veranstaltete auch richtig nette Sommerfeste, jeweils in unterschiedlichen Farben. Einmal sollte alles grün sein, ein anderes Mal waren Regenbogenfarben angesagt. Der Sommer verging mit einer neuen Farbe an jedem Festtag.

H.A., Heliog. 19,2

DIE LÄNGSTE EINWEIHUNG

Die längste Einweihungsfeier einer Sportarena fand 80 n.Chr. statt, als das Colosseum oder das *Amphitheatrum Flavium*, wie es eigentlich hieß, fertiggestellt worden war. Zur Feier fanden hundert Tage lang Tierhetzen und Gladiatorenspiele

FESTE UND TRIUMPHE 264

70 Kaiser Domitian (81 bis 96 n. Chr.)

statt. An einem Tag gab es
außerdem eine Parade mit
5000 Tieren.

Sueton, Tit. 7,3; Cassius Dio 66,25

DAS SELTSAMSTE GASTMAHL FÜR PAARE

Heliogabal lud zu vielen merkwürdigen Festen ein, aber die seltsamsten Zusammenkünfte waren zweifellos die Einladungen für acht männliche Paare. Entweder lud der Kaiser acht glatzköpfige alte Männer oder acht Einäugige, acht Männer mit Gelenkrheumatismus oder acht Schwerhörige ein. Die Gesellschaft konnte auch aus acht ungewöhnlich großen Herren, acht Dunkelhäutigen oder acht außergewöhnlich Korpulenten bestehen. Über die Dicken amüsierte sich Heliogabal besonders. Denn sie fanden nicht auf einem einzigen Ruhebett Platz.

H.A., Heliog. 29,3

DER SCHLIMMSTE MIESMACHER

Im 5. Jahrhundert v. Chr. berichtet Herodot von einem Mann, der bei den Festen der reichen Ägypter nach dem Essen eine Holzskulptur herumgetragen habe. Sie war wunderbar geschnitzt und zeigte einen Toten in einem Sarg. Auf dem Sarg konnten die Gäste die Inschrift lesen, sie sollten trinken und sich freuen, denn früh genug würden auch sie sterben und dann genauso im Sarg liegen wie die Figur.

Herodot 2,78

DAS DEPRIMIERENDSTE FEST

Nachdem die Römer im Jahre 89 n. Chr. die Dacier besiegt hatten, veranstaltete Kaiser Domitian ein Fest zu Ehren aller, die ihr Leben im Krieg gelassen hatten. Zahlreiche Senatoren und Ritter waren eingeladen. Neben jedem Gast hatte der Herrscher einen Stein mit dessen Namen und einer trüben Lampe, einem Grablicht nicht unähnlich, aufstellen lassen. Dann brachten schwarzgeschminkte Jungen, die Phantomen glichen, alles, was man für ein Opfer brauchte, in das Festlokal. Die Stimmung war so düster, daß die Gäste nur darauf warteten, daß man ihnen die Kehle durchschneiden würde. Der Kaiser saß ebenfalls an der Tafel und sprach fortwährend über gewaltsame Todesfälle.

Am Ende der Feier wurden die Gäste von schwarzgekleideten Männern nach Hause eskortiert. Sie atmeten gerade auf, da wurde neuerlich von Domitian nach ihnen geschickt. Sie glaubten, nun habe ihre letzte Stunde geschlagen. Vor der Tür standen Knaben, die ihnen den Grabstein mit ihrem Namen überreichten. Jetzt sahen sie aber, daß dieser ganz aus Silber war, und da begriffen die feinen Herren, daß sich der Kaiser nur einen Spaß mit ihnen erlaubt hatte. Das Bankett wurde später als das «Begräbnisessen» bekannt.

Cassius Dio 67,9,1–5

71 Rekonstruktionszeichnung des Kapitols in Rom

DIE MOBILSTEN GASTMÄHLER

Heliogabal setzte es sich einmal in den Kopf, daß die Gäste bei jedem neuen Gang den Kaiser und sein Gefolge aus «Parasiten» zu sich nach Hause mitnehmen sollten. Das sei ja noch vertretbar gewesen, läßt sich in einer antiken Quelle nachlesen, wenn die Besucher auf dem Palatin oder dem Kapitol gewohnt hätten – doch hätten sie auf der anderen Seite des Tiber oder irgendwo am Rande der Großstadt gewohnt, dann seien die Tage für diese Orgienumzüge fast nicht lang genug gewesen. Besonders dann nicht, wenn man noch habe baden und sich mit Frauen vergnügen wollen.

H.A., Heliog. 30

LIEBE UND LEIDENSCHAFTEN

DIE FRUCHTBARSTE ABWESENHEIT

Im 5. Jahrhundert v. Chr. hatte König Agis II. bei einem Erdbeben sein Haus verlassen und mit seiner Frau Timaia zehn Monate lang nicht geschlafen. Als kurze Zeit später ein Kind zur Welt kam, konnte dieses nicht von ihm sein. Es zeigte sich, daß Alkibiades, der griechische Abenteurer, die Abwesenheit des Königs genutzt hatte, sich mit dessen Frau zu vergnügen. Sie hatte sich über beide Ohren in ihn verliebt und gebar ihm den Sohn Leotychidas. Dem König war klar, wer der Vater des Knäbleins war, aber es schien, als habe der Abenteurer nicht des Genusses halber mit der Königin verkehrt, sondern um sicherzustellen, daß seine Nachkommen einmal Könige werden sollten.

Plutarch, Vit. Alk. 23

DER EIFRIGSTE BELAGERER

Demetrios I., Ende des 4. und Anfang des 3. Jahrhunderts v. Chr. König von Makedonien, hatte sich als Eroberer zahlloser Städte einen Namen gemacht. Als er nach Megara segelte, um die Stadt einzunehmen, kam ihm zu Ohren, daß eine gefeierte Schönheit, die in Patras zurückgeblieben war, ihn zu sehen wünsche. Daraufhin ließ er seine Truppen zurück und machte sich mit ein paar Fackelträgern auf den Weg zu der Dame. Dann trennte er sich auch von den Fackelträgern und wartete alleine auf die Schöne, die jedoch nicht kam. Stattdessen kamen einige Soldaten aus dem feindlichen Lager und schlugen zu. Statt ein lustvolles Schäferstündchen zu erleben, mußte der Belagerer Hals über Kopf fliehen, nur mit einem schmutzigen Umhang notdürftig bekleidet, den er sich in der Eile übergeworfen hatte.

Plutarch, Vit. Demetr. 9

EINE HOFFNUNGSLOSE LIEBE

Ein junger Mann aus einer feinen Athener Familie verliebte sich in eine Statue vor dem Rathaus, die die Göttin des Glücks und des Heils darstellte. Er umarmte und küßte sie immer wieder und versuchte sogar, die Statue vom Rat der Stadt für eine größere Summe zu kaufen. Als ihm das nicht gestattet wurde, geriet er außer sich vor Verzweiflung, schmückte die Statue mit Kränzen und Girlanden, brachte unter Klageliedern ein Opfer dar und nahm sich das Leben.

Aelian, VH 9,39

DIE GEFEIERTSTE GELIEBTE IN GRIECHENLAND

Plutarch berichtet, daß einst der Städtebelagerer Demetrios die Ägypterin Lamia gefangengenommen hatte. Das hatte sich zwar 400 Jahre vor der Geburt des antiken Autors ereignet, aber diese Liebesgeschichte war immer noch in aller Munde. Lamia war eine berühmte Flötenspielerin, die auch durch ihre zahlreichen Affären von sich reden machte. Obwohl sie bedeutend älter war als der Belagerer und Lebemann, gelang es ihr mit ihrem Charme, seine einzige Geliebte zu werden, sehr zum Verdruß aller anderen Frauen.

Plutarch, Vit. Demetr. 16

DIE DOPPELTE KÖNIGIN DES SELEUKIDENREICHES

Um 280 v. Chr. verliebte sich laut Plutarch Antiochos bis über beide Ohren in die Frau seines Vaters Stratonike, die Tochter des Demetrios Poliorketes. Sein Vater Seleukos I. war König des Seleukidenreiches. Antiochos litt große Liebesqualen. Er hörte auf zu essen und zu trinken, wollte nicht mehr leben und versuchte, seinem Arzt einzureden, er sei krank. Dieser begriff rasch, daß Antiochos liebeskrank war. Der Arzt saß tagelang im Zimmer des eingebildeten Kranken, um zu sehen, wie dieser auf Besucher reagierte. Sobald Stratonike erschien, errötete er und begann fürchterlich zu stottern. Er zeigte alle Symptome der Verliebtheit.
Der König wollte wissen, was denn nun mit seinem Sohn nicht in Ordnung sei, und der Arzt erzählte ihm, sein Sohn leide an einer Liebe, die unerfüllt bleiben müsse. Das sei unmöglich, meinte der König. Der Arzt erklärte ihm daraufhin, Antiochos begehre die Frau seines

Vaters. Unmöglich! Seleukos weinte vor Rührung und gab seine Frau seinem Sohn. So kam es, daß Antiochos schließlich König des Seleukidenreiches wurde und zwar mit Stratonike an seiner Seite, die schon lange Königin des Reiches war.

Plutarch, Vit. Demetr. 38

REVOLTE AUS LIEBE

Im Jahre 104 v. Chr. verliebte sich der junge Ritter Vettius bis zum Wahnsinn in ein Sklavenmädchen, das einer anderen Familie gehörte. Er bot sieben Talente für sie, also rund 180 Kilo Silber. Nachdem man sich auf einen Tag zum Bezahlen geeinigt hatte, zog sich Vettius in eines der Landhäuser seines Vaters zurück, um sich mit dem Mädchen zu vergnügen. Als die Summe fällig wurde, konnte er nicht zahlen. Der Verkäufer erklärte sich daraufhin bereit, ihm einen Aufschub von 30 Tagen zu gewähren. Als die Frist auslief, war es Vettius jedoch immer noch nicht gelungen, das Geld zusammenzukratzen. Er begann daraufhin, törichte und kindische Pläne zu schmieden, und ließ sich schließlich auf ein Projekt ein, das laut dem Historiker Diodor beispiellos war.

Er erwarb 500 Rüstungen und ließ seine eigenen Sklaven bewaffnen. Dann lockte er seinen Gläubiger und dessen Schläger an einen entlegenen Platz, ließ sie dort ergreifen und enthaupten. Jetzt lief jedoch alles aus dem Ruder. Er wurde von seinen eigenen Sklaven zum König ausgerufen und in einen Umhang aus Purpur gehüllt. Gemeinsam zogen sie durch die Gegend um Capua, wo recht bald ein Sklavenaufstand ausbrach. Die Liebesgeschichte hatte sich in eine Revolte verwandelt, die jedoch ein unglückliches Ende nahm, denn aus Rom eilte Lucullus an der Spitze von 600 Legionären herbei, und diese besiegten in kurzer Zeit die Sklaven, die sich auf einem Hügel verschanzt hatten. Vettius sah keinen anderen Ausweg, als Selbstmord zu begehen.

Diodor 36,2,2–6

DER JUNGVERLIEBTESTE DIKTATOR

Sulla, der Diktator Roms, trauerte, als seine erste Frau Metella starb. Schon ein paar Monate später fiel bei einem Gladiatorenkampf sein Blick auf die schöne Valeria. Sie war gerade geschieden, zudem aus guter Familie und flirtete heftig mit ihm.

Das beflügelte Sullas Phantasie in einem solchen Maße, daß er heimlich so viele Informationen wie nur möglich über sie einholte. Die beiden waren sehr verliebt ineinander und gaben sich schließlich das Eheversprechen. Dem antiken Autor zufolge sollte nur niemand glauben, daß er sie wegen ihrer Tugenden heiratete. Nein, er ließ sich becircen, wie ein junger Mann nach ihren Blicken schmachtend. Das beflügele die schamlosesten und skandalösesten Passionen, schließt Plutarch seinen Bericht.

Plutarch, Vit. Sull. 35

LIEBE BIS IN DEN TOD

Ende der 80er Jahre v.Chr. lief einer von Sullas Generälen mit der römischen Flotte aus Kleinasien in den Hafen der süditalischen Stadt Tarent ein. Dieser Plautius hatte während des gesamten Feldzugs seine Frau Orestilla an seiner Seite gehabt, aber jetzt wurde diese plötzlich krank und starb. Bei ihrem Begräbnis stürzte sich der verzweifelte Plautius in sein Schwert. Die Soldaten, die der Zeremonie beiwohnten, legten seine Leiche neben die seiner Frau auf den Scheiterhaufen. Man errichtete an diesem Ort ein Denkmal, das «Grab der beiden Liebenden». Valerius Maximus bezeugt, daß es zu seiner Zeit noch dort gestanden habe.

Valerius Maximus 4,6,3

DER TÖLPELHAFTESTE EHEBRECHER

Der Patriziersohn Publius Clodius Pulcher (der Schöne) war bis über beide Ohren in Caesars Frau Pompeja verliebt. Um sie zu treffen, verkleidete sich Clodius als Frau und ging nachts während des *Bona Dea*-Festes, an dem nur Frauen teilnehmen durften, zu Caesars Haus. Clodius verlief sich jedoch in dem großen Haus, und als er nach dem Weg fragte, verriet ihn seine tiefe Männerstimme. Die Frauen ließen ihn sofort aus dem Haus werfen. Obwohl Caesar den Gerüchten von Pompejas Affäre nicht glauben wollte, ließ er sich von ihr scheiden, denn auf Caesars Frau durfte nicht einmal der Schatten eines Verdachts fallen, weil das seiner Karriere geschadet hätte.

Appian, Bell. civ..; Cassius Dio 37,45

DER VERLIEBTESTE TRIUMVIR

Antonius, Kriegsheld und – gemeinsam mit Octavian (dem späteren Augustus) sowie Lepidus –

271 LIEBE UND LIEBSCHAFTEN

Gründer des zweiten Triumvirats, verliebte sich bis über beide Ohren in Kleopatra, der Propaganda zufolge die größte Feindin der Römer. Er wurde verführt, jedoch nicht nur durch ihre Schönheit, die laut Plutarch gar nicht so außergewöhnlich war. Kleopatra sei jedoch unwiderstehlich charmant gewesen. Antonius, der ein leidenschaftlicher Mensch war, ließ sich von ihrem Charme und ihrer Intelligenz hinreißen. Ihm war zwar klar, daß das römische Volk es nicht dulden würde, daß er sich mit Kleopatra einließ, doch waren gegen Gefühle schon damals Argumente machtlos. Auch daß Antonius zu Hause in Rom Frau und Kinder hatte, änderte nichts an seiner Leidenschaft. Die Affäre mit Kleopatra währte rund zehn Jahre.

Plutarch, Vit. Ant. 26–27

DER GELUNGENSTE FLIRT

Rom unternahm alles, um Ägypten zu erobern. Als die Königin des Landes, Kleopatra, um 41 v. Chr. dem römischen Politiker und Soldaten Antonius zum ersten Mal begegnete, war sie in ihren besten Jahren. Dessen war sie sich laut Plutarch wohl sehr bewußt. Die Herrscherin erschien ihm in Tarsos in der Provinz Asien auf ihrem prachtvollsten Schiff mit vergoldetem Heck und Purpursegel, wo der Fluß Kydnos ins Meer mündet. Wie die Liebesgöttin Venus lag sie ausgestreckt

72 Venus und zwei Begleiterinnen – dargestellt auf einem Handspiegel

LIEBE UND LIEBSCHAFTEN

auf einem goldenen Kanapee und ließ sich von schönen Knaben Kühlung zufächeln. Kleopatras Empfang raubte dem Feldherrn die Sinne, und es hieß, endlich seien sich Venus und Bacchus begegnet, um für Asiens Wohlergehen zu feiern.

Plutarch, Vit. Ant. 26

DER DRAMATISCHSTE TOD ZWEIER LIEBENDER

Antonius' und Kleopatras Schicksal war mit der Niederlage in der Schlacht bei Actium (31 v. Chr.) besiegelt. Antonius focht seinen letzten Kampf nicht nur gemeinsam mit seiner Geliebten, sondern vor allem gegen seinen ehemaligen Kollegen Octavian aus, dem späteren Kaiser Augustus. Antonius verlor die Schlacht und nahm sich im Jahr darauf das Leben. Das Ende der Liebe zwischen Antonius und Kleopatra war genauso dramatisch wie ihre ganze Liebesgeschichte: Als die Königin in ihre Grabkammer flüchtete, schickte sie Antonius einen Boten mit der Nachricht, sie sei bereits tot. Als er das hörte, wollte auch er nicht mehr leben. Er versuchte, sich das Leben zu nehmen, indem er sich ein Schwert in die Brust stieß. Schwerverwundet erhielt er eine weitere Nachricht, die Königin sei noch am Leben. Bald darauf starb er in ihren Armen. Als Octavian erschien, um die Königin zu holen und sie im Triumph als Gefangene nach Rom zu bringen, beging sie am Grab ihres Geliebten Selbstmord – vermutlich, indem sie sich von einer Giftschlange beißen ließ. Die beiden Liebenden hatten nahezu gleichzeitig den Tod gefunden.

Plutarch, Vit. Ant. 76–86

ANHANG

PERSONENVERZEICHNIS

Aelian, römischer Schriftsteller und Rhetoriklehrer, lebte ca. 170–235 n.Chr.
Aemilius Paullus, römischer Politiker und General, 229–160 v.Chr.
Agathokles, König von Syrakus und Sizilien, lebte 361–289 v.Chr.
Agis II., König von Sparta 427–397 v.Chr.
Agrippa, römischer Feldherr und treuer Anhänger des Augustus, lebte 63–12 v.Chr.
Agrippina d.Ä., Enkelin des Augustus und Mutter zahlreicher Kaiser, 14 v.Chr.-33 n.Chr.
Agrippina d.J., Tochter der älteren Agrippina, war die Mutter Kaiser Neros, 15–59 n.Chr.
Aischylos, griechischer Tragödiendichter, 525–456 v.Chr.
Alexander der Große, makedonischer Feldherr und König, 356–323 v.Chr.
Alexander Severus, römischer Kaiser 222–235 n.Chr., Cousin Heliogabals.
Alkibiades, athenischer Politiker und General, ca. 450–404 v.Chr.
Antiochos III., auch «der Große» genannt, Seleukidenkönig 242–187 v.Chr.
Antiochos IV. Epiphanes, «der Hervorleuchtende», Seleukidenkönig, ca. 215–164 v.Chr.
Antonius, römischer Triumvir und Feldherr, 83–30 v.Chr.
Antonius Gaius, Mitkonsul Ciceros, Zensor 42 v.Chr.
Antoninus Pius, römischer Kaiser 138–161 n.Chr.
Apelles, griechischer Maler, 4.Jahrhundert v.Chr.
Apicius, römischer Gourmet; er lebte im 1.Jahrhundert n.Chr. Unter seinem Namen ist das älteste bekannte Kochbuch überliefert.
Apollodor, griechischer Maler, der in der 2. Hälfte des 5.Jahrhunderts wirkte.
Apollodor, griechischer Architekt, um 140 v.Chr.
Apollodor, ca. 92–130 n.Chr., war der bedeutendste Architekt der römischen Kaiserzeit.
Archimedes, griechischer Mathematiker und Erfinder, ca. 287–212 v.Chr.
Ariovist, germanischer Fürst, fiel 73 v.Chr. in Gallien ein; er starb um 54 v.Chr.
Aristoteles, griechischer Philosoph, lebte 384–322 v.Chr.
Arrian, griechischer Schriftsteller, Statthalter von Kappadokien, ca. 95–175 n.Chr.
Athenaios, griechischer Rhetor und

PERSONENVERZEICHNIS

Grammatiker, lebte Anfang des
2./Ende des 3.Jahrhunderts n.Chr.
Attalos I., 269–197 v.Chr, König von
Pergamon.
Attalos II., 220–138 v.Chr., König von
Pergamon.
Augustus, der erste römische Kaiser, lebte
63 v.Chr.-14 n.Chr.
Aurelian, römischer Kaiser
270–275 n.Chr.
Balbinus, römischer Kaiser 238 n.Chr.
Boudicca, Königin in Britannien,
gestorben 61 n.Chr.
Britannicus, Sohn des Claudius und der
Messalina, 41–55 n.Chr.
Caesar, römischer Feldherr, Konsul und
Diktator, 100–44 v.Chr.
Caligula, «das Soldatenstiefelchen»,
römischer Kaiser 37–41 n.Chr.
Caracalla, römischer Kaiser
211–217 n.Chr.
Carinus, römischer Kaiser
283–285 n.Chr.
Cassius Dio, griechischer Schriftsteller und
Staatsmann, ca. 165–229 n.Chr.
Catilina, ca. 108–62 v.Chr., römischer
Politiker, plante einen Staatsstreich; die
Verschwörung wurde von Cicero
aufgedeckt.
Cato d.Ä., 234–149 v.Chr., römischer
Politiker, forderte die Zerstörung
Karthagos.
Cato d.J., römischer Feldherr und
Staatsmann, 95–46 v.Chr.
Chares von Lindos, griechischer
Bildhauer, wirkte um 325 v.Chr.
Cheops, ägyptischer Pharao der
4. Dynastie, regierte um 2600 v.Chr.

Chersiphron, griechischer Architekt,
begann um 580/560 v.Chr. den Bau
des Tempels der Artemis in Ephesos.
Cicero, römischer Politiker und
Philosoph, lebte 106–43 v.Chr.
Claudius, römischer Kaiser
41–54 n.Chr.
Clodius, römischer Politiker, gestorben
52 v.Chr.
Columella, römischer Schriftsteller,
gestorben um 70 n.Chr.
Commodus, römischer Kaiser
180–192 n.Chr.
Crassus, römischer General und Politiker,
ca. 115–53 v.Chr.

Dareios I., «der Große», persischer
Großkönig, gestorben 486 v.Chr.
Demetrios I., König von Makedonien
294–288 v.Chr., auch «Poliorketes»,
der Städtebelagerer, genannt.
Demetrios von Phaleron, gestorben
ca. 280 v.Chr., griechischer Redner
und Schriftsteller.
Demosthenes, griechischer Redner und
Politiker, 384–322 v.Chr.
Diodor, griechischer Geschichtsschreiber,
lebte im 1.Jahrhundert v.Chr.
Dionysios I., Herrscher von Syrakus,
gestorben 367 v.Chr.
Dionysios II., Herrscher von Syrakus,
gestorben 337 v.Chr.
Domitian, römischer Kaiser
81–96 n.Chr.
Drusilla, Schwester von Caligula,
16–38 n.Chr.

Frontin, römischer Politiker, Schriftsteller
und Ingenieur,
ca. 40–103 n.Chr.

PERSONENVERZEICHNIS

Galba, römischer Kaiser
68–69 n.Chr.
Gellius, Schriftsteller in Rom,
ca. 125–180 n.Chr.
Geta, Bruder Caracallas, römischer Kaiser,
lebte 189–211 n.Chr.
Gordian I., römischer Kaiser 238 n.Chr.
Gordian II., römischer Kaiser
238 n.Chr.
Gordian III., römischer Kaiser
238–244 n.Chr.
Gracchus Gaius, römischer Politiker,
153–121 v.Chr.
Gracchus Tiberius, römischer Politiker,
162–133 v.Chr.

Hadrian, römischer Kaiser
117–138 n.Chr.
Hannibal, karthagischer Feldherrr,
ca. 247–183 v.Chr.
Heliogabal, römischer Kaiser
218–222 n.Chr.
Herodian, römischer Geschichtsschreiber,
der sein Werk in griechischer Sprache
verfaßte; er lebte ca. 180–250 n.Chr.
Herodot, griechischer Schriftsteller,
ca. 484–425 v.Chr.

Josephus, jüdisch-griechischer
Schriftsteller, ca. 37–100 n.Chr.
Juvenal, römischer Satirendichter
des 1. und 2. Jahrhunderts n.Chr.
Kleopatra, ägyptische Herrscherin,
69–30 v.Chr.
Kroisos, lydischer König, ca. 595–
546 v.Chr.; er war bekannt für seinen
Reichtum.

Leonidas, König von Sparta
488–480 v.Chr.

Livia, 58 v.Chr.-29 n.Chr., war die dritte
Ehefrau des Augustus.
Livius, römischer Geschichtsschreiber,
59 v.Chr.-17 n.Chr.
Lucius Verus, Mitkaiser Marc Aurels
161–169 n.Chr.
Lucullus, römischer Feldherr,
auch bekannt für seine üppigen
Gastmähler, 117–56 v.Chr.

Macrinus, römischer Kaiser
217–218 n.Chr.
Macrobius, römischer Grammatiker und
Philosoph, der zwischen
395–423 n.Chr. wirkte.
Marc Aurel, römischer Kaiser
161–180 n.Chr.
Massinissa, König von Numidien,
238–149 v.Chr.
Maussolos, persischer Satrap in Karien
377–353 v.Chr.
Maximinus Thrax, römischer Kaiser
235–238 n.Chr.
Messalina, ca. 25–48 n.Chr., war die dritte
Ehefrau des Claudius.
Mithridates VI., «der Große»,
war König von Pontos; er lebte
132–63 v.Chr.

Narcissus, Sekretär des Claudius, war ein
freigelassener Sklave; er starb 54 n.Chr.
Nebukadnezar II., König von Babylon,
605–562 v.Chr.
Nero, römischer Kaiser 54–68 n.Chr.
Nerva, römischer Kaiser 96–98 n.Chr.
Nikokreon, der letzte König von Salamis
auf Zypern, wurde 311 v.Chr. zum
Selbstmord gezwungen.

Otho, römischer Kaiser 69 n.Chr.

PERSONENVERZEICHNIS 276

Pausanias, griechischer Schriftsteller und Geograph, lebte ca. 115–180 n.Chr.

Perseus, König von Makedonien 179–168 v.Chr.

Pertinax, römischer Kaiser 193 n.Chr.

Phidias, griechischer Bildhauer, geboren um 500 v.Chr. in Athen.

Philipp V., König von Makedonien, 220–179 v.Chr.

Plautilla, römische Kaiserin, verheiratet mit Caracalla, ermordet 211 n.Chr.

Plinius d.Ä., römischer Gelehrter, 23–79 n.Chr.

Plinius d.J., römischer Schriftsteller, ca. 61–113 n.Chr.

Plutarch, griechischer Schriftsteller, ca. 45–125 n.Chr.

Polybios, griechischer Geschichtsschreiber, ca. 200–120 v.Chr.

Pompejus, römischer Feldherr und Politiker, 106–48 v.Chr.

Poppea Sabina, römische Kaiserin, verheiratet mit Nero, ca. 30–65 n.Chr.

Praxiteles, griechischer Bildhauer des 4.Jahrhunderts v.Chr.

Probus, römischer Kaiser 276–282 n.Chr.

Psammetichos II., ägyptischer Pharao der 26. Dynastie, regierte 595–589 v.Chr.

Ptolemaios II., König von Ägypten 284–246 v.Chr.

Ptolemaios IV., König von Ägypten 221–205 v.Chr.

Ptolemaios V., König von Ägypten 205–180 v.Chr.

Pyrrhos, König von Epirus, 312–272 v.Chr.

Pytheas, griechischer Seefahrer und Entdecker, ca. 380–310 v.Chr.

Ramses II., «der Große», ägyptischer Pharao der 19. Dynastie, regierte 1279–1213 v.Chr.

Sallust, römischer Politiker und Schriftsteller, 86–34 v.Chr.

Scipio Africanus, römischer Feldherr und Politiker, 235–183 v.Chr.

Sejan, römischer Prätorianerpräfekt, Vertrauter des Tiberius, lebte ca. 20 v.Chr.-31 n.Chr.

Seleukos I., Gründer des Seleukidenreichs, lebte ca. 355–281 v.Chr.

Seneca d.J., stoischer Philosoph und Schriftsteller, 4 v.Chr.-65 n.Chr.

Septimius Severus, römischer Kaiser 193–211 n.Chr.

Skopas von Paros, griechischer Bildhauer und Architekt des 4.Jahrhunderts v.Chr.

Sokrates, griechischer Philosoph, 469–399 v.Chr.

Strabon, griechischer Geograph und Schriftsteller, ca. 63 v.Chr.–24 n.Chr.

Sueton, römischer Schriftsteller, ca. 70–130/140 n.Chr.

Sulla, römischer Feldherr und Politiker, ca. 138–78 v.Chr.

Tacitus, römischer Geschichtsschreiber, ca. 55–115 n.Chr.

Tacitus, römischer Kaiser 275/276 n.Chr.

Tiberius, römischer Kaiser 14–37 n.Chr.

Tiridates I., König von Armenien 52/53–60 und 61/66–75 n.Chr.

Titus, römischer Kaiser 79–81 n.Chr.

Trajan, römischer Kaiser 98–117 n.Chr.

PERSONENVERZEICHNIS

Valerius Maximus, römischer Schriftsteller, lebte zur Zeit des Tiberius.
Varro, römischer Schriftsteller, 116–27 v.Chr.
Varus, römischer Feldherr, gestorben 9 n.Chr.
Vespasian, römischer Kaiser 69–79 n.Chr.
Vitellius, römischer Kaiser 69 n.Chr.
Vitruv, römischer Architekt und Schriftsteller des 1.Jahrhunderts v.Chr.

Xenophon, griechischer Militär und Geschichtsschreiber, ca. 426–355 v.Chr.
Xerxes I., König von Persien 485–465 v.Chr.

Zenobia, Herrscherin des palmyrenischen Reiches 267–272 n.Chr.

GLOSSAR

Ädil
Auf ein Jahr gewählt, oblag diesem römischen Beamten die Aufsicht über den Cerestempel, der auch das Staatsarchiv enthielt.

Agora
Der Marktplatz einer griechischen Stadt war Zentrum des öffentlichen Lebens.

Bacchanalien
ausschweifende religiöse Feier zu Ehren des Weingottes Bacchus, die sich – mit übermäßigem Weingenuß begangen – im Verlauf oft zu zügellosen Orgien entwickelten.

Bataver
ein germanischer Volksstamm

Bojer
ein keltisches Volk

Bona Dea
«die gute Göttin», eine Fruchtbarkeitsgöttin, wurde am 4. Dezember mit geheimen Riten geehrt. Zu der Feier waren nur Frauen zugelassen, ebenso wie zu dem öffentlichen Fest am 1. Mai.

Cella
der zentrale Raum eines Tempels, in dem das Götterbild seinen Platz hatte

Druide
keltischer Priester

Floralia
Fest der Blumen- und Jugendgöttin, das zwischen dem 28. April und dem 3. Mai gefeiert wurde.

Flußspat
ein Mineral mit verschiedenen Farbschattierungen

Forum
Der römische Markt- und Versammlungsplatz war, wie die griechische Agora, Mittelpunkt des öffentlichen Lebens.

Gallier
Die keltischen Volksstämme nordwestlich der Alpen wurden als Gallier bezeichnet.

Germanen
Als Germanen bezeichneten die Römer die zahlreichen indogermanischen Völker, die in Nord- und Mitteleuropa siedelten.

Gemonische Treppe
Hinrichtungsstätte in Rom. Verurteilte wurden mit dem Schwert erschlagen, oder man fesselte sie und warf sie die Treppen hinunter. Die Leichen verrotteten am Fuße der Treppe oder wurden in den Tiber geworfen.

Helvetier
ein keltischer Stamm aus dem Gebiet des heutigen Süddeutschland und der nördlichen Schweiz

Heraia
zu Ehren der Göttin Hera abgehaltenes Fest, zu dem nur Frauen zugelassen waren

Hirpini
samnitisches Bergvolk

Juvenalia
ein Fest der Jugend, eingeführt 59 n.Chr. von Nero, um den Tag zu feiern, an dem er zum ersten Mal seinen Bart schor

Kantabrer
ein keltiberischer Volksstamm, der sowohl

GLOSSAR

in Küstennähe wie auch in den Bergen lebte

Karnuten
ein gallisches Volk, das zwischen Loire und Seine siedelte

Kelten
Als Kelten werden die zahlreichen indoeuropäischen Volksstämme bezeichnet, die weite Teile Europas besiedelten.

Kohorte
Etwa 500 Mann betrug die Stärke einer Kohorte; zehn Kohorten bildeten eine Legion.

Libatio
Trankopfer an die Götter

Lupercalien
Fest, das am 15. Februar für den Herdengott Faunus abgehalten wurde, der mit Beinamen «Lupercus», der Wolfsabwehrer, hieß.

Nervier
ein germanischer Volksstamm, der auf dem Gebiet des heutigen Belgien siedelte

Numider
Berbervolk, das in Nordafrika siedelte

Orator
das römische Wort für Redner

Orchestra
im griechischen Theater der «Tanzplatz», für den Auftritt von Schauspielern und Chor

Palästra
Trainingsplatz, vor allem für Ringkämpfe

Patrizier
die Angehörigen der römischen Oberschicht

Phoker
die Einwohner der griechischen Landschaft Phokis

Prätor
hohes Amt der römischen Republik

Prätorianer
Sie bildeten die Leibgarde des römischen Kaisers.

Punier (oder Karthager)
Einwohner des karthagischen Reiches und seiner Hauptstadt Karthago

Rhetor
das griechische Wort für Redner

Sarmaten
Volksstamm, der in Osteuropa siedelte

Saturnalien
Fest, das vom 17. bis 23. Dezember zu Ehren des Gottes Saturn gefeiert wurde. Für diese Zeit waren alle Standesunterschiede zwischen Herren und Sklaven aufgehoben, ja sogar umgekehrt.

Senat
der oberste Rat des römischen Reiches

Sueben
germanische Stammesgruppe, auf den der heutige Name «Schwaben» zurückgeht

Sybariten
die Einwohner der Stadt Sybaris am Golf von Tarent, wegen ihres luxuriösen Lebensstils sprichwörtlich für Genußsucht

GLOSSAR

Therme
römische Badeanlage

Thessalier
Einwohner der Landschaft Thessalien in Mittelgriechenland

Thraker
indoeuropäische Volksgruppe, die schon von Homer und Herodot erwähnt wird

Toga
römisches Kleidungsstück, aus einem einzigen langen Stück Wollstoff bestehend, das kunstvoll um den Körper drapiert wurde

Toga virilis
Bei einer offiziellen Zeremonie legten die Jungen im Alter von 17 Jahren erstmals die «toga virilis», also die Toga, die erwachsene Mönner trugen, an. Diese Feier markierte den Übergang ins Erwachsenenalter.

Tribun
ein römischer Amtstitel

Trireme (röm.)/Triere (griech.)
«Dreiruderer», Kriegsschiff, das durch drei gestaffelt angeordnete Riemenreihen besonders schnell bewegt werden konnte

Triumvirat
das «Dreimännerbündnis», erstmals 60 v.Chr. geschlossen zwischen Caesar, Pompeius und Crassus, im Jahr 56 v.Chr. erneuert

Vestalin
Im Dienste der Vesta, der Göttin des Heimes und des Herdes, waren die Vestalinnen dem Gebot der Keuschheit verpflichtet.

Zenturio
«Führer einer Hundertschaft», ein Rang im römischen Militär, etwa einem Hauptmann entsprechend

QUELLEN

Aelian	NA	De natura animalium	Über die Eigenart von Tieren
	VH	Varia historia	Bunte Geschichte
Apicius		Artis magiricae (De re culinaria)	Über die Kochkunst
Appian	Bell. civ.	Bella civilia	Die Bürgerkriege
	Han.	Hannibalica	Die Punischen Kriege
	Lib.	Libyca	Die Libysche Geschichte
	Mithr.	Mithridatica	Die Kriege gegen Mithridates VI.
Aristoteles	HA	Historia animalium	Tierbeschreibungen
	Mir. Ausc.	De mirabilibus auscultationibus	Über wunderliche Dinge
Arrian	Anab.	Anabasis Alexandrou	Der Siegeszug Alexanders des Großen
Athenaios	P. Mek.	Peri mekanematon	Über Maschinen
Athenaios	Deipn.	Deipnosophistai	Das Gelehrtenmahl
Caesar	Bell. civ.	Bellum civile	Über den Bürgerkrieg
	BGall.	De bello Gallico	Über den Gallischen Krieg
Cicero	Att.	Epistulae ad Atticum	Briefe an Atticus
	Fam.	Epistulae ad familiares	Briefe an seine Freunde
	Tusc.	Tusculanae disputationes	Gespräche in Tusculum
Columella	Rust.	De re rustica	Über die Landwirtschaft
Cassius Dio		Romaïka	Römische Geschichte
Diodor		Bibliotheca	Historische Bibliothek
Frontin	Str.	Strategemata	Kriegskunst
	Aq.	Commentarius de aquis	Über die Wasserversorgung Roms
Gellius	NA	Noctes Atticae	Attische Nächte
Herodian		Historiai	Geschichte des Römischen Reiches nach Marc Aurel
Herodot		Historiai	Forschungsbericht
H.A.		Historia augusta	Kaisergeschichte
	Ael.	Aelius	
	Alex. Sev.	Alexander Severus	
	Aurel.	Aurelian	
	Car.	Caracalla	

QUELLEN

		Carinus	Carinus	
		Clod.	Clodius Albinus	
		Comm.	Commodus	
		Did. Iul.	Didius Iulianus	
		Firm.	Firmus	
		Gord.	Gordiani Tres	
		Hadr.	Hadrianus	
		Heliog.	Heliogabal	
		Macr.	Macrinus	
		Marc.	Marcus	
		Max.	Maximinus Thrax	
		Pert.	Pertinax	
		Prob.	Probus	
		Sev.	Septimius Severus	
Josephus	BJ		Bellum Judaicum	Über den jüdischen Krieg
Juvenal			Saturae	Satiren
Livius			Ab urbe condita libri	Vom Ursprung der Stadt an
Lukian			Alexandros ē pseudomantis	Alexander oder Der falsche Prophet
Macrobius			Saturnalia	Saturnalien
Pausanias			Periegesis tes Hellados	Beschreibung Griechenlands
Philon			Belopoeika	Über Geschütze
Phlegon		Mir.	Mirabilia	Das Buch der Wunder
Plinius d.Ä.		NH	Naturalis historia	Naturgeschichte
Plinius d.J.		Ep.	Epistulae	Briefe
Plutarch		Mor.	Moralia	Ethische Schriften
		Mul.Vir.	De mulierum virtutibus	Über die Tugenden der Frauen
		Quaest.Conv.	Quaestiones convivales	Tischgespräche
		Vit.	Vitae Parallelae	Biographien
		Alex.	Alexander	
		Alk.	Alkibiades	
		Ant.	Antonius	
		C.Gracch.	Gaius Gracchus	
		Caes.	Caesar	
		Cic.	Cicero	
		Dem.	Demosthenes	

	Demetr.	Demetrios	
	Galb.	Galba	
	Pyrrh.	Pyrrhus	
	Sull.	Sulla	
	Them.	Themistokles	
Polybios		Historiai	Geschichte
Sallust	Cat.	De coniuratione Catilinae	Die Verschwörung des Catilina
	Iug.	Bellum Iugurthinum	Der Jugurthinische Krieg
Seneca d.J.	Ben.	De beneficiis	Über die Wohltaten
	Brev.Vit.	De brevitate vitae	Von der Kürze des Lebens
	Ep.	Epistulae morales	Moralische Briefe an Lucilius
	Ira	De ira	Über den Zorn
	QNat.	Quaestiones naturales	Naturwissenschaftliche Untersuchungen
	Vit.Beat.	De vita beata	Vom glückseligen Leben
Strabon		Geographia	Geographiebücher
Sueton		De vita Caesarum	Kaiserbiographien
	Aug.	Augustus	
	Calig.	Caligula	
	Claud.	Claudius	
	Dom.	Domitian	
	Iul.	Divus Iulius	
	Ner.	Nero	
	Tib.	Tiberius	
	Tit.	Titus	
	Vit.	Vittelius	
Tacitus	Ann.	Annales	Jahrbücher
	Germ.	Germania	Über den Ursprung und Wohnsitz der Germanen
	Hist.	Historiae	Geschichtsbücher
Thukydides		Historiai	Der Krieg zwischen den Peloponnesiern und den Athenern
Valerius Maximus		Factorum et dictorum memorabilium libri novem	Denkwürdige Taten und Aussprüche in neun Büchern
Varro	Rust.	De re rustica	Über die Landwirtschaft

QUELLEN

Vitruv	Arch.	De architectura	Über Architektur
Xenophon	An.	Anabasis	Der Zug der Zehantausend
	Hell.	Hellenika	Geschichte Griechenlands (von 411 bis 362 v.Chr.)
Inschriften	CIL	Corpus inscriptionum latinarum	Lateinische Inschriften

VERZEICHNIS GEBRÄUCHLICHER ÜBERSETZUNGEN

Aelian
De natura animalium (nat.)
Aelian. On the Characteristics of Animals, übers. ins Englische v. A. F. Scholfield, London/Cambridge, Massachusetts, 1972.

Aelian
Varia Historia (var.)
Claudius Aelianus. Bunte Geschichten, übers. von Hadwig Helms, Leipzig 1990.

Apicius
De re culinaria
The Roman Cookery Book. A critical translation of «The art of Cooking» by Apicius for use in the study and the kitchen, übers. ins Englische von Barbara Flower und Elisabeth Rosenbaum, London 1961.

Appian
Appian von Alexandria. Römische Geschichte, übers. von Otto Veh, Stuttgart 1987–1989.

Aristoteles
Historia animalium (hist. an.)
Aristotle. Historia Animalium, übers. ins Englische v. A. L. Peck, London/Cambridge, Massachusetts 1970.

Aristoteles
De mirabilibus auscultationibus (Mir. ausc.)
Aristotle. Minor works, übers. ins Englische von W. S. Hett, London/Cambridge, Massachusetts 1963.

Arrian
Anabasis (Anab.)
Arrian. Der Alexanderzug, übers. von Gerhard Wirth, München/Zürich 1985.

Athenaeus Grammaticus
Deipnosophistae (Deipn.)
Das Gelehrtenmahl, übers. von Claus Friedrich, Stuttgart 1998–2001.

Athenaeus Mechanicus
Peri mekanematon
Athenaeus Mechanicus. On machines, übers. ins Englische von David Whitehead und P. H. Blyth, Stuttgart 2004.

Caesar
Bellum Civile (Civ.)
C. Iulius Caesar. Der Bürgerkrieg, übers. von Otto Schönberger, München/Zürich 1984.

Caesar
Bellum Gallicum (Gall.)
C. Iulius Caesar. Der Gallische Krieg, hrsg. v. Otto Schönberger, München 1990.

Cassius Dio
Romaika
Cassius Dio. Römische Geschichte, übers. von Otto Veh, München/Zürich 1985–1987.

Cicero
Epistulae ad Atticum (Att.)
Marcus Tullius Cicero. Atticus-Briefe, übers. von Helmut Kasten, München/Zürich 1990.

Cicero
Epistulae ad familiares (fam.)
Marcus Tullius Cicero. An seine Freunde, übers. von Helmut Kasten, München/Zürich 1989.

VERZEICHNIS GEBRÄUCHLICHER ÜBERSETZUNGEN 286

Cicero
Tusculanae disputationes (Tusc.)
Marcus Tullius Cicero. Gespräche in Tusculum, hrsg. von Olof Gigon, München/Zürich 1984.

Columella
De re rustica (rust.)
Lucius Iunius Moderatus Columella. Zwölf Bücher über Landwirtschaft, hrsg. von Will Richter, München 1981–1983.

Diodor
Bibliotheke
Diodor. Griechische Weltgeschichte, übers. von Otto Veh, Stuttgart 1992–2005.

Dionysios von Halicarnassos
Antiquitates Romanae (ant.)
The Roman antiquities of Dionysius of halicarnassus, übers. ins Englische von Earnest Cary, London/Cambridge, Massachusetts 1953.

Frontin
De aquaeductu ubis Romae commentarius (aq.)
Sextus Iulius Frontin. Wasser für Rom. Die Wasserversorgung durch Aquädukte, übers. von Manfred Hainzmann, München/Zürich 1979.
Strategemata (strat.)
Frontin. Kriegslisten, übers. von Gerhard Bendz, Berlin 1963.

Gellius
Noctes Atticae
Aulus Gellius. Die Attischen Nächte, übers. von Fritz Weiss, Darmstadt 1965.

Herodian
Geschichte des Kaisertums nach Marc Aurel, übers. von Friedhelm L. Müller, Stuttgart 1996.

Herodot
Herodot. Historien, hrsg. von Josef Feix, München/Zürich 1988.

Historia Augusta
Historia Augusta. Römische Herrschergestalten, übers. von Ernst Hohl, Zürich/München 1985.

Josephus
Bellum Judaicum (bell. Iud.)
Flavius Josephus. Geschichte des Judäischen Krieges, übers. von Heinrich Clementz, Leipzig 1978.

Juvenal
Juvenal. Satiren, übers. von Joachim Adamietz, München/Zürich 1993.

Livius
Ab urbe condita libri
T. Livius. Römische Geschichte, hrsg. von Hans Jürgen Hillen, München/Zürich 2000.

Lukian
Alexandros ē pseudomantis (Alex.)
Lukian von Samosata. Alexander oder Der Lügenprophet, übers. v. Ulrich Victor, Leiden/Köln 1997.

Macrobius
Saturnalia (Sat.)
I Saturnali di Macrobio Teodosio, übers. ins Italienische Nino Marinone, Turin 1977.

Pausanias
Periegesis tes Hellados
Pausanias. Reisen in Griechenland,

VERZEICHNIS GEBRÄUCHLICHER ÜBERSETZUNGEN

übers. von Ernst Meyer, München/
Zürich 1986.

Philon
Belopoeica
Griechische Kriegsschriftsteller Bd. 1,
hrsg. von Hermann Köchly und Wilhelm
Rüstow, Leipzig 1969.

Phlegon
Mirabilia
Phlegon von Tralleis. Das Buch der
Wunder, hrsg. und übers. von Kai
Brodersen, Darmstadt 2002.

Plinius d. Ältere
Naturalis Historia (nat.)
C. Plinius Secundus d. Ä. Naturkunde,
hrsg. und übers. von Roderich König
und Gerhard Winkler, Zürich/Düsseldorf
1973–1978.

Plinius d. Jüngere
Epistulae (epist.)
Gaius Plinius Caecilius Secundus. Briefe,
übers. von Helmut Kasten, München
1974.

Plutarch
Moralia
De mulierum virtutibus
Quaestiones convivales
Plutarch´s Moralia, übers. ins Englische
von Frank Cole Babbitt, London/Cambridge, Massachusetts 1960.

Plutarch
Vitae Parallelae
Plutarch. Große Griechen und Römer,
übers. von Konrad Ziegler, Zürich/
Stuttgart 1965.

Polybios
Historiai
Polybios. Geschichte, übers. von Hans
Drexler, München/Zürich 1961–63.

Sallust
Catilinae coniuratio (Catil.)
Bellum Iugurthinum (Iug.)
Sallust. Werke, übers. von Werner
Eisenhut und Josef Lindauer, München/
Zürich 1994.

Seneca
De brevitate Vitae
De Vita Beata
L. Annaeus Seneca. Die kleinen Dialoge,
übers. von Gerhard Fink, München/
Zürich 1992.

Seneca
Epistulae Morales (epist.)
L. Annaeus Seneca. Epistulae Morales ad
Lucilium. Briefe an Lucilius über Ethik,
übers. von Franz Loretto, Stuttgart 1998.

De Beneficiis
L. Annaeus Seneca. Philosophische
Schriften, übers. von Manfred Rosenbach,
Darmstadt 1989.

Seneca
Naturales quaestiones (nat.)
Naturwissenschaftliche Untersuchungen,
übers. von Martinus F. A. Brok, Darmstadt 1995.

Strabon
Geographica
Strabons Geographika, hrsg. von Stefan
Radt, Göttigen 2002.

Sueton
De vita Caesarum
C. Sueton Tranquillus. Die Kaiserviten.

ABBILDUNGSNACHWEIS 288

Berühmte Männer, übers. von Hans
Martinet, Stuttgart 1991.

Tacitus
Annales (ann.)
P. Cornelius Tacitus. Annalen, hrsg. von
Erich Heller, München/Zürich 1982.

Tacitus
Germania (Germ.)
Cornelius Tacitus. Agricola. Germania,
übers. von Alfons Städele, München/
Zürich 2001.

Tacitus
Historia (hist.)
P. Cornelius Tacitus. Historien, übers. von
Helmuth Vretska, Stuttgart 1984.

Thukydides
Historiai
Thukydides. Geschichte des Peloponnesischen Krieges, übersetzt von Georg
Peter Landmann München/Zürich 1976.

Valerius Maximus
Facta et dicta memorabilia
Detti e Fatti Memorabili di Valerio
Massimo, übers. ins Italienische von Rino
Faranda, Turin 1971.

Varro
Rustica (rust.)
Marcus Terentius Varro. Über die Landwirtschaft, hrsg. und übers. von Dieter
Flach, Darmstadt 2006.

Vitruv
De Architectura
Vitruv. Zehn Bücher über Architektur, übers. von Curt Fensterbusch, Darmstadt 1964.

Xenophon
Anabasis (an.)
Xenopohon. Zug der Zehntausend, hrsg.
von Walter Müri, München 1959.

Xenophon
Hellenika (hell.)
Xenophon. Hellenika, hrsg. von Gisela
Strasberger, Düsseldorf/Zürich 2000.

Corpus Inscriptionum Latinarum (CIL)
hrsg. von Theodor Mommsen, Emil
Hübner und Géza Alföldy, Berlin.

ABBILDUNGSNACHWEIS

Sämtliche Abbildungen, außer den im
folgenden genannten, entnehmen wir
der schwedischen Originalausgabe *Antika
rekordboken*.

Abb. 6 Zeichnung: Susanne Muth auf der
   Grundlage der Zeichnung von
   B. Blomé – P. Åström, in Opus
   mixtum. Essays in ancient art and
   society, Stockholm 1994, S. 20, Abb. 10

Abb. 35 Aus C.L. Roth, *Griechische
   Geschichte*, Nördlingen 1882, S. 370–371
Abb. 48 Aus ebd., S. 170–171
Abb. 60 Nach *Erotik in der Kunst
   Griechenlands*, Mainz 1988, S. 48
Abb. 65 Nach L. Giuliani (Hrsg.),
   Meisterwerke der antiken Kunst, München
   2005, S. 32
Abb. 72 Zeichnung:
   Gertrud Seidensticker, Berlin